1919
Das Jahr der Frauen

Unda Hörner

1919
Das Jahr der Frauen

ebersbach & simon

Inhalt

Januar

*Tanz in den Frieden *** Mord an Rosa Luxemburg *** Coco Chanel findet sensationelle Duftformel *** Frauen haben die Wahl *** Käthe Kollwitz erste Frau in der Akademie der Künste *** Alma Mahler-Gropius schockiert über Niedergang der Monarchie*

Die ersten Minuten des neuen Jahres sind angebrochen, 1919, das klingt wie eine Schnapszahl, nein, es soll vor allem eine Glückszahl sein. Überall auf dem Parkett der Berliner Ballhäuser herrscht Hochbetrieb. Endlich ist das kriegsbedingte Tanzverbot aufgehoben, die ganze Stadt ist in dieser Nacht auf den Beinen. Ärgerlich ist der Streik der Kaffeehauskellner, die schon seit Tagen mit dem Ausstand gedroht haben und nun ausgerechnet zu Silvester Ernst machen müssen. Das zum Feiern entschlossene Berlin hat sich davon nicht abschrecken lassen, gezecht und getanzt bis in den Morgen, nun schläft die Stadt sich aus. Nur Zeitungsjungen sind schon unterwegs und verkaufen die erste druckfrische Ausgabe des *Berliner Tageblatts* in diesem Jahr. Da kann man von der explosiven Stimmung in der Hauptstadt lesen, dem Tanz auf dem Vulkan und Demonstrationen von Zehntausenden: »Zwischen Dreivierteltakt und Straßenwirrwarr, zwischen Konfetti und roten Fahnen gleiten die Paare hinüber ins neue Jahr.

[...] Die Luft ist wie elektrisch geladen, eine politische Hochspannung ohnegleichen. Der Boden von Berlin glüht. So ist das alte Jahr zu Ende gegangen in fiebernder Erregung, und es scheint, als ob man von nichts anderem wüsste als von dem Ernst der Stunde. Aber schon zieht das Konfetti sorgloser Silvesterbrüder seine Schlangen, und lebenshungrige Männer und Mädchen tanzen in das neue Jahr. Die Musik spielt in Hunderten von Lokalen Tänze über Tänze, Walzer, Foxtrott, Onestep, Twostep, und die Beine rasen wie verhext über die Diele, die Röcke fliegen, der Atem jagt, Sektpfropfen knallen [...], Arme fuchteln begeistert in der Luft und das Prosit Neujahr klingt über die Straßen, in denen eben noch der Schritt der Demonstranten klang. Wir wollen nicht moralisieren, aber wir dürfen schon sagen: so ein Silvester hat Berlin noch nicht erlebt.«

Auf 1919! Auf den Frieden! Doch wer weiß schon, wie der aussehen wird? Noch haben die Verhandlungen der Siegermächte Frankreich, Italien, England und Amerika nicht begonnen, kein Mensch kann sagen, wie sie über Deutschlands Zukunft richten werden. Im November 1918 hatte Kaiser Wilhelm II. abgedankt und war außer Landes gegangen, in die Niederlande, wo er Aufnahme fand. Die Monarchie ist Geschichte und der Weg frei für eine demokratische Staatenordnung. Die Vorstellungen, wie das neue Deutschland aussehen soll, gehen allerdings weit auseinander. Durchaus nicht alle waren zufrieden, als Philipp Scheidemann am frühen Nachmittag des 9. November 1918 vom Balkon des Reichstagsgebäudes die erste deutsche Republik ausrief. Noch am selben Tag stand ein anderer auf dem Balkon des Berliner Stadtschlosses, der linke Sozialdemokrat Karl Liebknecht, und verkündete die Freie Sozialistische Republik Deutschland.

Ein einig Vaterland sieht anders aus. Kaum ruhen die Waffen, droht ein Bürgerkrieg.

* * *

Seit an Seit mit Karl Liebknecht kämpft eine Frau, Rosa Luxemburg. Beide haben zusammen mit anderen Mitstreitern schon 1915, mitten im Krieg, eine ›Gruppe Internationale‹ gegen den Nationalstaatsgedanken gegründet, nun hat man sich mit neuen Zielen in ›Spartakusbund‹ umbenannt. Auf den Trümmern des Kaiserreichs soll ein friedliches Land mit vollkommen neuen Strukturen entstehen. Der neue deutsche Staat soll nach dem Vorbild der jungen revolutionären Sowjetunion eine reine Räterepublik sein, was heißt, dass Fachgremien aus stimmberechtigten Volksvertretern gebildet werden sollen, ausschließlich Leuten, die keine Verbindung zur alten Regierung haben und nicht mit der Bourgeoisie verhandeln. Rosa Luxemburg warnt inständig vor den konservativen Kräften der Reaktion und vertritt fest ihren Standpunkt: »Freiheit nur für die Anhänger der Regierung, nur für die Mitglieder einer Partei – mögen sie auch noch so zahlreich sein – ist keine Freiheit. Freiheit ist immer die Freiheit der Andersdenkenden.«

Rosa Luxemburg weiß, wovon sie spricht. Die Freiheit, die sie meint, ist hart erkämpft. Ihr Vater Eliasz sympathisierte mit der polnischen Nationalbewegung, die für die Wiedererlangung von Polens Eigenstaatlichkeit kämpfte, das unter russischer Herrschaft stand, als Rosa am 5. März 1871 im

Städtchen Zamość geboren wurde. Rosa war zwei Jahre alt, als die Familie nach Warschau zog, wo der Vater bessere Bildungschancen für seine fünf Kinder sah. Rosa war das Nesthäkchen, lesen und schreiben hatte sie bereits vor der Schule gelernt. So, als Autodidaktin, machte sie das Beste aus der Bettruhe, die ihr von den Ärzten verordnet worden war, wegen eines Hüftleidens, das irrtümlich für Tuberkulose gehalten wurde. Durch die falsche Behandlung hinkte sie, ein Handicap, das ihr ein Leben lang zu schaffen machte. 1884 kam Rosa aufs Warschauer Frauengymnasium; in jener Zeit fand sie Zugang zu einer verbotenen Gruppe, die sich ›Zweites Proletariat‹ nannte, wie auch zu den Schriften von Karl Marx, die nur konspirativ unterm Ladentisch der Buchhandlungen verkauft wurden. 1888 bestand sie das Abitur als Klassenbeste. Sie sprach nicht nur Polnisch, Russisch und Deutsch, sondern beherrschte Französisch und verstand Englisch und Italienisch. Ein wahres Multitalent, das Lektüre verschlang und obendrein auch gut zeichnen konnte.

Für Rosa Luxemburg war Bildung nicht Selbstzweck und Privileg einer intellektuellen Klasse, vielmehr Nährboden für politische Arbeit. Wegen ›oppositioneller Haltung gegenüber den Behörden‹ verweigerte die Schulleitung der Hochbegabten eine Goldmedaille, und noch im Dezember 1888 musste sie vor der Zarenpolizei fliehen, die ihre Mitgliedschaft im ›Zweiten Proletariat‹ aufgedeckt hatte. Ihr Weg führte nach Zürich, wo sie auf andere sozialistisch gesinnte Emigranten stieß. Private Nähe fand Luxemburg 1891 beim Kommilitonen Leo Jogiches, eine Liebesbeziehung währte bis ins Jahr 1906, und darüber hinaus blieb eine enge, politisch fundierte Freundschaft. Jogiches unterstützte Rosa Luxemburg finanziell, als sie in Zürich die Universität besuchte, das Studium war nicht gratis. Immerhin, in der Schweiz durften sich Frauen bereits seit 1840 an einer Universität immatrikulieren, was zu diesem Zeitpunkt weder in Luxemburgs Heimat noch in Deutschland möglich war. Im April 1897 schloss Luxemburg das Studium mit einer Promotion in Jura über *Die industrielle Entwicklung Polens* ab. Nun wollte sie nach Deutschland – dorthin, wo August Bebel und Wilhelm Liebknecht bereits 1869 eine Arbeiterpartei gegründet hatten, die als ›Sozialdemokratische Partei Deutschlands‹ firmierte. Im Schoße dieser SPD ließ sich die politische Arbeit im marxistischen Sinne am besten verwirklichen. Mehr Gerechtigkeit den Proletariern!

Während des Krieges schieden sich die Geister in der SPD. Karl Liebknecht, Sohn des Parteimitgründers Wilhelm Liebknecht, wurde ins Gefängnis gesteckt, weil er sich gegen Kriegsanleihen aussprach; ein Irrsinn, weiterhin in den erbitterten Kampf der Völker zu investieren, der das Elend der armen Bevölkerung nur verschlimmerte. 1917 trennten sich SPD-Mitglieder aus Protest von der Partei und gründeten die USPD – die ›Unabhängige Sozialdemokratische Partei Deutschlands‹, die links von der Mutterpartei stand. Für Rosa Luxemburg und Karl Liebknecht nicht links genug, sie hatten bereits 1916 den revolutionären Spartakusbund gegründet, dessen Namensgeber der aufständische römische Sklave Spartacus war. Nun, im Januar 1919, gehen sie noch einen Schritt weiter: Sie gründen die ›Kommunistische Partei Deutschlands‹, die KPD.

Nach Silvester spitzen sich die Unruhen in Berlin zu. Kaum sind die Böller verklungen, hallen Schlachtrufe durch die Straßen, von Revolution ist die Rede, vom

Spartakusaufstand. Am 5. Januar ziehen 250.000 Arbeiter durchs Brandenburger Tor zum Polizeipräsidium am Alexanderplatz, viele von ihnen sind bewaffnet. Die Stadtwerke streiken, es gibt weder Wasser noch Strom. Verlangt wird nicht weniger als der Sturz der Regierung unter dem neuen Reichspräsidenten Friedrich Ebert. Dessen fürs Militär zuständiger Minister Gustav Noske greift hart durch; der Aufstand findet ein blutiges Ende, rund 150 Demonstranten und 13 Militärs lassen ihr Leben. Im Berliner *Vorwärts* vom 13. Januar 1919 dichtet Artur Zickler, Redakteur der Zeitung:

»Viel Hundert Tote in einer Reih' –
Proletarier!
Karl, Rosa, Radek und Kumpanei –
es ist keiner dabei, es ist keiner dabei!
Proletarier!«

Als könnte sie in die nahe Zukunft blicken, schreibt die Genossin Clara Zetkin an jenem 13. Januar 1919 aus Stuttgart an Luxemburg: »Ach Rosa, welche Tage! Vor meinem Geist steht die geschichtliche Größe und Bedeutung Deines Handelns … Meine liebste, meine einzige Rosa, ich weiß, Du wirst stolz und glücklich sterben. Ich weiß, Du hast Dir nie einen besseren Tod gewünscht, als kämpfend für die Revolution zu fallen. Aber wir? Können wir Dich entbehren? Ich kann nicht denken, ich empfinde nur. Ich drücke Dich fest, fest an mein Herz. Immer Deine Clara.«

Nach dem niedergeschlagenen Aufstand bestimmen Freikorps das Geschehen in der Stadt. Das sind Soldaten der Garde-Kavallerie-Schützen-Division, rabiate Kerle, die ein für allemal für Ruhe und Ordnung sorgen wollen und finden, dass sie schon viel zu lange keine Waffe mehr bedient haben und es den Anführern des Aufstands so richtig zeigen wollen. Luxemburg und Liebknecht nehmen die Drohungen nicht auf die leichte Schulter.

Der 15. Januar 1919, ein Mittwoch. Seit zwei Tagen sind die beiden vorsichtshalber nicht mehr in ihre Wohnungen zurückgekehrt. Das Gerücht geht um, sie hätten sich ins Ausland abgesetzt, doch Liebknecht lässt in der *Roten Fahne* wissen: »O gemach! Wir sind nicht geflohen, wir sind nicht geschlagen. Und wenn sie uns in Banden werfen, wir sind da, und wir bleiben da!« Sie verstecken sich bei Siegfried Marcusson, einem USPD-Mitglied, in der Mannheimer Straße 43 in Wilmersdorf. Rosa Luxemburg schläft, vollkommen erschöpft, auf einem Sofa, während Liebknecht und Wilhelm Pieck nebenan beraten, was weiter zu tun sei, man braucht falsche Papiere. Am fortgeschrittenen Abend wird hart und fordernd an die Tür geklopft, dahinter laute, polternde Männerstimmen: »Aufmachen, rauskommen!«

Marcusson öffnet und steht Männern der Bürgerwehr gegenüber, sie stoßen ihn beiseite und bahnen sich den Weg in die Wohnung hinein. Liebknecht versucht, durch den Dienstboteneingang zu verschwinden, doch zu spät. Die Männer haben ihn bereits entdeckt, packen ihn, finden seinen Ausweis. Volltreffer, da steht es schwarz auf weiß: Karl Liebknecht! Die Männer halten das Dokument wie eine Trophäe hoch und zerren ihn dann hinaus.

»Da ist noch jemand«, ruft einer der Männer triumphierend, »sieh an, eine Frau, wer kann das sein?«

»Sind Sie das Fräulein Luxemburg?«, fragt einer aus der Truppe.

»Frau Luxemburg, ganz recht«, entgegnet die Angesprochene selbstbewusst.

Die Männer fackeln nicht lange: »Aufstehen, mitkommen!«

Rosa Luxemburg spürt die Blicke auf ihrem Hinkebein, als sie durchs Zimmer geht. Sie ahnt, was ihr bevorsteht. Zu welcher Gewalt und welchen Maßnahmen der politische Gegner bereit ist, hat sie bereits zu spüren bekommen. Es wird nicht ihr erster Gefängnisaufenthalt sein. Bereits 1913 hatte sie im Frauengefängnis in der Berliner Barnimstraße eingesessen, weil sie bei einer SPD-Veranstaltung Arbeiter zur Verweigerung des Dienstes an der Waffe aufgewiegelt haben soll, falls es zum Krieg käme. Kaum frei, im Frühling 1915, wurde sie schon wieder festgesetzt, weil man sie für ein gefährliches Element hielt. Schutzhaft, so nannte sich der neuerliche Gefängnisaufenthalt in der Festung Wronke bei Posen. Ob man sie wieder dorthin bringt, nach Posen, oder wieder in den Frauenknast in der Barnimstraße?

Rosa Luxemburg muss an ihre Herbarien denken, an die Pflanzen, die ihr ebenso am Herzen liegen wie die Politik. Sie hat im Laufe der Zeit ein ganzes Kompendium von gepressten Blumen zusammengestellt. »Die Schlüsselblumen beleuchten mir die Zelle wie Sonnenlicht«, hatte sie einst aus dem Gefängnis an ihre Sekretärin und rechte Hand Mathilde Jacob geschrieben, die sich zu Hause in der Wohnung am Südende um Katze Mimi kümmerte. Die Pflanzen, die Rosa Luxemburg bei ihren Spaziergängen in der Natur gesammelt hat, die zwischen den Seiten der Kladden sorgfältig eingeklebten Blätter und Blüten, die stille Beschäftigung mit der Flora, sie bietet immer wieder eine friedliche Gegenwelt zum bewegten politischen Leben, dem täglichen Kampf. Während der langen Zeit im Gefängnis sind die Herbarien Rosa Luxemburgs treuer Begleiter gewesen, sogar in ihrer Zelle hatte sie die Sammlung erweitern können, weil Mathilde Jacob an ihrer statt im Urlaub auf Almen und Wiesen Blumen für sie pflückte und ihr schickte – Post, die harmlos genug war, um nicht konfisziert zu werden. In ihrer Zelle arrangierte Rosa Luxemburg die Blumengrüße aus der Freiheit, Zimbelkraut, Goldrute und Gräser, zu kleinen Kunstwerken, manchmal ergänzte sie einen fehlenden Stengel durch einen feinen Tintenstrich und beschriftete die Seiten mit den lateinischen Namen der Pflanzen. Wozu hatte sie während des Studiums in Zürich denn auch Vorlesungen in Botanik besucht? Seit der Revolution im November 1918, seit Rosa Luxemburg wieder auf freiem Fuße ist, ruht die Arbeit am Herbarium. Die politischen Ereignisse haben ihr einfach keine Zeit gelassen. Jetzt, denkt Rosa Luxemburg mit einem weinenden Auge, ist wieder Zeit für die Botanik.

Sie rafft ein paar Sachen zusammen, Wäsche, Toilettenartikel, ein Buch. Die Männer von der Bürgerwehr treiben zur Eile. Winterkalt ist es, wer weiß, wie lange sie draußen werden zubringen müssen. Ob sie ihr schnell ein paar warme Strümpfe leihen könne, fragt Rosa Luxemburg die eingeschüchterte Frau Marcusson, die hastig Wollenes aus einer Kommode kramt. Liebknecht und Luxemburg werden durch die dunkle Stadt gekarrt, bis zum *Hotel Eden* am Zoo, wo ein stundenlanges Verhör seinen Lauf nimmt. Die Soldaten steigern sich in wüste Beschimpfungen hinein. Der Hass der Männer trifft besonders die Frau, diese Megäre, eine Jüdin, die sich anmaßt, eine Politische sein zu wollen. Man beschließt, die Gefangenen nach Moabit ins Gefängnis zu bringen, jemand hilft Rosa Luxemburg in den Mantel, sie wird wieder aus dem Hotel hinausgebracht. Unten am Wagen angekommen, spürt sie einen harten Schlag auf den Kopf, bewusstlos bricht sie zusammen. Männer schleifen sie über den Boden wie ein waidwundes Tier. Der Wagen fährt an, da fällt ein Schuss. Hotelgäste im Foyer zucken zusammen und sehen einander erschrocken an.

Ein heimtückischer Meuchelmord, die Lynchjustiz der Freikorps, soll wie ein Attentat erscheinen, verübt vom aufgebrachten Mob. Es ist nur ein Katzensprung vom *Hotel Eden* zum Landwehrkanal, der Wagen fährt zur nahen Lichtensteinbrücke, dort wird Rosa Luxemburgs Leichnam ins kalte Wasser geworfen. »Sie schwimmt schon«, höhnt eine Stimme. Endlich ist man sie los, diese rebellische polnische Jüdin. Jetzt gilt es nur noch, Liebknecht geschickt zu beseitigen. Auf der Weiterfahrt durch den dunklen Tiergarten wird eine Autopanne vorgetäuscht, der Wagen kommt zum Stehen. Halb tot geschlagen wird Liebknecht aus dem Auto und ins Gebüsch gestoßen. Blutend schleppt er sich über die finsteren Wege davon. Nochmals fällt ein Schuss an diesem Abend; unweit des Neuen Sees bricht Liebknecht sterbend zusammen. Ein Verbrecher, erschossen auf der Flucht vor der Polizei, so wird es aussehen. Auf einer Berliner Polizeistation liefern Soldaten seinen Leichnam ab. Ein Unbekannter, geben sie den Beamten achselzuckend zur Auskunft.

Der Tote kann im Schauhaus identifiziert werden, und im *Berliner Tageblatt*, das am Abend des 16. Januar erscheint, steht wie gewünscht: »Liebknecht bei einem Fluchtversuch erschossen. Rosa Luxemburg von der Menge gelyncht.«

Mathilde Jacob liest die tröstenden Zeilen von Clara Zetkin: »Liebste Freundin, es ist Ihre Aufgabe darüber zu wachen, dass nicht ein Zettel, nicht eine Zeile von Rosa Luxemburg verschleppt & verstreut wird.« Mathilde Jacob nimmt sich das zu Herzen.

Der berühmte Diplomat und Tagebuchschreiber Harry Graf Kessler mutmaßt zu diesem Zeitpunkt immer noch, Rosa Luxemburg könne von Parteigenossen befreit und in Sicherheit gebracht worden sein, doch eigentlich weiß es der Graf längst besser. Für ihn sind die Spartakisten nicht bloß Helden und Befreier der proletarischen Klasse, er steht ihrem Kampfeswillen durchaus skeptisch gegenüber: »Nicht der Tod selbst, aber die Art des Todes wirkte konsternierend. Sie haben durch den Bürgerkrieg, den sie angezettelt haben, so viele Leben auf dem Gewissen, dass an sich ihr gewaltsames Ende sozusagen logisch erscheint.«

Dass der neue Staat mit heimtückischen Morden beginnt, ist kein gutes Omen fürs bevorstehende Jahr. Am 17. Januar 1919 schreibt Kessler: »Zweifellos ist der gesunde, gut erzogene Leutnant oder Junker eine menschlich angenehmere Erscheinung als der durchschnittliche Proletarier. Ebenso sind Liebknecht oder Rosa Luxemburg mit ihrer echten und tiefen Liebe zu den Ärmsten und Bedrücktesten, mit ihrem Opfermut erfreulicher als die Streber und Gewerkschaftssekretäre. [...] Dass Liebknecht und Rosa Luxemburg individuell besser waren und menschlich höher standen als die Proletarier und Kleinbürger, die heute über sie triumphieren, bleibt allerdings bestehen.«

* * *

Indessen atmet Frankreich langsam wieder auf. In Paris erwacht das Leben, obwohl der Krieg auch hier noch überall präsent ist. Wie in Berlin sind Versehrte und trauernde Witwen auf den Straßen unübersehbar, doch immerhin sind die Belastungen nicht so hoch wie im besiegten Deutschland, und die französische Bevölkerung braucht keine weiteren Einschränkungen zu fürchten. Vor allem muss Frankreich um keine neue Staatsform ringen, eine blutige Revolution wie in Berlin droht nicht. Der liberaldemokratische Präsident Raymond Poincaré hat die Republik fest im Griff, mit unerbittlicher Härte wird er in die Friedensverhandlungen gehen, die Besetzung des Rheinlands und hohe Reparationsleistungen von Deutschland fordern. Von den Morden an Liebknecht und Luxemburg hat die französische Presse berichtet, aber die bürgerkriegsartigen Zustände im besiegten Nachbarland jenseits des Rheins, das sich noch finden muss, sind für den harten Verhandler kein Grund, durch moderate Friedensbedingungen schnellstmöglich auf ein neues Europa der Einigkeit hinzuwirken, eine Welt ohne mörderische Kriege.

Während jenseits des Rheins die Karten auf politischer Ebene neu gemischt werden, hat man in Frankreich schon wieder den Kopf frei für Fragen der Wissenschaft, für die schöne Literatur und auch für den so lange entbehrten Luxus, den die Boutiquen der Rive Droite zu bieten haben.

An einem sonnigen Januarmorgen schreitet eine junge Frau im eleganten hellen Schneiderkostüm mit taillierter Jacke schwungvoll über die Place de la Concorde, vorbei am Obelisken in seiner Mitte. Ziel der feinen Dame ist die Rue Cambon, wo sie eine Boutique besitzt. Auf dem

Platz erinnert eine Kanone, die dicke Bertha, Beute aus dem besiegten Deutschland, an den Krieg. Immerhin ist die Guillotine längst von hier verschwunden. Die Häuser von Paris sind weitgehend verschont geblieben; in den nahen Tuilerien tut sich allerdings ein größerer Bombenkrater auf, auch die Baumreihen auf den Alleen haben sich gelichtet, weil Brennholz während des Krieges knapp geworden ist. Nicht auszudenken, wäre der aberwitzige Plan der Deutschen umgesetzt worden, Brandbomben über Paris abzuwerfen, um durch ein Inferno die Kapitulation Frankreichs zu erzwingen. Die wunderbare Lichterstadt an der Seine in Schutt und Asche, undenkbar! Der Eiffelturm reckt sich in den blauen Himmel, die Métro rollt über den Pont de Passy, aus der Opéra dringen Orchesterklänge – *bon dieu, merci!* Wenn man nur nicht so vielen Menschen ansehen würde, was sie gelitten, wen sie verloren haben.

Vor dem noblen *Hôtel Crillon* an der Nordseite der Place de la Concorde steht eine schwarze Limousine mit laufendem Motor. Aus dem Foyer tritt ein würdevoller älterer Herr, eilfertig springt ein Page herbei und hält ihm den Wagenschlag auf. Kein Zweifel, der Mann mit dem länglichen Gesicht und der randlosen Brille, der aussieht wie ein ernster Intellektueller, ist kein Geringerer als der amerikanische Präsident Woodrow Wilson, der sich wegen der Friedenskonferenz in der Stadt aufhält, die am heutigen 18. Januar im Spiegelsaal des Versailler Schlosses beginnt. Die Limousine fährt los und entfernt sich über die Champs-Élysées auf den Arc de Triomphe zu, weiter in Richtung Westen. Die ganze Welt schaut in diesen Monaten nach Paris, wo über Grenzverläufe, Kriegsschulden und das Schicksal unzähliger Menschen entschieden, ja, wo über nicht weniger bestimmt wird, als die Neuordnung Europas.

Bei allem Ernst der Epoche, die man gerade durchlebt, es ist an der Zeit, sich wieder den angenehmen Dingen des Lebens zuzuwenden, findet die junge Frau. Coco Chanel ist eine aufstrebende Unternehmerin. Der Krieg hat ihrem Geschäft nicht in dem Maße geschadet wie zunächst befürchtet; ihre Kundinnen sind die Reichen und Schönen, die es sich auch in den vergangenen vier Jahren leisten konnten, Modellkleider zu kaufen. Vor allem die Eskapisten unter den Kunden, die sich in den vornehmen Seebädern aufhielten, unter Sonnenschirmen am Strand und am Spieltisch im Casino den Eindruck erwecken konnten, es gebe gar keinen Krieg, verhalfen ihr dazu, geschäftlich zu expandieren. Der 1913 in Deauville eröffnete Laden *Chanel Modes*, spezialisiert auf Sport- und Freizeitkleidung, lief so gut, dass sie 1915 eine weitere Filiale im mondänen Biarritz an der Atlantikküste aufmachen konnte. Die besondere Schlichtheit ihrer Entwürfe kam gut an in Zeiten, wo dazu aufgerufen wurde, Ressourcen nicht für unwichtige Dinge zu verschwenden.

Wer Coco Chanel jetzt zusieht, wie professionell und souverän sie mit Kunden, Konkurrenten und Geschäftspartnern umgeht, käme niemals auf den Gedanken, welch weiter Weg hinter der siebenunddreißigjährigen Französin liegt. Coco Chanel, oder Gabrielle Chasnel, wie sie eigentlich heißt, kommt aus bescheidenen Verhältnissen; die Mutter verdingte sich als Wäscherin, der Vater als Hausierer. Geboren wurde sie am 19. August 1883 in Saumur an der Loire, unehelich und im Armenhaus. Gabrielle war erst zwölf, als ihre Mutter an Tuberkulose erkrankte und starb. Der Vater steckte das Mädchen in ein Zisterzienserkloster in der Corrèze, wo es unter den strengen Augen von

Nonnen aufwuchs, wahrlich kein Zuckerschlecken. Die frommen Frauen führten ein spartanisches Leben jenseits weltlicher Freuden, das Kloster war bei Gott kein Ort für eine Heranwachsende, die mit Gleichaltrigen Spaß haben wollte. Stattdessen musste sie mit ernster Miene beten und allerhand Arbeiten verrichten, die ihr später als Hausfrau nützlich sein würden, wie man ihr immer wieder einbläute. Gabrielle saß Stund um Stund mit Nähzeug im Schoß, flickte Nonnentrachten und stopfte Strümpfe. Sie wurde weitergeschickt nach Moulins in der Auvergne, ins Pensionat Notre-Dame, das ebenfalls von Ordensfrauen geleitet wurde, und wo ihr der letzte Schliff verpasst werden sollte. Das Glück wollte es, dass sie dort eine fast gleichaltrige Verwandte traf, Adrienne, zu der sie ein herzliches Verhältnis entwickelte. Die beiden Zwanzigjährigen fanden Arbeit in einem Geschäft für Seiden und Posamenten, und bald sprach sich im Ort herum, welch charmante Verkäuferinnen da hinterm Ladentisch standen. Nebenbei schneiderten sie für Privatkundinnen, die anständig zahlten. Gabrielle war bienenfleißig, aber sollte sie ihre Fähigkeiten demnächst als Ehefrau und Mutter vergeuden, sich einem Herrn und Gebieter unterordnen, nach all den Jahren unter der Fuchtel der Betschwestern?

Gabrielle stürzte sich lieber ins unbeschwerte Leben, trat in einem Café in Moulins auf und begeisterte das vorwiegend männliche Publikum mit ihrem Gesang. *Qui qu'a vu Coco* hieß das Chanson, das sie immer wieder anstimmen musste. Klar machten ihr die Männer Avancen, man musste hübsch darauf achten, Distanz zu wahren, um die Oberhand zu behalten. Gerne verschwieg Coco Chanel diese Episode ihres frühen Lebens, der sie jedoch ihren Namen entlehnte.

Bei einem Aufenthalt im Kurort Vichy unweit von Moulins begegnete Coco dem attraktiven und exzentrischen Pariser Étienne Balsan. Sein Vermögen bezog er aus einem florierenden Unternehmen, das mit Armeeuniformen handelte. Balsan öffnete Chanel die Türen zur gehobenen Pariser Gesellschaft. Sie folgte ihm in die Hauptstadt, lebte vier Jahre lang mit ihm zusammen, von 1906 bis 1910. In ihrer Wohnung begann Coco als Putzmacherin zu arbeiten, und weil sich rasch herumsprach, wie elegant ihre Kreationen waren, stellte Balsan ihr das Startkapital für einen Hutsalon zur Verfügung. Seither gedeiht das Geschäft.

Manche munkeln, Coco Chanel suche sich sogar die Liebhaber knallhart unter pragmatischen Gesichtspunkten aus, reiche Männer, die sie großzügig unterstützen. Solches Gerede tut sie als neidisches Geschwätz von Leuten ab, die ihr den Erfolg nicht gönnen. Auch der aktuelle Geliebte Arthur Capel unterstützt sie mit seinem Erbe. Capel ist ein Freund Balsans, leidenschaftlicher Polospieler und Bergwerksbesitzer aus England. Coco nennt ihn kurz ›Boy‹, wegen seines jungenhaften Äußeren, dabei ist dieser Mann von Welt sogar knapp zwei Jahre älter als Coco. Bei Pferderennen, zu denen sie ihren neuen Freund begleitet, sind schicke Hüte ein unverzichtbares Accessoire jeder Frau und ein großer Markt für die Jungdesignerin. Doch bei Hüten soll es nicht bleiben. Die Boutique in der Pariser Rue Cambon 31 hat Coco Chanel erst vergangenes Jahr eröffnet. »Ich glaubte dir ein Spielzeug zu schenken, dabei habe ich dir die Freiheit geschenkt«, sagte Boy Capel.

Die kleine Näherin aus Moulins ist im Handumdrehen zur kühl kalkulierenden Pariser Business-Lady geworden. Coco Chanel ist beruflich inzwischen unabhängig und frei in ihren Entscheidungen. Den Kredit, den Capel ihr eingeräumt hat, hat sie ihm längst zurückzahlen können. Inzwischen ist sie mit allen Wassern gewaschen, kann rechnen und weiß, dass sich finanzieller Einsatz auszahlen muss. Sie beschäftigt mittlerweile über dreihundert Näherinnen. Ihr Ruf als Modedesignerin dringt über Frankreichs Grenzen hinaus; die amerikanische *Vogue* hat ihren schlichten, aber lässigen Stil inzwischen zum ›Inbegriff von Eleganz‹ gekürt, ein Prädikat, das so viel wert ist wie ein Diplom mit Auszeichnung.

Leider gibt es einen Wermutstropfen in Cocos Erfolgsgeschichte, und der schmeckt wirklich bitter. Fast zehn Jahre währt ihr Liebesglück mit Boy Capel nun schon, doch er hat im vergangenen November geheiratet, nicht sie, die kleine Verkäuferin aus zweifelhaftem Milieu, sondern ein anständiges Mädchen aus angesehener Familie, Diana Lister Wyndham, Tochter eines Barons und Nichte des ehemaligen britischen Premierministers Herbert Asquith, außerdem ein Jahrzehnt jünger als Coco. Dianas Mann war 1914 gefallen, die gebotene Trauerzeit hatte sie lange hinter sich, und Boy Capel war eine gute Partie. Wenn Boy Coco in Paris besucht, wenn sie bei *Maxim's* speisen oder in die Oper gehen, scheint alles immer noch beim Alten zu sein. Doch wird sich der schöne Schein auch dann noch aufrechterhalten lassen, wenn Boy Familienvater ist? Erst kürzlich hat er seiner Geliebten eröffnet, dass Diana ein Kind von ihm erwartet.

Coco drückt beide Augen zu, die Arbeit lenkt sie von der Kränkung ab, zur heimlichen Geliebten degradiert worden zu sein, sie braucht dringend eine neue Aufgabe. Was hatte sie noch vor dem Krieg felsenfest behauptet?

»Frauen parfümieren sich nur, wenn sie schlechte Gerüche zu verbergen haben.« Diese Überzeugung, die sich aus vergangenen Zeiten speiste, in denen selbst Königinnen sich puderten, statt sich zu waschen, hat sie über Bord geworfen. Das Bedürfnis nach Luxus und individuellem Chic ist jetzt nach vier Jahren, die den meisten Frauen Verzicht und Improvisationstalent abverlangten und in denen die einzige Robe die Kriegskrinoline war, größer denn je. Wer es sich leisten kann, kauft neue Kleider und sogar Juwelen. Feldgrau ist endlich out. Außerdem sind amerikanische Soldaten überall in der Stadt, und was suchen sie im *Printemps* und auf der Rue St.-Honoré? Pariser Chic und Eau de Toilette für ihre Frauen daheim – ein Geschäft, das man sich keinesfalls entgehen lassen darf. Der Zeitpunkt, die Kollektion zu erweitern, ja, eine ganz neue Produktlinie auf den Weg zu bringen, ist günstig. Zeit für ein Parfüm.

Ein Duft wie ein bunter Strauß Blumen soll es sein, rund und betörend, und doch zeitlos elegant, eine Duftmalerei, die die Individualität jeder Frau unterstreicht. Das Unternehmen Bourjois wirbt bereits mit dem Slogan: ›Mein Parfüm spiegelt meine Persönlichkeit.‹ Cocos Duft muss sich unterscheiden von den Eau de Toilettes und Parfüms, die schon zu haben sind, den beliebten Düften von Paul Poiret oder François Coty, der mit seinen Produkten Millionär geworden ist.

Durch die umtriebige Salonière Misia Sert, Freundin und Förderin berühmter Männer wie André Gide und Sergeij Diaghilev, porträtiert von Renoir und Toulouse-Lautrec, ist Coco in weitere Kreise der Pariser Gesellschaft vorgedrungen. Die beiden Frauen verbindet frühes Leid, die Klostervergangenheit, der sie aus eigenen Kräften entkommen sind – aus Sankt Petersburg war Misia mit dem früh verwitweten Vater nach Paris gekommen und dort ins Kloster Sacré-Cœur gesteckt worden. Als sich die Freundinnen nun treffen, kann Misia Sert mit einer kleinen Sensation aufwarten.

»Eine unglaubliche Geschichte«, erzählt sie, »bei Renovierungsarbeiten in einem Loire-Schloss ist das verschollene Rezept eines Wunderparfüms aus der Renaissance wieder aufgetaucht, die Rezeptur für jenen Duft, der eigens für die Königinnen der Medici-Dynastie kreiert wurde. Es heißt, das Wässerchen verhindere die Alterung der Haut«, frohlockt Misia Sert, »nun ja«, räumt sie zögernd ein, »zumindest wird der Alterungsprozess deutlich aufgehalten.«

Misia Sert geht bereits auf die Fünfzig zu, ihre Jugend als legendäre Muse der Belle Époque ist ein seit Längerem untergehender Stern, wahrscheinlich befeuert das ihr Interesse an diesem Wunderelixier.

Für einen griffigen Werbetext taugt das Bild vom Jungbrunnen allemal. Und die Rezeptur mit royaler Historie, das zieht gewiss bei den Franzosen, die ihre Wohnzimmer mit hohen Spiegeln und verschnörkelten Trumeaus einrichten, als wären sie Sonnenkönige. Coco muss nicht lange überlegen, sie spielt ernsthaft mit dem Gedanken, sich das Papier mit der Duftformel zu verschaffen.

»Gratis wird's nicht sein«, gibt Misia Sert zu bedenken.

Coco winkt lässig ab. Die beiden Frauen sind längst eingesponnen in den verführerischen Gedanken an ein neues Parfüm, um das die Pariserinnen sich reißen werden. Sie malen sich aus, wie Chanels Duft die Salons der Stadt erfüllt, wie sich Gespräche darum drehen, welche Blüten ihre Blätter für diese zauberhafte Essenz gespendet haben. Jedermann, jede Frau wird den Parfümeur kennenlernen wollen, den Magier, der die Zauberformel dafür kennt. Und natürlich wird das Parfüm den Ruhm Coco Chanels weiter mehren.

»Du musst es machen«, sagt Misia Sert beschwörend, »besorg Dir rasch das Rezept!«

Coco Chanel zögert nicht lange; bevor jemand anderes Wind von dem Duft bekommt und ihr zuvorkommen kann, nimmt sie Kontakt mit den Findern des Geheimrezepts auf und legt ein kleines Vermögen hin, um es in ihren Besitz zu bringen, 6000 Francs.

Misia denkt schon weiter: »Und die Form des Flakons? Wie soll der denn aussehen?«

Auch die Verpackung soll etwas ganz besonderes sein, denkt Coco Chanel. Der Flakon muss ebenso schlicht und elegant ausfallen wie sein edler Inhalt.

***

Am 18. Januar versammelt sich eine illustre Gesellschaft in Berlin, in der Schöneberger Haberlandstraße 5. Dort wohnt der Physiker Albert Einstein, unter seinen Gästen an jenem Tag sind die Pädagogin und Frauenrechtlerin Helene Stöcker, der Arzt Georg Friedrich Nicolai und die Malerin Käthe Kollwitz. Sie debattieren über Maßnahmen, die einer friedlichen Gesellschaft auf die Beine helfen können. Allesamt sind sie Mitglieder des kurz nach Kriegsausbruch 1914 gegründeten sozialistisch-pazifistischen ›Bund Neues Vaterland‹. Endlich dürfen sie wieder unbehelligt tagen, denn in den vergangenen vier Jahren waren sämtliche Aktivitäten des Bundes verboten gewesen. Einig ist man sich darüber, dass die herrschende Militärdiktatur abgeschafft werden muss, erschüttert sind alle über die Ermordung Karl Liebknechts und Rosa Luxemburgs. Thema bei der Zusammenkunft ist freilich auch ein bahnbrechendes Ereignis, das am morgigen Tage stattfinden wird, die ersten wirklich freien und demokratischen Wahlen auf deutschem Boden, an denen zum ersten Mal auch Frauen teilnehmen dürfen.

Ein langer Marsch war es für die Frauen bis an die Urnen: Schon 1848, nach der Revolution, als in der Frankfurter Paulskirche die Nationalversammlung tagte, hatte das allgemeine Wahlrecht zur Debatte gestanden. Allgemein – das schloss die weibliche Bevölkerung damals immer noch aus. Mutige Frauen ließen sich das nicht länger bieten und erhoben ihre Stimme, bald war die Rede von einer veritablen Frauenbewegung. Vor allem jene Frauen, die sich als Sozialistinnen verstanden und kämpferisch unterwegs waren, konnten erwirken, dass die Wahlrechtsforderung 1891 ins Erfurter Programm der Sozialdemokratie aufgenommen wurde. August Bebel, von 1892 bis zu seinem Tod 1913 Vorsitzender der SPD, machte sich zum Fürsprecher der Frauenemanzipation und des Frauenwahlrechts. 1879 war sein überaus erfolgreiches Buch *Die Frau und der Sozialismus* erschienen – der Frauenbewegung gilt die Schrift als ein Manifest. Ebenso bahnbrechend war Rosa Luxemburgs Pamphlet *Frauenwahlrecht und Klassenkampf* von 1912, allerdings ohne explizit feministische Töne anzuschlagen. Das gemeinsame Ziel aber ist endlich erreicht. Mit der Weimarer Verfassung tritt das aktive und passive Wahlrecht für »alle mindestens 20 Jahre alten männlichen und weiblichen Personen« in Kraft.

Andere Länder waren schon eher am Puls der Zeit. Bereits 1917, noch vor der Oktoberrevolution, durften russische Frauen erstmals zur Wahl schreiten. Damit gehörte Russland neben Australien, Dänemark, Finnland, Neuseeland, Norwegen und einigen amerikanischen Bundesstaaten zu den ersten Ländern weltweit, in denen das Frauenwahlrecht galt. Durch die Oktoberrevolution wurden weitere Hoffnungen geweckt, Frauen eine gleichberechtigte Stellung im öffentlichen Leben zu gewährleisten. Großes Vorbild der politisch aktiven Frauen ist die Russin Alexandra Kollontai, die schon im November 1917 von Lenin mit der Leitung des Ministeriums für Volksfürsorge beauftragt worden war und in dieser Position für das Recht auf Abtreibung und Scheidung kämpfte. Kollontai war nicht nur die erste Frau im revolutionären sowjetischen Kabinett, sondern auch die erste Ministerin der Welt.

Schon am Morgen des 19. Januar 1919, einem Sonntag, eilen landauf, landab Frauen zu den Wahlurnen, 17 Millionen sind auf den Beinen, was bei manchen Männern Kopfschütteln auslöst. An diesem Tag finden die Wahlen zur verfassunggebenden Deutschen Nationalversammlung statt, und erstmals darf das vermeintlich schwache Geschlecht mit abstimmen. »Polonäse von Wählern und Wählerinnen«, beobachtet Harry Graf Kessler das Geschehen. »Alles ruhig und grau in grau; weder Aufregung noch Begeisterung. Die Zettelverteiler der verschiedenen Parteien stehen um die Polonäse herum und schieben wortlos die Zettel den Leuten in die Hand. Köchinnen, Krankenschwestern, alte Damen, Familien mit Vater, Mutter und Dienstmädchen, selbst mit kleinen Kindern kommen gezogen und stellen sich an.«

Grau in grau? Das, wofür Frauen wie Rosa Luxemburg gekämpft haben, gleiche politische Rechte für alle, Frauen wie Männer, nimmt Gestalt an – ein ruhig und ohne Hysterie ablaufender demokratischer Akt. Bei der Wahl-Premiere beteiligen sich 82 % aller wahlberechtigten Frauen, siebenunddreißig weibliche Abgeordnete ziehen ins Parlament ein, immerhin ein Zehntel Frauen, für den Anfang nicht schlecht, unter ihnen Gertrud Bäumer, Marie Elisabeth Lüders und Louise Schröder. Die SPD erlangt eine Mehrheit mit 138 Sitzen in der Nationalversammlung. Der Weg ist frei für weitere Reformen.

»Zum ersten Mal gewählt«, schließt Käthe Kollwitz das historische Datum mit einem Tagebucheintrag. »Hatte mich so sehr gefreut auf diesen Tag und nun er dran ist, von neuem Unentschlossenheit und halbes Gefühl. Für Mehrheitssozialisten gewählt. Nicht für die Person Scheidemann, die zuoberst auf der Liste stand.«

Die politische Stimme der Künstlerin hat Gewicht. Mit ihrer Sympathie fürs Proletariat tendiert sie zwar zu den Kommunisten, fürchtet jedoch deren Radikalität und Zustände, wie sie in der revolutionären Sowjetunion herrschen. Kollwitz spricht sich für die Sozialdemokraten aus, auch wenn sie deren mangelnde Entschlossenheit kritisiert: »Hätte die Regierung dieses Vierteljahr absoluter Macht im Sinne des Sozialismus benutzt, so wäre es nicht zum Spartakus-Putsch gekommen und hätten die Unabhängigen sich nicht nochmalig und nun wohl endgültig losgemacht von der Mehrheit. Eine Einigung scheint jetzt unmöglich. Unter der demokratischen Regierung, der wir jetzt entgegensehen, wird das Wühlen und Drängen der Kommunisten wohl nicht aufhören«, schreibt sie am 30. Januar 1919 enttäuscht von der Revolution und sehnt einen Sozialismus herbei, »der die Menschen leben lässt«.

* * *

Am 24. Januar 1919 heben sich in einem Sitzungssaal der Preußischen Akademie am Pariser Platz bei einer Abstimmung viele Hände. Ein Raunen geht durch die Reihen der Herren, darunter der Maler Max Liebermann und der Architekt der Kaiser-Wilhelm-Gedächtniskirche Franz Schwechten. Seit Bestehen der mehr als zweihundert Jahre alten Institution wird diese ausschließlich durch Männer repräsentiert. Nun ist bei einer Abstimmung unter den Herren Käthe Kollwitz als neues Mitglied aufgenommen worden. Denn auch die altehrwürdige Kunstakademie kommt an den Frauen nicht mehr vorbei.

An jenem Tag ist Käthe Kollwitz auf dem Weg ins Leichenschauhaus in der Hannoverschen Straße in Berlin-Mitte. Dort ist der ermordete Karl Liebknecht aufgebahrt. Sophie, seine Witwe, hat die Künstlerin darum gebeten, eine Zeichnung des Toten anzufertigen. Während Kollwitz neben dem einbalsamierten Leichnam still an ihrem Liebknecht-Gedenkblatt arbeitet, kommen immer wieder Menschen herein und erweisen dem Revolutionär die letzte Ehre. »Um die zerschossene Stirn rote Blumen gelegt, das Gesicht stolz, der Mund etwas geöffnet und schmerzhaft verzogen. Ein etwas verwunderter Ausdruck im Gesicht. Die Hände im Schoß nebeneinandergelegt, ein paar rote Blumen auf dem weißen Hemd.«

Tags darauf, Käthe Kollwitz hat ihr Gedenkblatt zu Hause noch nachgebessert, findet die Beerdigung Karl Liebknechts und weiterer 38 Erschossener auf dem Friedhof Friedrichsfelde statt. »Welche Qual diese ganze öffentliche Angelegenheit für Liebknechts Frau!«, beklagt Käthe Kollwitz. »Sie ist ohnmächtig geworden. Um das Grab

Gedränge. Einer schob den andern weg, zankten sich um die Plätze.«

100.000 Menschen sind gekommen, vor allem aus den Arbeitervierteln strömen sie herbei, um von den Toten Abschied zu nehmen. Der Trauerzug bewegt sich gemessenen Schrittes übers Gräberfeld. Neben Liebknechts Sarg wird noch ein zweiter Katafalk in die Grube gesenkt, den die Sargträger mit geringem Kraftaufwand stemmen können, denn er ist leer. Rosa Luxemburgs Leichnam ist noch immer nicht gefunden worden.

Dass Käthe Kollwitz Mitglied der Berliner Secession ist, macht die Sensation ihrer Wahl in die Akademie doppelt innovativ. Denn die Secession, der Maler wie Lovis Corinth und Max Liebermann, Bildhauer wie Wilhelm Lehmbruck und Georg Kolbe angehören, steht für eine Kunst jenseits akademischer Regeln und Maßgaben. »Höre von Klimsch und Gaul, dass ich in die Akademie der Künste gewählt bin. Große Ehre, aber ein bisschen peinlich für mich. Die Akademie gehört doch zu den etwas verzopften Instituten, die beiseite gebracht werden sollten«, schreibt Kollwitz am 31. Januar 1919 in ihr Tagebuch. Stimmt, im Programm des Arbeitsrates für Kunst, dessen Mitglied die Malerin ist, ist die Auflösung der Akademie der Künste sogar eine explizite Forderung.

Akademieprofessor Georg Gaul, selbst Bildhauer, reagiert empört auf die etwas despektierlichen Äußerungen der Malerin, aber versichert ihr auch, das unter dem Kaiser machtlose und unselbstständige Institut habe jetzt »seine Selbstständigkeit« erhalten und werde »wieder Leben kriegen«. Die Wahl von Käthe Kollwitz ist ein hoffnungsvoller Auftakt. Es sind die sozialen Themen, die sie beschäftigen, und das rührt an den Nerv der Zeit. Kollwitz stellt das Elend der Armen und Kranken in aller Härte und Mitleidlosigkeit dar. Vielen längst bekannt sind ihre grafischen Werke *Ein Weberaufstand* und *Bauernkrieg*; düstere Kohlezeichnungen und harte Holzschnitte sind ihre Stärke. Käthe Kollwitz kann der Armut sogar Schönheit abgewinnen, denn ist nicht schön, was authentisch ist und einer sozialen Wahrheit entspricht? Mit ihren Motiven aus dem Proletariat bricht Käthe Kollwitz ein Tabu, schafft ein Bewusstsein für die Armen und Geknechteten. Dass ihre Arbeit inzwischen breite Anerkennung findet, ist ein Politikum.

Gerhart Hauptmanns Drama *Die Weber*, in dem der Schriftsteller die Sklaverei anprangert, hatte Käthe Kollwitz mit ganzer Wucht getroffen. Das Theaterstück war Wasser auf ihre Mühlen. Sie hatte die Uraufführung am Deutschen Theater im September 1894 gesehen und Hauptmann persönlich kennengelernt, 1886 auf einer Reise ins Engadin. *Die Weber* ließen sie nicht los. Fast vier Jahre arbeitete sie sich daran ab, bis der Zyklus *Ein Weberaufstand* 1897 abgeschlossen war. Die Arbeit hatte sich gelohnt: Als der Zyklus ein Jahr später auf der ›Großen Berliner Kunstausstellung‹ zu betrachten war, macht er die Kollwitz schlagartig einem breiteren Publikum bekannt. Nur Kaiser Wilhelm II. konnte sich mit der Handschrift der kritischen Künstlerin nicht anfreunden, zu viel umstürzlerisches Potenzial enthielten diese Bilder; ›Rinnsteinkunst‹ nannte Wilhelm sowas und schmückte sich lieber mit glatter Salonmalerei und den repräsentativen Schinken eines Anton von Werner. Seine Majestät wusste denn auch zu verhindern, dass Kollwitz mit der Medaille ausgezeichnet wurde, für die Max Liebermann sie vorgeschlagen hatte.

»Orden und Ehrenzeichen gehören auf die Brust verdienter Männer«, so der Kaiser; an der Bluse einer Frau würde der Preis doch nur entwertet. Auch die Kaiserin rümpfte die Nase: Als Anfang 1906 die ›Deutsche Heimarbeit-Ausstellung‹ in Berlin gezeigt wurde, die sie eigentlich besuchen wollte, störte sie sich am Ausstellungsplakat der Kollwitz, auf dem das knochige Gesicht einer Frau mit erloschenem Blick zu sehen war. So viel Hässlichkeit war Ihrer Majestät wirklich nicht zuzumuten!

* * *

Ganz andere Sorgen hat derweil eine Frau in Wien, wo mit dem Ende des Weltkriegs auch die k.-u.-k.-Monarchie besiegelt ist. Alma, geborene Schindler, verwitwete Mahler und verheiratete Gropius, gruselt sich fürchterlich vor dem entfesselten Mob: »Wir saßen im roten Musiksalon, als die sogenannte ›Revolution‹ ausbrach. Es war drollig und schaurig zugleich. Den Zug der Proletarier zum Parlament hatten wir mit angesehen. Üble Gestalten ... rote Fahnen ... hässliches Wetter ... Regenmatsch, alles grau in grau. Dann die angeblichen Schüsse aus dem Parlament. Sturm! Dieselbe vorher wohlgeordnete fade Menschenreihe stürmte jetzt schreiend und würdelos zurück.« Keine Frage, Alma wünscht sich den Kaiser zurück, »und wenn es der idiotischste aller wäre, wenn's anders nicht geht, und die teuersten, fruchtbarsten Erzherzöge, die das Land soutenieren müsste, nur wieder Pracht von oben her und ein Kuschen, ein unlautes Kuschen des Sklaven-Unterbaues der Menschheit. Das Geschrei der Massen ist eine Höllenmusik, die ein reines Ohr nimmer ertragen kann.«

Auch die vielen Männer in ihrem Bett sind nicht ganz unschuldig an Almas Anspannung. Sie ist ganz wirr im Kopf vor lauter Verehrern. Die Wechselfälle ihres Liebeslebens lösen bei ihr tatsächlich beängstigende Zustände aus, denn sie ist wahnsinnig vor Angst, wie ihre Schwester Margarethe Julie an Dementia praecox zu erkranken. Und es ist weiß Gott nicht das erste Mal, dass sie Selbstmordgedanken hegt. Im Januar 1919 vertraut sie dem Tagebuch an: »Alles ist gleichzeitig. Ich kann keinen verneinen. Gustav Mahler, Oskar Kokoschka, Gropius ... alles war und ist wahr! [...] Nichts weiß ich mehr von diesen Menschen als ihre geistigen Hinterlassenschaften [...] Gustav Mahler ist mir unverlierbar!« Während sie zwei Pianisten lauscht, die ihr vierhändig Mahlers 2. Symphonie vorspielen, sinniert sie über die Frage, ob sie nicht alles herschenken soll, was sie besitzt, ein neues Leben anfangen, in warmen Gegenden, »wo man arm sein kann, ohne zu erfrieren oder zu verhungern.«

Besonders wahr und gegenwärtig ist derzeit der Architekt Walter Gropius, der ist nämlich seit August 1915 Almas Ehemann. Sie hat ihn geheiratet, allen Vorbehalten zum Trotz: »Schon die Ehe, die vom Staat sanktionierte Tyrannei, ist mir suspekt, und ich wähle, ihr ausweichend, die freie Bindung. Da aber sollte die Faust in der Tasche bleiben! Das sind ja die Gründe, warum ich nicht heiraten wollte.« Gleich nach der Hochzeit hatte Gropius wieder zurück an die Front reisen müssen, und Alma war in ihrer behaglichen Wohnung im 1. Bezirk, in ihrem geliebten Wien bei Mahlers Partituren und Kokoschkas Gemälden geblieben, mit ihren beiden Töchtern, der im Oktober 1916 geborenen Tochter Manon und der vierzehnjährigen Anna aus der Ehe mit Gustav Mahler.

Nun ist der Krieg aus, Wien ist zwar nicht mehr so recht gemütlich, doch beim Gedanken, die Mozartstadt verlassen zu müssen, gar für immer, ist Alma nicht wohl. Gropius sieht seine berufliche Zukunft in Berlin, die Preußenkapitale ist ein Dorado für den Architektennachwuchs. Außerdem schielt er nach Weimar, wo ein schöner Direktorenposten an der Kunstgewerbeschule winkt, um den er sich schon seit 1915 bemüht, als der Belgier Henry van de Velde wegen ausländerfeindlicher Angriffe zurückgetreten war. Jetzt, im Januar 1919, sitzt Gropius auf gepackten Koffern. Er wartet nur noch auf seine offizielle Berufung und brennt auf die neue Aufgabe: »Die Verhältnisse sind augenblicklich dadurch, dass die Kunstgewerbeschule aufgehoben wurde, also von Grund auf neu gestaltet werden kann und dadurch, dass vier Lehrstellen an der Hochschule für bildende Künste freistehen, außerordentlich günstig. Es dürfte in Deutschland wohl kaum eine zweite Gelegenheit sein, ein größeres Kunstschulunternehmen ohne radikale Eingriffe in das Bestehende von modernen Ideen entsprechend umzugestalten.«

Alte Ordnungen sind vom Tisch, neue Gesetze noch nicht erlassen, dieses politische Vakuum ist genau der rechte Moment, das zukünftige Hochschulleben in Eigenregie zu gestalten. Und zu den modernen Ideen gehört für Gropius selbstverständlich auch, endlich mal die Frauen zum Zuge kommen zu lassen, als Studentinnen und im Lehrkörper der neu geordneten Schule. Welche Rolle Alma darin spielen soll, das steht noch in den Sternen.

Februar

*Dada-Künstlerin Hannah Höch verblüfft mit Collagen *** Käthe Kollwitz prangert das Elend der Menschen an *** Marie Juchacz spricht als erste Frau in der Nationalversammlung *** Anita Augspurg, Juristin in Hosenrolle*

Am Abend des 6. Februar, so steht es auf dem Flugblatt, das Hannah Höch auf ihrem Schreibtisch findet, blasen im Kaisersaal des *Ballhaus Rheingold* in der Bellevuestraße die ›Dadaisten gegen Weimar‹. Damit wollen sie als ›Dadaistischer Zentralrat der Weltrevolution‹ gegen die heute im beschaulichen Weimar, fern von den Unruhen in der Hauptstadt eröffnete Deutsche Nationalversammlung protestieren. Erscheinen werden im *Rheingold* »alle geistigen und geistlichen Arbeiter, Volksbeauftragte, Bürger und Genossen beiderlei Geschlechts [...], denen an dem Glück der Menschheit gelegen ist.«

Wie Spartakisten und Arbeiter sind auch die Berliner Dadaisten unzufrieden mit der halbherzigen Republikgründung, damit, dass Militarismus und alte Seilschaften weiter gelten, verfilzte Zöpfe nicht abgeschnitten, sondern neu geflochten werden. Sie heißen Raoul Hausmann und Johannes Baader und gründen in jenen Tagen den ›Club Dada‹, die Berliner Filiale der Dada-Bewegung, die ihre Keimzelle in Zürich hat. Dort, im Vakuum des Schweizer Exils, hatten sich während des Krieges nicht nur Revolutionäre aus Deutschland, Polen und Russland getroffen, sondern auch die Künstler Richard Huelsenbeck, Hugo Ball und Tristan Tzara. Genau drei Jahre zuvor hatten sie in Zürich das *Cabaret Voltaire* ins Leben gerufen. Ein wahrer Urknall, denn seither sprießen die Blüten einer Kunst, die sich ›Dadaismus‹ nennt, in aller Herren Länder. Sie haben ihre ganz eigene Masche, die herrschenden Zustände aufs Korn zu nehmen.

Am 15. Februar erscheint die satirische Zeitung der Berliner Dadaisten, *Jedermann sein eigner Fußball*, in der man lustige Verse über den neuen Reichspräsidenten Friedrich Ebert lesen kann:

»Allzeit schussbereit
Ja der Deutsche Soldat trifft immer ins Schwarz
Wo es am blondsten ist
Sei gegrüßt Du mein schönes Sorrent
Ach kitzle mir mal am Hosenlatz
Mensch Ebert in Weimar!«

Walter Mehrings Gedicht *Der Coitus im Dreimädlerhaus* brüskiert die guten Sitten so sehr, dass man ihm den Prozess macht, die neue Zeitschrift wird umgehend verboten. Kurt Schwitters bereichert das niedersächsische Hannover mit seiner eigenen Dada-Zentrale und schreibt 1919 ein Gedicht, *An Anna Blume*:

»Dein Name tropft wie weiches Rindertalg.
Weißt Du es Anna, weißt Du es schon,
Man kann Dich auch von hinten lesen.

Und Du bist die Herrlichste von allen,
Du bist von hinten wie von vorne:
A-----N-----N-----A.«

Auch der Name Hannah liest sich vorwärts wie rückwärts. Hannah Höch heißt die Frau im Berliner Dada-Männerclub. Sie trägt eine flotte Ponyfrisur, blickt aus dunklen Augen etwas melancholisch in die Welt und ist die derzeitige Lebensgefährtin des selbst ernannten Dadasophen Raoul Hausmann. Mit ihm teilt sie die Begeisterung für alles, was sich gegen die herrschenden Ordnungen richtet.

»Aber nennt mich nicht immer Hannchen«, sagt Hannah Höch zu Raoul Hausmann und seinen Mitstreitern.

Hannah Höch, am 1. November 1889 im thüringischen Gotha geboren, ist anders als Rosa Luxemburg nicht die Jüngste von fünf Geschwistern, sondern die Älteste. Die Eltern erwarteten früh von ihr, Verantwortung zu übernehmen, sie musste die Höhere Töchterschule abbrechen, um sich um ihre jüngste Schwester zu kümmern und dem Vater Friedrich in seinem Versicherungsbüro zu helfen. Dass die Mutter Rosa als Vorleserin in aristokratischen Kreisen tätig war, wo der Umgang mit Kunst gepflegt wurde, fand Hannah wesentlich spannender. In ihr keimte der Wunsch auf, ein Kunststudium anzufangen, doch die Eltern schlugen die Hände überm Kopf zusammen, als sie ihr Anliegen zur Sprache brachte. Allein die Vorstellung, dass das Mädchen in Aktmalkursen vor nackten Modellen sitzen sollte, fand vor allem Papa Höch unschicklich.

Hannah ließ nicht locker: Wie wäre Kunstgewerbe statt Kunst? Sie dachte an Berlin, die private Kunstgewerbeschule in Charlottenburg.

Das klang schon vernünftiger. Der besorgte Vater ließ zu, dass die Tochter sich 1912 dort einschrieb. Was sie in der Klasse für Gestaltung lernen konnte, praktische Dinge wie Weben oder Töpfern, ließ sich später schließlich auch in einer Ehe oder einem ordentlichen Beruf anwenden.

Hannah pochte auf ihre Unabhängigkeit in der großen Stadt: »Lieber will ich mich in Berlin zu Tode schuften, als dass ich einen Tag länger in Gotha bliebe.« Das Glück in der Großstadt war zunächst nicht von langer Dauer; bei Kriegsausbruch am 1. August 1914 wurde die Schule bis auf Weiteres geschlossen, Hannah Höch kehrte zurück nach Gotha und half, das war nun angezeigt, beim Roten Kreuz. 1915, als sich abzeichnete, dass der Krieg nicht über Nacht zu gewinnen war, nahmen die Kunstschulen den Betrieb wieder auf, und Hannah Höch bekam einen der begehrten Plätze in Emil Orliks Klasse für Grafik und Buchkunst an der Unterrichtsanstalt des Berliner Kunstgewerbemuseums. Die Studentin beschäftigte sich viel mit der thüringischen Heimat, zeichnete Landschaften und Stadtbilder von Gotha. Orlik, der angesehene Maler und Zeichner, verschaffte ihr auch einen recht einträglichen Job als Dekorateurin von Lampenschirmen.

An einem Tag Ende April 1915 wurde Hannah Höchs Leben ordentlich aufgemischt, sie geriet in turbulentes Fahrwasser. In der Bibliothek des Kunstgewerbemuseums lief sie einem dunkelhaarigen Mann von kräftiger Statur über den Weg, in dessen rechtem Auge unter einer wulstigen Stirn sehr wirkungsvoll ein Monokel klemmte.

»Ich bin Raoul Hausmann«, stellte er sich vor, »Dadasoph.«

Bei einer Zufallsbegegnung sollte es nicht bleiben. Am 3. Juli 1915, Hannah Höch hat das Datum nie vergessen, fuhren sie gemeinsam hinunter zum Wannsee, lagen im märkischen Sand und kamen sich bei der Lektüre von Gedichten Walt Whitmans näher. »Wir machen die Welt leuchten«, verheißt Raoul seiner neuen Freundin.

Hausmann verkehrt in höchst interessanten Kreisen. Er ist Mitglied der Anfang Dezember 1918 in Berlin gegründeten ›Novembergruppe‹, einem Zusammenschluss aus rund 200 Künstlern, die nach dem Vorbild der revolutionären Sowjetunion für die öffentliche Rolle der Kunst streiten. Sie fordern staatliche Unterstützung, damit Kunst auch die Massen erreicht und das soziale Bewusstsein formen hilft. Die ›Novembergruppe‹ ist ein Hort der zeitgenössischen Avantgarde, ihr gehören Dadaisten wie Hans Arp und John Heartfield an, Architekten wie Walter Gropius und Ludwig Mies van der Rohe, die Dichterin Else Lasker-Schüler und auch Käthe Kollwitz. Vor allem trifft man in der ›Novembergruppe‹ auf Künstler aus dem Umfeld des charismatischen Herwarth Walden und seiner seit 1910 erscheinenden Zeitschrift *Der Sturm*. Dass Hausmann und Walden einander nicht eben grün sind, sieht ein Blinder – zwei Alphatiere, die einfach nicht nebeneinander bestehen können. »Mag Walden sein wer er will, so dumm als er will – er hat die großen Künstler und man kann nur bei ihm ausstellen«, schreibt Raoul Hausmann an Hannah Höch. Else Lasker-Schüler macht aus ihrer Abneigung gegenüber Raoul Hausmann auch kein Geheimnis: »Kleines Gift, muss auch sein«, ätzt sie.

Die Liebesgeschichte zwischen Hannah Höch und Raoul Hausmann währt nun nahezu vier Jahre, doch steht sie unter keinem guten Stern. Raoul ist verheiratet, mit der Geigerin Elfriede Schaeffer. Hausmann ist einer ›Ehe zu dritt‹ gegenüber recht aufgeschlossen, unbürgerliche Lebensformen sind *en vogue*. Lügen sind was für Spießer, und Hausmann macht seiner Gattin gegenüber kein Geheimnis aus der Geliebten. Da beide Frauen keine Spielverderberinnen sein wollen, schließlich verpflichtet das Leben in Bohemekreisen zu einer gewissen Libertinage, lassen sie sich auf die *Ménage à trois* ein. Insgeheim sehnen sie sich nach Ausschließlichkeit, alle beide. Und warum darf sich Raoul eigentlich aufführen wie ein Pascha im Harem? Mittenmang ist zudem noch Elfriedes und Raouls 1907 geborene Tochter Vera.

An der ungeklärten Situation hat sich seit Beginn der Beziehung nichts geändert. In den letzten Jahren hat Hannah Höch zwei Abtreibungen über sich ergehen lassen, lebensgefährliche und laut § 218 illegale Eingriffe, auf die fünf Jahre Zuchthaus stehen. Keine leichten Entscheidungen, doch will man noch einem Kind dieses Durcheinander zumuten? Manchmal bricht Hannah aus dem Liebeschaos aus, zu den Eltern nach Gotha, atmet tief durch in den vertrauten Gefilden, die plötzlich nicht mehr unerträglich spießbürgerlich, sondern wohltuend geordnet erscheinen. Sieht Raoul denn nicht, dass alle Beteiligten leiden, sie, Elfriede und schließlich auch er selbst? Jetzt, 1919 und im vierten Jahr ihrer Beziehung, nimmt Hausmann die tschechische Staatsbürgerschaft an, weil es so leichter möglich ist, die Scheidung durchzuziehen, ein Silberstreif am Horizont!

Auch Dada ist für Hannah Höch ein ständiger Spagat zwischen Selbstverwirklichung und Kampf um Anerkennung. Selten einig sind Hannah und Raoul aber, wenn sie über zerschnittenen Zeitungen am Tisch sitzen, als bastelten sie an einem Erpresserbrief. Mit Schere und Klebstoff entstehen völlig neue Zusammenhänge. Schlagzeilen aus der Tagespresse, durchmischt und neu arrangiert, vermengt mit allerlei Werbesprüchen, das könnte doch eine reizvoll neue, gebrochene Sicht auf die Welt eröffnen.

Zeitungen als ›prima materia‹ fallen Hannah Höch geradezu in den Schoß. Material gibt es reichlich in Zeiten, wo Berlin von Druckerzeugnissen überschwemmt wird. *Vossische*, *Berliner Tageblatt*, *Vorwärts*, *Rote Fahne*, die gesamte Presse wird auseinandergenommen und mit scharfer Klinge in einzelne Bestandteile zerlegt. Die Welt ist aus den Fugen, und die täglich sich überschlagenden Nachrichten sind für den einzelnen Menschen kaum mehr zu verarbeiten. Überall verwirrende Fülle, anarchisches Nebeneinander von Dingen und Ereignissen, das zeigt sich auf Hannah Höchs Collagen. »Ich sehe meine Aufgabe darin zu versuchen, diese turbulente Zeit bildlich einzufangen«, sagt sie.

Höch ist jetzt in der Redaktion des Ullstein-Verlags angestellt und schreibt für das elegante Blatt *Die Dame* und das Modejournal *Die praktische Berlinerin*. Sie ist glücklich mit diesem festen Job bei Ullstein, nicht nur wegen der interessanten Journale, die sie zu Collagen machen kann. Die Anstellung sichert ihr die finanzielle Unabhängigkeit. Mehr noch, so kann sie dem ewig klammen Raoul immer wieder finanziell unter die Arme greifen. In ihren Artikeln will sie ein Bewusstsein für den ideellen Mehrwert der scheinbar profanen Handarbeiten schaffen: »... wenigstens i-h-r müsst wissen, dass ihr mit euren Stickereien eure Zeit dokumentiert«, wendet sie sich an ihre Leserinnen. In der Tat, die vielen verschiedenen Illustrierten, die im Berliner Zeitungsviertel rund um die Kochstraße entstehen, sind

Hannah Höchs Inspirationsquellen, die Abbildungen ein Kaleidoskop aus Möglichkeiten für Collagen und Montagen. Den praktischen Magazinen für Frauen liegen meistens Schnittmusterbögen bei, auch die sind bestens geeignet, künstlerisch in die Mangel genommen zu werden. Feine Wäschespitze aus Hannah Höchs Stoffrestesammlung ergänzt die Papierschnipsel.

Vergangenes Jahr, während der Sommerfrische in Heidebrink an der Ostsee, hatten Höch und Hausmann spielerisch mit dem Collagieren begonnen. In dem Fischerhäuschen, das sie gemietet hatten, hing ein Öldruck an der Wand, der sie sehr amüsierte: Er »zeigte – eingebaut zwischen die prunkvollen Embleme des Kaiserreichs – fünf stehende Soldaten in fünf verschiedenen Monturen – aber nur einmal fotografiert –, denen der Kopf des Fischersohnes fünfmal eingeklebt war. Dieser naiv-kitschige Öldruck zur Erinnerung an die Soldatenzeit des Sohnes hing in vielen deutschen Stübchen. Er wurde Hausmann zum Anlass, den Gedanken, mit Fotos etwas einzufangen, weiter auszuspinnen.«

Immer wieder muss Hannah Höch Raoul Hausmann mit der Nase darauf stoßen, dass er nicht alleiniger Urheber der neuen Technik ist. Sie wird nicht müde, ihm zu erzählen, dass sie schon als Mädchen verschiedenfarbiges Papier zu Bildern zusammengestellt hat: »Meine erste Collage, die fällt also auf 1904: Eine kleine Landschaft – in dem Fall unser Garten mit einem Figürchen, mein Schwesterchen, das lehnt da an einem Baum. Habe ich schön munter geklebt, ganz hübsch so ausgeschnitten, die Bäume und alles farbig sehr hübsch. Und das ist meine erste Collage!« Das Bild hatte sie *Nitte unterm Baum* genannt. Nitte, das ist der Spitzname von Hannahs Schwester Marianne.

Die Schere ist das wichtigste Instrument der neuen Zeit: Coco Chanel schneidet sich die Haare ab und kürzt die Röcke, Hannah Höch zerlegt die Wirklichkeit. Am Küchentisch in ihrer Dachwohnung in der Friedenauer Büsingstraße klappert sie mit der Papierschere und schneidet fein säuberlich ein Küchenmesser aus der Zeitung aus, Symbol für den scharfen Schnitt, der Altes vom Neuen trennt. Sie durchforstet Zeitungsstapel, sammelt Schrauben, Zahnräder und Kurbelwellen wie für ein Ersatzteillager. Beim Blättern stößt sie auf die üblichen Verdächtigen, schneidet Kaiser Wilhelm, Hindenburg und Ebert die Köpfe ab, garniert sie mit knackigen Parolen: ›Legen Sie Ihr Geld in Dada an!‹, ›Dada siegt!‹, ›Tretet Dada bei‹. Dazu gesellen sich Tänzerinnen, Turner, Elefanten, ein Zirkus, der sich um sich selbst dreht. Das hat Fahrt. Das schöne Japanpapier aus Hannahs Materialsammlung kommt endlich zum Einsatz, als Hintergrund des Bildes trägt es schwer an den vielen Köpfen: Lenin, Anführer der Oktoberrevolution, General Paul von Hindenburg, Albert Einstein, dessen Theorien über die Geschwindigkeit des Lichts derzeit heiß diskutiert werden. Ins rechte Auge des Physikers klebt Hannah Höch ein Schleifchen, es ist das Unendlichkeitszeichen. Dass der Kopf von Karl Marx wie eine Gallionsfigur am Bug eines Schiffes prangt, hätte Rosa Luxemburg gefallen. Unten rechts in die Ecke klebt Hannah eine Europakarte, markiert darin die Länder, in denen sich das Frauenwahlrecht durchgesetzt hat.

Da fehlt doch noch was, überlegt Hannah Höch am Basteltisch. In den alten Illustrierten wird sie schnell fündig. Weil die Expressionistin Else Lasker-Schüler gerade in aller Munde ist, fügt Hannah Höch auch noch deren Kopf hinzu. Um die dänische Stummfilmdiva Asta Nielsen kommt man auch nicht herum, dieses Jahr ist sie gleich mit mehreren Filmen in den Lichtspielhäusern zu sehen, sie heißen *Rausch*, *Das Ende vom Liede* oder *Nach dem Gesetz*. Auch Pola Negri gibt Hannah Höch einen Auftritt, die Schauspielerin ist gerade in der Rolle der Carmen im gleichnamigen Film von Ernst Lubitsch zu bewundern. Mitten in die Collage platziert sie die umjubelte Tänzerin Niddy Impekoven, die das Publikum zu Klängen von Beethoven und Schubert ebenso wie mit Darstellungen von Käthe-Kruse- und Lotte-Pritzel-Puppen und, man höre und staune, eines Kaffeewärmers zu begeistern weiß. Hannah Höch lässt den erst fünfzehnjährigen Kinderstar mit hoch erhobenen Armen einen ausgeschnittenen Kopf in den Fingerspitzen jonglieren, es ist der von Käthe Kollwitz. Das soll freilich keine symbolische Enthauptung sein, sondern eine Hommage. Hannah Höch schätzt die erschütternden Arbeiten der Kollwitz, die dem sozialen Elend ein Antlitz gibt, verhärmte Frauen, blasse Kinder, ausgemergelte Arbeiter, die ganze Härte der Realität. Weiß Hannah Höch eigentlich, dass sich sogar die ernste Käthe Kollwitz für die heiter-tänzelnde Kunst der populären Niddy Impekoven interessiert? Im April 1920 wird Kollwitz einer ihrer Aufführungen in der Berliner Staatsoper beiwohnen.

Schnitt mit dem Küchenmesser Dada durch die letzte Weimarer Bierbauchkulturepoche Deutschlands, das ist doch ein treffender Titel für die fertige Komposition! Hannah Höch ist mit ihrer Arbeit zufrieden, aber von ihren Mitstreitern aus dem Club Dada kann sie nicht viel Lob erwarten. Anerkennende Worte für eine Künstlerin, die kommen den Männern nur schwer über die Lippen.

* * *

Dass Käthe Kollwitz das Elend der Armen aufs Papier bringt, folgt innersten Beweggründen, denn sie identifiziert sich mit Haut und Haar mit den leidenden Menschen, die sie porträtiert. Vor ihr auf dem Zeichentisch liegt eine gerade vollendete Studie, Kohle auf blaugrauem Ingres-Papier. Am 6. Februar 1919 wäre ihr Sohn Peter dreiundzwanzig Jahre alt geworden. »Es ist ein schöner Tag. Nach langer Zeit zum ersten Mal wieder fühl ich, dass ich viel kann. Ich arbeite die ›Mütter‹. [...] ich habe die Mutter gezeichnet, die ihre beiden Kinder umschließt, ich bin es mit meinem eigenen leibgeborenen Kindern, meinem Hans und meinem Peterchen. Und ich hab es gut machen können. Danke!« Zu Hause öffnet ihr Mann Karl Kollwitz eine Flasche Wein, eigentlich, um auf den Erfolg der neuen Nationalversammlung in Weimar anzustoßen, doch als sie die Gläser erheben und sich anschauen, entfährt es beiden wie aus einem Munde: »Auf den Jungen!«

Der Schmerz führt Käthe Kollwitz beim Arbeiten die Hand. Peterchen, der jüngere ihrer beiden Söhne, wurde keine zwanzig, gefallen in den ersten Kriegstagen, am 22. Oktober 1914 in Flandern. Die Malerin fühlt sich schuldig an seinem Tod. Bei Kriegsausbruch zarte siebzehn Jahre jung und als Minderjähriger nicht einberufen, hatte er die Eltern um die notwendige Einwilligung angebettelt, ins Feld ziehen zu dürfen. Vater Karl war streng dagegen und schüttelte verständnislos den Kopf; Mutter Käthe war ebenso wenig einverstanden, doch dieser Krieg wäre sowieso rasch vorbei. Sie ließ sich erweichen, wollte die Begeisterung ihres Sohnes, die er mit so vielen jungen deutschen Männern teilte, nicht dämpfen. »Karl, lass ihn doch ziehen«, hört sie sich noch immer sagen. Und noch immer sieht sie die Hand ihres Mannes, die das Papier mit der Erlaubnis widerwillig unterschreibt. Sie selbst hat Karl dazu überredet, das kann sie sich nicht verzeihen, niemals. Immer muss sie daran denken: Peterchen versammelt sich mit anderen Jungs in Uniform am Bahnhof, nach Belgien an die Westfront geht die Reise. Alle sind guter Dinge, schon bald werden sie siegreich zu ihren Familien zurückkehren. Nur achtzehn Tage, nachdem Käthe Kollwitz Abschied von Peter genommen hat, erreicht sie eine Hiobsbotschaft. Ganze zehn Tage ist Peter Soldat gewesen.

Sein Zimmer ist nach wie vor unverändert, Käthe Kollwitz hat nichts darin angerührt, Peters Habseligkeiten sind ihr heilig. Doch seit Peters Tod hat sich ihre Weltsicht radikal verändert. Frieden zwischen den Völkern und sozialer Frieden sind ihr eine Herzensangelegenheit geworden. Dafür riskiert sie alles, mehr kann sie für Peter nicht tun. Noch letzten Herbst, als die Schlacht an allen Fronten längst geschlagen war, hatte der Dichter Richard Dehmel in wahnwitziger Verblendung im *Vorwärts* tatsächlich noch einen ›Aufruf zum letzten Kriegsaufgebot‹ lanciert. Dem konnte die trauernde Mutter nur mit einem offenen Brief entgegengetreten. »Es ist genug gestorben! Keiner darf mehr fallen!«, schrieb sie mit Furor. »Saatfrüchte sollen nicht vermahlen werden«, schloss sie ihre Antwort mit einem Zitat aus Goethes *Wilhelm Meister*. Zuerst hatte der *Vorwärts* noch gekuscht und den Brief mit den gefährlich vaterlandsverräterischen Tönen nicht bringen wollen, aber schließlich druckte er die Zeilen der Kollwitz doch, und sogar die *Vossische Zeitung* druckte sie nach. Jede Menge kriegsmüde Leser machten aus ihrer Zustimmung keinen Hehl mehr, die Malerin hatte die Zeichen der Zeit erkannt.

Peters Tod wird Käthe Kollwitz nie verwinden, aber wenigstens hat sie ihre Arbeit; die Kunst hilft, den Schicksalsschlag zu verarbeiten und eine Mission zu verfolgen, mit Bildern die Menschheit aufzurütteln und das Bewusstsein für soziale Fragen zu schärfen. Sie denkt mit Liebe an Großvater und Vater, denen sie so viel zu verdanken hat. Nicht selbstverständlich, dass alle beide ihre künstlerischen Ambitionen ernst nahmen und auch noch unterstützten. Großvater Julius Rupp hatte in der ostpreußischen Heimat eine evangelisch-freireligiöse Gemeinde gegründet, in der die Gleichstellung der Frauen groß geschrieben wurde. Vater Karl Schmidt, begeisterter Sozialdemokrat, sorgte dafür, dass sie schon als Vierzehnjährige in der Königsberger Heimat Unterricht bei angesehenen Malern nehmen konnte. Mit zwanzig studierte sie in der ›Damenakademie des Vereins der Berliner Künstlerinnen‹. Die war 1867 von Männern ins Leben gerufen worden, als Frauen noch kein Recht auf Vereinsgründung besaßen und nur als Ehrenmitglieder teilnehmen durften. Während des Studiums an der Damenakademie hätte sie sich nicht träumen lassen, dass sie hier später einmal zu den Lehrenden gehören würde.

Der Weg führte weiter zum Studium nach München, als Käthe bereits verlobt war. Der Ring an ihrem Finger löste bei den Kommilitoninnen einen kleinen Skandal aus. Passte eine bürgerliche Ehe zu einer Laufbahn als Künstlerin? Die meisten Studentinnen landeten selbst nicht lange nach Studienabschluss in der traditionellen Rolle als Hausfrau und Mutter und legten den Pinsel für immer aus der Hand, weil der Ehemann seiner Frau den Alleingang untersagte. Doch mit ihrem Zukünftigen hatte Käthe Glück. Als engagierter Arzt und Kämpfer für die

Menschenrechte wollte Karl Kollwitz nicht nur Reden schwingen, sondern denen helfen, die am meisten unter Hunger und Armut litten. Nach der Hochzeit im Jahre 1891 bezogen die Kollwitz' eine Wohnung am Prenzlauer Berg, einem proletarischen Viertel Berlins. Sie leben dort im vierten Stock eines Mietshauses in der Weißenburger Straße, wo Kollwitz auch seine Praxis hat. Täglich suchen ihn unterernährte, anämische Leute aus dem ›Miljöh‹ auf; er muss Tuberkulose diagnostizieren, seine Patienten haben kein Geld für eine Kur in Davos oder Bad Nauheim. Den meisten kann er nicht helfen, die Arznei, die er verschreiben kann, ist ein Tropfen auf den heißen Stein; chronisch Kranke gehen gebeugt zurück in lausige Wohnungen, in Mietskasernen, wo sechsköpfige Familien in dusteren Hinterhofzimmern hausen. Abgearbeitete Frauen fahren hinaus ins Umland, in der Hoffnung, auf den Feldern Kartoffeln und Rüben zu finden, weil sie sich Brot und Wurst nicht leisten können. Ein Einarmiger schiebt seinen Leierkasten durch die Straßen am Prenzlauer Berg und hofft auf ein paar Münzen. Kollwitz weiß, »wie elend und traurig es mit Deutschland steht.« Diese Menschen sind es, die Käthe Kollwitz zu ihren Bildern inspirieren.

Immer ist es ein absoluter Szenenwechsel, wenn sie vom Proletarierquartier Prenzlauer Berg zur Arbeit geht, quer durch die Stadt nach Westen. Das Atelier liegt im Hansaviertel, in einem als Atelierhaus errichteten großen Backsteinbau, Siegmunds Hof 11 am Ufer der Spree. Hier wirkt Käthe Kollwitz Tag für Tag an der Staffelei, und manchmal packt sie das schlechte Gewissen, sie hat allein zum Zeichnen mehr Platz als eine Arbeiterfamilie in einer Mietskaserne. Das Atelier ist gut belichtet und groß genug, um auch der Bildhauerei nachzugehen, die sie seit einer

Paris-Reise und einem Besuch beim berühmten Auguste Rodin im Jahre 1904 schätzen gelernt hat. Käthe Kollwitz war bezaubert von Paris, oft denkt sie an die Zeit dort zurück.

Im Hansaviertel ist Käthe Kollwitz in Gesellschaft vieler anderer Kunstschaffender, auch weitere Frauen arbeiten hier, etwa die Bildhauerin Hedwig Wittekind. »Ging zur Wittekind hinauf«, notiert Käthe Kollwitz. »Zeigte mir ihre Arbeiten [...]. Vielleicht gehört sie zu den wenigen jungen Frauen, die wirklich allein für sich leben können. Ich meine nicht ohne Männer, aber so, dass sie nicht ihr Zentrum in den Männern haben. [...] Hedwig Wittekind bringt es vielleicht fertig frei zu bleiben, Künstlerin, niemand brauchend, Bohemienne durch Anlage.«

Käthe Kollwitz quält sich. Selbstzweifel nagen an ihr. Am 16. Februar 1919 vertraut sie ihrem Tagebuch an: »Mir geht es schlecht mit der Arbeit. Bin nervös nervös. Mir zerrinnt die Arbeitskraft und Intuition noch im Beginn der Arbeit. Wie einem Mann, dem die Kraft abgeht vor der Befruchtung.«

* * *

»Meine Herren und Damen!«, so schallt es am 19. Februar 1919 durch den Saal des Weimarer Schauspielhauses, wo erstmals die neue verfassungsgebende deutsche Nationalversammlung tagt. Diese völlig ungewohnte Ansprache sorgt kaum weniger als respektlose Dada-Lyrik für Unruhe und Heiterkeit, und zwar in den Reihen der Herren Abgeordneten. Allerdings mag den meisten von ihnen auch das Lachen im Halse stecken bleiben. Das Selbstbewusstsein, das die Frauen neuerdings an den Tag legen, mutet schon etwas bedrohlich an. Am Rednerpult steht die Sozialdemokratin Marie Juchacz, eine herbe Erscheinung mit ausdrucksvollem geradegezogenen Mund, und ergreift das Wort.

»Es ist das erste Mal«, stellt sie coram publico fest, »dass in Deutschland die Frau als Freie und Gleiche im Parlament zum Volke sprechen darf, und ich möchte hier feststellen, und zwar ganz objektiv, dass es die Revolution gewesen ist, die auch in Deutschland die alten Vorurteile überwunden hat.« Das Ende der politischen Entmündigung der weiblichen Hälfte der Gesellschaft sei schon lange überfällig gewesen: »Ich möchte hier feststellen – und glaube damit im Einverständnis vieler zu sprechen, dass wir deutschen Frauen dieser Regierung nicht etwa in dem althergebrachten Sinne Dank schuldig sind. Was diese Regierung getan hat, das war eine Selbstverständlichkeit: Sie hat den Frauen gegeben, was ihnen bis dahin zu Unrecht vorenthalten worden ist.«

Als Marie Juchacz mit solchen Worten in Weimar zu hören ist, steht sie kurz vor ihrem vierzigsten Geburtstag. Dass sie stets für Frauenrechte gekämpft hat, hat sich gelohnt, das weiß sie spätestens jetzt. Geboren am 15. März 1879 als Marie Gohlke, Tochter eines einfachen Zimmermanns aus Landsberg an der Warthe, die bloß die Volksschule besuchen konnte, sah die Zukunft für sie nicht besonders rosig aus. Mädchen wie sie fristeten ihr Dasein gewöhnlich als Dienstmagd oder Fabrikarbeiterin, oder sie wurden so gut wie möglich verheiratet und litten unter einem despotischen Gatten. Marie Juchacz begriff beizeiten, dass nur sie selbst an dieser wenig verlockenden Perspektive als Kellerkind etwas ändern konnte. 1906 hatte sie tatsächlich geheiratet, einen Schneidermeister namens

Bernhard Juchacz, den sie bei der Lehre kennengelernt hatte, doch die kurze Ehe verlief unglücklich. Was ihr daraus blieb, waren der Nachname und die gemeinsamen Kinder Lotte und Paul. Die zählten erst drei und ein Jahr, als Marie Juchacz die Entscheidung traf, ihren Weg als alleinerziehende Mutter weiter zu beschreiten. »Wir gingen ohne Illusionen. Wir wussten, dass es schwer sein würde«, erinnert sie sich.

Mit ihrer geliebten Schwester Elisabeth Kirschmann-Röhl, selbst Mutter dreier Kinder, die sich ebenfalls von ihrem Mann getrennt hatte und Maries engste Verbündete und Vertraute war, übersiedelte sie nach der Trennung nach Berlin. Beide Frauen erzogen ihre Kinder gemeinsam und engagierten sich neben ihrer Erwerbsarbeit als Schneiderinnen in den Frauenarbeitervereinen der SPD. Bald reisten die Schwestern als gefragte Rednerinnen durchs Land. 1908 trat Marie Juchacz in die SPD ein und war zwischen 1913 und 1917 als Frauensekretärin im SPD-Bezirk Obere Rheinprovinz in Köln tätig. Dort warb sie unter den Arbeitern für die Partei. Während des Krieges betreute sie als Mitarbeiterin der Heimarbeitszentrale und Mitglied der Lebensmittelkommission Not leidende Menschen, kümmerte sich um Witwen und Waisen, sorgte dafür, dass Arbeiterkinder auch mal an die frische Luft kamen, gab Kochkurse und Ratschläge für eine gesunde Ernährung. Spenden aus bürgerlichen Wohlfahrtsverbänden kamen gelegen, doch Marie Juchacz wollte sich nicht ausschließlich auf soziale Hilfe durch die oberen Zehntausend verlassen: »Der Reiche oder Wohlhabende gibt den Armen. Er, der Gebende, steht höher und kommt sich ganz unwillkürlich als der bessere Mensch vor.« Nachhaltige Abhilfe ließe sich nur schaffen, wenn auch die unteren Schichten ein

Standesbewusstsein entwickelten und eine Organisation zur Selbsthilfe ins Leben riefen. Die Bedürftigen mussten unabhängig werden von milden Gaben, die nur dann von oben regneten, wenn ein Gönner zur Stelle war. Im Schoße der Sozialdemokratie, so Marie Juchacz' Grundidee, muss eine eigene Fürsorgeorganisation entstehen, von Menschen, die aus eigener leidvoller Erfahrung wissen, wie existenzielle Not sich anfühlt. So wie sie selbst: Auch Marie Juchacz hatte in ihrer Landsberger Zeit noch als Hausangestellte, Fabrikarbeiterin, Krankenwärterin in einer Nervenheilanstalt und als Näherin geschuftet, sogar mit einer Lungenentzündung hatte sie sich wegen unzureichender Krankenversicherung zur Arbeit geschleppt.

Seit 1917 lebt Marie Juchacz nun dauerhaft in Berlin, sie hat die Nachfolge Clara Zetkins als Leiterin des Frauenbüros angetreten und die Redaktion der *Gleichheit – Zeitschrift für die Interessen der Arbeiterinnen* übernommen. Mit Frauen unterschiedlicher politischer Couleur hat sie im Oktober 1918 ein Schreiben an den Reichskanzler unterzeichnet, in dem die gesetzliche Gleichberechtigung der Geschlechter verlangt wurde. Und jetzt, ein gutes Vierteljahr später, sitzt sie selbst in der Nationalversammlung. Sie kann es kaum glauben, aber als sie mit ihrer Rede fertig ist, brandet lauter Applaus auf. Unter den Frauen in der Weimarer Nationalversammlung sind auch die Frauenrechtlerin Gertrud Bäumer sowie Marie Juchacz' Schwester, die sich vorgenommen hat, vor allem für die Gleichstellung unehelicher Mütter und Kinder zu kämpfen. Sie schauen sich wie erlöst an, denn sie haben etwas erreicht, nicht nur für ihr eigenes Leben, sondern für alle Frauen.

Währenddessen sucht ein Taucher im Landwehrkanal nach dem Leichnam Rosa Luxemburgs. Er fördert allerhand

Treibgut zutage und, oh ja, auch einige Wasserleichen. Doch die Gesuchte ist immer noch nicht gefunden.

***

Am 21. Februar blickt alles beunruhigt nach München. Schon wieder überschattet ein politischer Mord den labilen Frieden, diesmal im Süden des Landes. Kurt Eisner, Anführer der Novemberrevolution 1918 in Bayern und nach dem Sturz der Monarchie Ministerpräsident der provisorischen Regierung eines neuen Freistaats, ist am heutigen Vormittag einem Attentat zum Opfer gefallen. Als Attentäter wurde bereits ein völkisch gesinnter Student adliger Herkunft ausgemacht, Graf von Arco, offenbar auch glühender Antisemit. In der Weimarer Nationalversammlung wird Eisners gedacht, bevor man zur Tagesordnung übergeht und Marie Juchacz und ihre Schwester Sorge über die immer noch instabile politische Lage äußern: Wir müssen alles dransetzen, um die sozialistischen Kräfte zu stärken, sagen sie, denn wenn Tyrannen herrschen, machen sie auch die Freiheiten für uns Frauen wieder zunichte.

Weil nicht nur in Berlin, sondern auch in München wieder Aufstände drohen, greift die Polizei hart durch, wo sie neue Unruheherde vermutet. Thomas Manns Schwiegermutter Hedwig Pringsheim schreibt nach der Ermordung Eisners aus München an ihren Freund, den Schriftsteller Maximilian Harden: »[W]ir sind ein verlorenes Volk. Hässlich, hässlich ist alles, one [sic] Größe, one Schwung, einfach hundsgemein und hässlich und hoffnungslos. Der Alltag geht ruhig weiter, die Lebensmittel werden knapper, Theater und Konzerte ausverkauft, Niddy Impekoven, ›die 14-järige [sic] Tänzerin‹ über-überausverkauft, die sonstige

Tanzwut durch den Belagerungszustand, der uns schon 3 Wochen beglückt, polizeilich unterdrückt.«

Anita Augspurg will Tyrannei und polizeilicher Willkür mit konkret politischer Arbeit entgegentreten. Sie denkt pragmatisch, begrüßt das militante Vorgehen ihrer englischen Schwestern im Geiste, den Suffragetten. Von November 1918 bis Februar 1919 ist sie eine von acht Frauen im vorläufigen Nationalrat in Bayern sowie Vertreterin des Vereins für Frauenstimmrecht. Augspurg, Jahrgang 1857, geht bereits auf die Sechzig zu, ihr politisches Selbstbewusstsein hat sie sich auf einem langen Weg erarbeitet. Zwar stammt sie nicht aus armen Verhältnissen wie Marie Juchacz, sondern aus gutbürgerlichem Elternhaus im niedersächsischen Verden an der Aller, Fabrikarbeit stand nicht zur Debatte, doch der vorgezeichnete Weg einer höheren Tochter erschien ihr monoton, an eine bürgerliche Ehe dachte Anita Augspurg nicht im Traum. Die Heranwachsende ging dem Vater in seiner Anwaltskanzlei als Assistentin zur Hand und fand dort Gefallen an der Idee, einen Beruf zu ergreifen. Als Zwanzigjährige zog sie nach Berlin, studierte fürs Lehramt an der Höheren Mädchenschule, ließ sich zur Turnlehrerin ausbilden, nahm nebenbei Schauspielunterricht. Dank einer kleinen Erbschaft konnte sie sich der ›brotlosen Kunst‹ zuwenden: 1881 gehörte sie als Elevin zum Ensemble des renommierten Hoftheaters im thüringischen Meiningen und gewann dadurch gehörige Sicherheit im öffentlichen Auftreten. Für fünf Jahre tingelte sie mit einer Theatertruppe durch die Lande, spielte auf immer anderen Bühnen, in Augsburg, in Amsterdam. Großartig, dass sie als Goethe-Verehrerin in Gutzkows Lustspiel

Der Königsleutnant den Dichterfürsten als jungen Mann darstellen durfte, Hosenrollen lagen ihr.

Die Gagen waren nicht üppig, als das geerbte Geld zur Neige ging, musste Anita Augspurg sich etwas Neues einfallen lassen und schlug unbeschrittene Wege ein, die sie 1887 nach München führten. »In der freien Luft Süddeutschlands« konnte sie durchatmen, »die letzten Eierschalen des konventionellen Lebens« lösten sich seit dem Umzug von ihr, und sie schlüpfte hinein in ein neues Dasein. Seit den 1880er-Jahren galt die anheimelnde bayerische Residenzstadt als ›Kunstzentrale des ganzen deutschen Reiches‹, hier in München herrschte ein Klima, das Künstlern förderlich war, anders als der dem Historismus verschriebene Kaiser in Berlin war das bayerische Königshaus überraschend aufgeschlossen gegenüber modernen Kunstströmungen. Fritz von Uhde, Franz von Stuck oder der als Malerfürst geadelte Franz von Lenbach wirkten hier, auch Alfred Kubin und Lovis Corinth lebten eine Zeit lang in München, um die freie Luft an der Isar zu schnuppern. 1888 fand im Münchner Königlichen Glaspalast die ›Dritte internationale Kunstausstellung‹ statt, wo ein breiter Querschnitt der zeitgenössischen Kunst zu sehen war. In München konnte auch der Jugendstil seine Blüte entfalten und anmutige Geschöpfe androgyner Natur hervorbringen, so wie auf Peter Behrens' Farbholzschnitt *Der Kuss*.

Wenn Anita Augspurg und ihre Freundin, die Niederländerin Sophia Goudstikker, gewandet in Reformkleidern, das Haar streichholzkurz geschnitten, auf dem Fahrrad oder hoch zu Ross im Herrensitz im Englischen Garten unterwegs waren, machten sie keinen Hehl daraus, dass sie weit mehr verband als nur Freundschaft. Anita und Sophia waren ein Paar, das sich offen zu seiner gleichgeschlechtlichen Liebe bekannte. Die Freundinnen verband auch das Interesse für ein damals noch relativ neuartiges Medium, die Fotografie. Sie brachten sich in München den Umgang mit der Kamera bei und gründeten 1887 ein eigenes Fotostudio in der vornehmen Kaulbachstraße, das *Hofatelier Elvira*. Bald ging Münchner Prominenz hier ein und aus, Mitglieder der bayerischen Königsfamilie posierten für Porträts. Nach zehn erfolgreichen Jahren zogen die beiden Unternehmerinnen in einen Neubau in der nahen Von-der-Tann-Straße um. Architekt August Endell schmückte die bunt dekorierte Fassade mit einem Drachenornament als Markenzeichen, und das exzentrische Haus wurde ebenso wie seine beiden Bewohnerinnen zum Stadtgespräch.

Bald nach dem Umzug des Ateliers ins neue Gebäude trennten sich die Freundinnen jedoch, Sophia blieb in München, mehrte den Ruhm des Fotoateliers und hinterließ der Welt zu Ikonen gewordene Porträts von Lou Andreas-Salomé, Helene Lange, Ricarda Huch oder Heinrich und Thomas Mann. Anita Augspurg stand inzwischen klar vor Augen, dass sie nicht länger repräsentative Bilder der wohlhabenden Prominenz auf Fotopapier bannen wollte. In einer Atmosphäre, wo sich allerorten Frauen zusammentaten, um für ihre Rechte zu kämpfen, wollte auch sie etwas bewegen. Beste Voraussetzung für politisches Engagement war eine solide Grundlage, was könnte da nützlicher sein als ein Jurastudium? Schon während der Arbeit im Verdener Anwaltsbüro des Vaters hatte Augspurg wohl begriffen, dass nur Paragrafen, schwarz auf weiß im Gesetzbuch verankert, ein echter Garant für Gleichberechtigung sein konnten.

1893 ging Anita Augspurg nach Zürich. Unter den Frauen im Hörsaal der juristischen Fakultät der

Universität war damals auch Rosa Luxemburg. Sehr wahrscheinlich ist, dass sich die Kommilitoninnen Anita und Rosa persönlich begegnet sind. Fest steht, dass beide Frauen zu den Mitbegründerinnen des ›Internationalen Studentinnenvereins‹ gehörten. Gesprächsthemen hätten sie jedenfalls genug gehabt, etwa, wie wichtig ein aufgeklärtes Elternhaus mit einem Familienoberhaupt ist, welches der Tochter keine Steine in den Weg legt. Wie Luxemburgs Vater war auch Augspurg senior ein freiheitsliebender Geist und politisch engagiert, während der Märzrevolution von 1848 hatte er in Festungshaft gesessen. Der Tochter eines solchen Mannes liegt politisches Handeln geradezu im Blut. 1897 und nur wenige Monate vor Rosa Luxemburg schloss Anita Augspurg ihr Studium mit einer Doktorarbeit ab, über *Die Entstehung und Praxis der Volksvertretung in England*. Damit war Augspurg die erste promovierte Juristin des Deutschen Kaiserreichs.

1896, auf dem ›Internationalen Frauenkongress‹ in Berlin, beeindruckte Anita Augspurg eine andere glühende Frauenrechtlerin, Lida Gustava Heymann. »Die ersten Worte, die ich von Anita Augspurg vernahm, lauteten ›Wo ist das Recht der Frau?‹ […]. Am Rednerpult stand ein Mensch in an griechische Art erinnerndem Gewände [sic] aus braunem Sammet. Schon ergrauendes kurzes Haar umrahmte eine hohe Stirn, unter der zwei klare Augen blitzten.« Fortan setzen sich die beiden Frauen gemeinsam für die Legalität von Prostitution und das Recht auf Abtreibung ein. Sie fochten die Grundlagen des *Bürgerlichen Gesetzbuchs* an, die für Frauen ganz und gar nicht akzeptabel seien, weil diese durch eine Hochzeit in den Status Minderjähriger versetzt wurden. Sie brachten

Petitionen zum neuen Ehe- und Familienrecht ein, und die Herren Abgeordneten machten sich lustig über die vermessenen Änderungsforderungen. Hohe Wellen schlug 1905 Anita Augspurgs offener Brief, worin sie alle Frauen zum Boykott der Ehe unter dem geltenden patriarchalen Eherecht aufrief und die freie Ehe für alle propagierte.

Während des Krieges war Anita Augspurg wegen pazifistischer Umtriebe das Rederecht entzogen worden. Kein Wunder, sie war 1915 Mitinitiatorin der ›Internationalen Frauenfriedenskonferenz‹ in Den Haag und der ›Internationalen Frauenliga für Frieden und Freiheit‹ und gründete als solche Frauenausschüsse, die für dauernden Frieden eintraten. So viel pazifistisches Engagement mitten im Krieg wurde sogar dem ›Bund deutscher Frauenvereine‹ unheimlich, und Augspurg wurde kurzerhand aus der Vereinigung ausgeschlossen.

Aber jetzt erst recht! 1919 beginnt Anita Augspurg mit der Herausgabe einer Monatsschrift, die im Namen des radikalen Flügels der Frauenbewegung den emanzipatorischen Fortschritt befeuert, *Die Frau im Staat*. Darin kann sie endlich ungestraft offen pazifistische Positionen formulieren: »In geometrischer Progression haben sich die politischen Morde gehäuft. Immer sind es dieselben Methoden. Erst wird eine beispiellose Hetze durch Wort und Schrift gegen bestimmte unbequeme Personen eingeleitet, und dann finden sich, wie von ohngefähr Unverantwortliche, die auf irgend einen höheren Befehl den Mordstahl führen.« Die Autorin des Artikels heißt Anilid – Anita und Lida in einem einzigen Kunstnamen verschmolzen. Ganz oben auf der Liste der Macherinnen von *Frau im Staat*, dem Blatt, für das Käthe Kollwitz Illustrationen beisteuert, steht die Aussöhnung der erbitterten ›Erzfeinde‹ Deutschland und Frankreich: Nur auf diesen beiden tragenden Säulen kann die Architektur eines friedlichen Europa gelingen.

Keine Frage, dass Anita Augspurg und Lida Gustava Heymann im Januar 1919 auch die ›Erklärung in Sachen Liebknecht-Luxemburg‹ unterschreiben, wozu die ›Liga zur Förderung der Humanität‹ über tausend einflussreiche Persönlichkeiten aufgefordert hat. Die Unterzeichnenden erheben Widerspruch gegen den Ungeist brutaler Gewalt, der in allen Schichten Berlins um sich greift. Das sind Hunderte KPD-nahe Politiker, Wissenschaftler und Künstler, darunter der Arzt Magnus Hirschfeld, Maximilian Harden, Walther Rathenau, Albert Einstein, Minna Cauer und Käthe Kollwitz. Warum, stellen sie in diesem Pamphlet unisono die Frage, hat die SPD die Ermordung der beiden prominenten Spartakisten sehenden Auges nicht zu verhindern gewusst?

März

*Rosa Luxemburg weiterhin vermisst *** Sylvia Beach, eine Amerikanerin in Paris *** Marie Curie eröffnet Radium-Institut in Paris *** Gropius plant Kunsthochschule in Weimar *** Käthe Kollwitz im Arbeitsrat für Kunst*

Panzer rollen dröhnend durch die Häuserschluchten, auf den Berliner Straßen hallt Kanonendonner. Anfang März haben die revolutionären Arbeiter zum Generalstreik aufgerufen, mit dem sie die Räteregierung und die Sozialisierung der Industrie gegen alle Widerstände durchsetzen wollen. Sie riskieren ihr Leben, denn Reichswehrminister Gustav Noske hat einen Schießbefehl ausgegeben, sodass jeder Aufständische auf der Stelle von Freikorps erschossen werden kann. In diesem Klima der Anarchie werden vor allem in den proletarischen Bezirken im Osten der Stadt Geschäfte geplündert; Käthe Kollwitz steht am Fenster ihrer Wohnung am Weißenburger Platz und beobachtet, wie der Juwelier an der Ecke Opfer der Raubzüge wird, die Diebe flüchten mit fetter Beute. Kollwitz ist keine Kommunistin, nein, aber strikt gegen die brutale Niederschlagung der Spartakisten, die immer noch mehr Gewalt schürt. Der Bürgerkrieg unten auf den Straßen ist kein geglückter Auftakt für die junge Republik. Käthe Kollwitz tut besser daran, sich dieser Tage nicht ins Atelier im Hansaviertel zu begeben, draußen vor der Tür ist es viel zu gefährlich. Um auf andere Gedanken zu kommen, geht sie ins Wohnzimmer hinüber, zu ihrem Mann Karl, der seine Praxis für heute bereits geschlossen hat. »[D]ann besahen wir zusammen die Kunstbilderbücher von Peter, die italienische Kunst.«

Als Marie Juchacz am 15. März ihren vierzigsten Geburtstag feiert, ebben die heftigen Auseinandersetzungen allmählich ab, doch auf Berlins Straßen sind in den vergangenen zwei Wochen 1200 Menschen ums Leben gekommen, so die blutige Bilanz der Märzkämpfe. Unter den vielen Opfern ist auch Leo Jogiches, einstiger Lebensgefährte Rosa Luxemburgs, der nach ihrem Tod die Führung der KPD übernommen und als Redakteur der *Roten Fahne* gearbeitet hatte. Mathilde Jacob will den Toten vor Ort identifizieren, aber der Wärter des Untersuchungsgefängnisses Moabit, wo Jogiches ermordet worden ist, kommt ihr mit abwehrenden Gesten entgegen und ruft ihr zu: »Frau, bleiben Sie draußen, den Anblick werden Sie nie wieder los.« Die Hand des Leichenwäschers hat die schlimmsten Spuren der Gewalteinwirkung an Jogiches' Leichnam bereits beseitigt, als Käthe Kollwitz auch ihn auf dem Totenbett zeichnet. Scheinbar friedlich liegt er da, verewigt von der Künstlerin.

Kurz vor seinem Tod hatte Leo Jogiches noch an Rosa Luxemburgs guten Engel Mathilde Jacob geschrieben: »Über Rosas Verlust werde ich nie hinwegkommen.«

* * *

Auch auf den Straßen von Paris sind jetzt im März immer noch viele amerikanische Soldaten unterwegs, aber in friedlicher Mission, als Touristen, die staunend vor der Kathedrale Notre Dame und dem Eiffelturm stehen. In einer Buchhandlung in der Rue de l'Odéon am linken Seineufer, der *Maison des Amis du Livre*, gibt ein älterer, spitzbärtiger Herr mit hoher Stirn ein Klavierkonzert, der Komponist Erik Satie. Eine junge Frau aus den Vereinigten Staaten träumt bei den melancholischen Klängen des Pianisten davon, für immer hier zu bleiben, in Paris, der Lichterstadt, unter den freien Geistern und Intellektuellen, denen sie an der Rive Gauche auf Schritt und Tritt begegnet. Sylvia Beach fühlt sich in Paris munter wie ein Fisch im Wasser. Hier kennt sie sich aus, als sie vierzehn war, wurde der Vater, ein presbyterianischer Pastor, von New Jersey nach Paris versetzt und nahm die Familie mit. Seine Aufgaben führten ihn direkt ins Herz von Montparnasse, wo er amerikanische Studenten betreute. Sylvia Beachs Mutter stellte mit Eifer Kulturprogramme für die Studenten zusammen, und die Tochter kam bereits damals in den Dunstkreis von Künstlern, die um die Jahrhundertwende Furore machten. Der gefeierte katalanische Cellist Pablo Casals gab Konzerte vor studentischem Publikum, die Tänzerin Loïe Fuller führte als lebende Legende spektakuläre Schleiertänze auf und sprach vor begeisterten Zuhörern über den zeitgenössischen Tanz. Zurück in den USA, lebte die Familie Beach in Princeton, New Jersey, das Pfarrhaus lag an einem Platz, der den schicksalhaften Namen ›Library Place‹ trug. »Ob dieser Name wohl meine Wahl beeinflusst hat, als ich mich für den Buchhandel entschied?«, eine Frage, die sich Sylvia Beach stellte.

1917, mitten im Krieg, Sylvia war gerade dreißig geworden, zog es sie wieder zurück nach Paris. Zeitgenössische französische Literatur, für die sie sich interessierte, war in Amerika kaum zu bekommen. Jemand hatte ihr eine Adresse genannt, die Buchhandlung *La Maison des Amis du Livre* in der Rue de l'Odéon im 6. Arrondissement. Inhaberin sei eine gewisse Adrienne Monnier, überaus bibliophil, eine äußerst kompetente Ansprechpartnerin. Bei ihr sollte es auch die angesehene literarische Zeitung *Vers et Prose* geben, in der die wichtigsten Autoren der Epoche um die Jahrhundertwende veröffentlicht hatten, von Guillaume Apollinaire bis Oscar Wilde. An einem windigen Tag im März 1917 suchte Sylvia die Rue de l'Odéon auf, blieb zunächst zögerlich vor den Auslagen stehen: »[I]ch schaute mir die aufregenden Bücher im Schaufenster an, spähte dann in den Laden und sah überall an den Wänden Regale voll von Bänden in schimmerndem ›Glanzpapier‹-Umschlag, dem Kleid der französischen Bücher, die darauf warten – und oft lange warten – zum Buchbinder getragen zu werden. Da und dort hingen auch ein paar interessante Schriftsteller-Porträts.« Sylvia Beach traute sich schließlich in den Laden hinein, der innen grau und weiß gehalten war, eine Frau im ebenso schlichten grauen, bodenlangen Kleiderrock und mit schwarzer Samtfliege um den Stehkragen ihrer Bluse kam auf sie zu und fragte freundlich, ob sie weiterhelfen könne. Zwischen Sylvia Beach und Adrienne Monnier war es Liebe auf den ersten Blick; die gemeinsame Begeisterung für Literatur der Zündfunke. Wie zwei lang Vertraute saßen die beiden Frauen beieinander und unterhielten sich über französische Literatur, über die anerkannten Autoren André Gide und Paul Valéry ebenso wie über so strahlende Sterne am Literaturhimmel wie die Dichter der Pléiade.

Im Hinterzimmer ihres Ladens kochte Adrienne Monnier Tee. Aus einer weißen, bauchigen Porzellankanne goss sie Sylvia eine große Tasse ein, sie rauchten, als gäbe es kein Morgen. Adrienne Monnier staunte, wie viel französische Literatur Sylvia Beach bereits vertraut war, keine Rede von kulturlosen Amerikanern! »Was, Sie kennen *La Jeune Parque* von Paul Valéry? Nicht schlecht für den Anfang.«

Erst Stunden und einige Kannen Tee später, der Aschenbecher quoll über, verließ Sylvia Beach Adrienne Monniers Laden wieder. Draußen auf dem Trottoir wehte ihr der Wind den Hut vom Kopf, mitten auf die Rue de l'Odéon, wo zum Glück nur Fußgänger unterwegs waren. Adrienne Monnier sprang dem Hut geschwind hinterher, bürstete ihn ab und gab ihn Sylvia wieder. Die Frauen strahlten sich an. Es war ein magischer Moment.

Kaum ein Tag war seither vergangen, an dem Sylvia und die fünf Jahre jüngere Adrienne sich nicht gesehen hatten. Wenn sie zusammen im Buchladen in der Rue de l'Odéon saßen, öffnete sich hin und wieder die Tür, Kundschaft oder ein Schriftsteller. Rasch bekamen Autoren, die Sylvia bislang nur gelesen hatte, auch ein Gesicht. Die beiden Frauen organisierten bald gemeinsam Dichterlesungen, Valéry Larbaud und Léon-Paul Fargue gehörten zu den Vortragenden, Satie machte Musik. Das Gedicht der Stunde las der Dichter Jules Romains, in Soldatenuniform, seine Verse handelten vom Frieden und trugen den Titel *Europa*.

Hatten die Pariser sich in ihrer Stadt stets sicher gefühlt wie in einer Festung und den Krieg im entfernten Verdun verortet, so ließen sich die Augen im vierten Kriegsjahr nicht mehr davor verschließen, dass das Leben auch in Paris nicht mehr ganz ungefährlich war; die Gefechte erreichten sogar die Innenstadt, als die alte Pfarrkirche Saint-Gervais im 4. Arrondissement einen schweren Treffer abbekam, ließen mehrere Menschen ihr Leben. Sylvia Beach verließ die Stadt im Sommer 1918 und machte sich auf dem Land nützlich, in der Touraine wurden helfende Hände bei der Weinernte gebraucht. Das Gebot der Stunde aber war für die Pfarrerstochter tätige Hilfe im Kriegsgeschehen, und so bemühte sie sich gemeinsam mit ihrer Schwester Holly um eine Stelle beim amerikanischen Roten Kreuz. Die beiden Freiwilligen wurden zum Arbeitsdienst nach Belgrad geschickt, ins ferne Serbien, wo sie in einer Ausgabestelle Pyjamas und Handtücher an Soldaten verteilten. Doch in der Zwischenzeit, während Sylvia ihren wenig anspruchsvollen Dienst versah, wanderten ihre Gedanken immer wieder zu Adrienne Monnier und ihren Büchern. In ihrem Kopf reifte ein Plan: Nach dem Krieg eine eigene Buchhandlung aufzumachen!

Jetzt, die Waffen schweigen, ist Sylvia Beach wieder zurück am Ort ihrer Träume und unterbreitet Adrienne Monnier die Idee vom eigenen Laden. Keinesfalls will sie der Freundin Konkurrenz machen, und so hat sie eine verwegene Geschäftsidee: Die Eröffnung einer auf französische Literatur spezialisierten Buchhandlung in New York, eine amerikanische Dépendance der *Maison des Amis du Livre*. Adrienne Monnier ist spontan begeistert: »Aber so ein Vorhaben kostet auch eine Stange Geld, weißt du denn schon, wo du das hernehmen wirst?«, fragt sie die Unternehmungslustige.

Umgehend kabelt Sylvia Beach nach Amerika. Auch bei ihrer Mutter stößt sie mit dem Projekt Buchhandlung auf Gegenliebe. Selbst leidenschaftliche Leserin, erklärt die sich sofort bereit, eine stolze Summe ihres Ersparten ins Projekt der Tochter zu stecken. Als Sylvia ihre Finanzen durchrechnet, muss sie jedoch feststellen, dass das Geld auch mit der mütterlichen Spende nicht ausreicht. New York ist ein teures Pflaster, und schweren Herzens begräbt sie ihren amerikanischen Traum wieder. Sie lehnt an der Mauer an einem Seine-Quai, steckt sich eine Zigarette an, sinniert den Rauchkringeln hinterher und zerbricht sich den Kopf, welche Alternativen es denn gäbe. Links und rechts der Seine bieten Bouquinisten ihre Ware in grünen Holzkisten feil, französische Bücher und Zeitschriften, Kunstdrucke und Postkarten. Ein Zeitungsverkäufer hat sich unter die Bouquinisten gemischt, auf der Titelseite geht es um die Friedensverhandlungen, mal wieder. Momentan starrt alle Welt auf den amerikanischen Präsidenten und Amerika. Das Land hat 1917 in den Krieg eingegriffen, die USA haben dafür gesorgt, dass er nicht noch länger gedauert hat als diese vier endlosen Jahre. Aber amerikanische Literatur ist kaum bekannt in Europa, Fehlanzeige. Warum, grübelt Sylvia Beach, die ursprüngliche Idee nicht einfach umdrehen und statt eines französischen Buchladens in Amerika eine Buchhandlung mit englischsprachiger Literatur auf französischem Boden aus der Taufe heben? Unter den vielen Reisenden aus Amerika, die hier vom günstigen Wechselkurs profitieren, sind sicher Bücherfreunde, und die Einheimischen können eine neue Literatur entdecken. Das ist sie, die Alternative! Sylvia Beach will Literaturbotschafterin in Paris sein! Sie eilt in die Rue de l'Odéon, um Adrienne die Idee zu unterbreiten.

Adrienne freut sich darüber, dass Sylvia bald Kollegin ist: »Wir werden an einem Strang ziehen, gemeinsam ist man stärker.«

»Nicht mal *Moby Dick* von Herman Melville ist übersetzt«, erklärt Sylvia Beach. »Dieser dicke Schmöker über, kurz gesagt, einen philosophierenden Matrosen auf einem Walfangschiff würde dir gefallen.«

Die Mission, amerikanische Literatur unter die Leute zu bringen, ist erst ein Anfang, es gibt noch viel zu tun, da sind die beiden Frauen sich einig. Adrienne rät, lieber keine Buchhandlung, sondern eine Leihbücherei zu gründen, englische Originalausgaben sind in Frankreich sündhaft teuer, wer wird sich das leisten können?

»Kein Borger sei, und auch Verleiher nicht«, zitiert Sylvia Shakespeares *Hamlet*. Doch wie man es dreht und wendet, Adrienne behält mit ihren Bedenken recht.

Die Freundin weiß sogar von einem leer stehenden Ladengeschäft gleich um die Ecke, in einer kurzen, ruhigen Straße, der Rue Dupuytren. Sie erinnert sich, dass ihre Mutter früher immer die Wäsche dorthin brachte, an der Fassade des Hauses ist immer noch der leicht verblasste Schriftzug ›gros‹ und ›fin‹ zu lesen – eine Annahmestelle für grobe und feine Wäsche. Der Schriftsteller Léon-Paul Fargue begleitet die Frauen bei der Ladenbesichtigung. In einem dunklen Hausdurchgang klopft Adrienne an die Tür der Portiersloge. Umgehend wird geöffnet, auf Bitten der drei Besucher zeigt Madame Garrouste, so heißt die Concierge, ihnen das Ladenlokal. Zwei Zimmer, durch eine Glastür verbunden, ein Kamin, vor dem einst die Büglerinnen mit heißen Plätteisen standen. Die Adresse in Saint-Germain ist ideal, die Miete erschwinglich, die Mutter mit ihrem Spargroschen spielt weiterhin mit. Auch Fargue nickt begeistert: »Was gibt's da noch lange zu überlegen?«

Andere ernsthafte Interessenten scheint es nicht zu geben. Wie allgemein üblich, vereinbart Sylvia höflich zwei

Tage Bedenkzeit. Doch sie kann es kaum erwarten, bis sie endlich den Mietvertrag unterschreiben kann.

An einem Sonntagmorgen fahren Sylvia und Adrienne mit der Métro hinauf zur Porte de Clignancourt. An der Endstation empfängt sie das muntere Treiben auf dem Trödelbazar, lebhaft wird gefeilscht und gehandelt. Der Flohmarkt am nördlichen Stadtrand ist ein Mekka für Liebhaber alter Bücher, Spielsachen und Möbel. Die Frauen begutachten Canapés und Stühle, gehören bald selbst zu den hartnäckig um jeden Centime Feilschenden, ergattern einen stabilen Tisch und einen blauen Polstersessel, die sie mit vereinten Kräften in der Métro nach Hause bugsieren. »Aber Bücherregale«, rät die erfahrene Adrienne, »lass lieber von einem Schreiner anfertigen.«

Der Vertrag ist unterschrieben, zum ersten Mal schließt die frischgebackene Mieterin den Laden auf. Ein Tischler aus einer nahen Werkstatt kommt vorbei und nimmt Maß für Regale. Für die Böden hat Sylvia Beach schwarz-weiße Wollteppiche vorgesehen, die sie aus Serbien mitgebracht hat, der bequeme blaue Lesesessel soll ein ganz besonderer Schmuck sein, der die Kunden zum Bleiben einlädt. »Du brauchst vor allem noch ein Ladenschild«, sagt Adrienne Monnier, als sie an der Fassade des Hauses emporblickt, »wie soll deine Bücherei eigentlich heißen?«

* * *

In der Gegend rund ums Pantheon und den Luxemburgpark begegnet man nicht nur Künstlern und hoffnungsvollen Literaten. Das Quartier ist vor allem von Studenten der Sorbonne bevölkert, Universitätsinstitute und Bibliotheken prägen das Gesicht der Rive Gauche. Durch die schmale Rue des Nourrices schreitet eine Frau mittleren Alters im bodenlangen dunklen Kleid und mit strengem Haarknoten, unbeeindruckt von den Auslagen der feinen Boutiquen; Schminke und modische Accessoires sind für sie überflüssige Eitelkeiten, die nur vom Wesentlichen ablenken. Sie schenkt dem Treiben ringsum wenig Aufmerksamkeit, nimmt sich keine Zeit, müßiggängerisch auf einer der vielen Bistroterrassen zu sitzen und wie so viele Passanten an einem Grand Crème, einem Petit Rouge zu nippen und den Tag mit angeregter Konversation ins Land gehen zu lassen. Ihr ernster Blick verrät, dass sie in Gedanken ganz woanders ist, bei chemischen Formeln und zwischen den Kolben und Petrischalen in ihrem Laboratorium gleich hier um die Ecke. Marie Curie hat sich einer Sache ganz und gar verschrieben, der Wissenschaft, Physik und Chemie. Ihrem Tagebuch hat sie es längst erzählt: »Ich genieße die Stille im Labor, neben Brenner, Destille, Kolben und Gläsern. Welches Wunder der Natur steckt in den Kristallen und Flüssigkeiten! Welche Spannung für mich am Ende einer Reaktion!«

Es war ein langer Weg hierher, nach Paris. Wie Rosa Luxemburg und Marie Juchacz ist Marie Curie auf polnischem Boden geboren, als Maria Salomea Sklodowska am 7. November 1867 in Warschau. Das einschlägige Interesse hat sie vom Vater, einem Physik- und Mathematiklehrer, geerbt. Auch die Mutter war Pädagogin, leitete ein Mädchen-Privatgymnasium. Viele ehrgeizige junge Frauen in Polen träumten von Paris, Marias Schwester Bronia studierte dort bereits Medizin und war mit einem Arzt verheiratet, der eine Praxis in der Rue d'Allemagne im 19. Arrondissement hatte. Ob sie auch nach Paris kommen wolle, sie könne ja vorerst in der Praxis ihr Lager aufschlagen, bis sie ein Zimmer gefunden hätte, etwa eine eigene *Chambre de Bonne*, eine Dienstbotenkammer oben unterm Dach. Marie zögerte nicht lange und trat die lange Bahnreise nach Westen an. 1891 schrieb sie sich an der Sorbonne ein und machte zügig die Licence in Physik und Mathematik.

Für Marie war das neue Leben in Paris das Paradies: »Ich sitze in der großen hellen Bibliothek. Diese Bücher, diese Schätze, ich kann sie alle ausleihen, ohne zu bezahlen! Auch Studiengebühren gibt es nicht! Eben habe ich mich an der naturwissenschaftlichen Fakultät eingeschrieben. Nicht als Maria, nein als Marie!« Frei wählbare Vorlesungen, internationale Dozenten, nicht der Drill, wie sie ihn aus der Heimat kannte. Zu Marie Curies Bedauern machten jedoch viel zu wenige Frauen Gebrauch von den neu eröffneten Möglichkeiten. »Nur dreiundzwanzig Frauen haben sich an der *Faculté des Sciences* eingeschrieben, davon sind die wenigsten Französinnen. Der Grund: Nur die männlichen Gymnasiasten erhalten in Frankreich Griechisch und Lateinunterricht, der nötig ist, um zur Universität zugelassen zu werden. Den Mädchen bietet man Hauswirtschaftslehre in Schulen an!«

Marie Curie hatte ihr Studium in Paris 1903 mit der Promotion abgeschlossen, 1914 sollte sie ihr eigenes Institut zur Erforschung der Physik und Chemie radioaktiver Elemente bekommen, doch der Kriegsausbruch kam dazwischen und das Projekt lag auf Eis. Jetzt, im Frühjahr 1919, ist es endlich so weit, heute wird Marie Curie ihre erste Lehrveranstaltung im Radium-Institut abhalten, assistiert von der Tochter Irène, die gerade Gerätschaften für ein Experiment aufbaut. Das Interesse für die

Wissenschaft scheint in der Familie zu liegen, zum Glück, denn gerade nach ihrem Fronteinsatz ist Marie Curie recht mitgenommen und auf Unterstützung ihrer Tochter angewiesen.

In den Hörsaal strömen Studenten, hauptsächlich junge Männer, sie nehmen ihre Plätze ein, ziehen Schreibpapier aus Aktenmappen. Marie Curie blickt in forschende, erwartungsvolle Gesichter. Die Skepsis gegenüber Frauen in der Wissenschaft ist immer noch riesengroß, geschürt von Büchern wie dem des Leipziger Neurologen Paul Julius Möbius mit dem Titel *Über den physiologischen Schwachsinn des Weibes*, der um die Jahrhundertwende zum Bestseller wurde. Doch Marie Curie ist auf ihrem Fachgebiet nicht irgendwer, bereits 1903 hat sie den Nobelpreis für Physik erhalten, zusammen mit ihrem Mann Pierre und ihrem Lehrer Henri Becquerel, 1911 war ihr für die Entdeckung der Elemente Radium und Polonium auch noch der Nobelpreis für Chemie verliehen worden. Bis ganz vorn aufs Titelblatt des *Petit Parisien* hatte sie es geschafft. Waren das nicht Argumente genug gegen frauenfeindliche Entgleisungen, die sich wissenschaftlich gerierten?

Marie Curie spricht vor den Studenten darüber, dass die Medizin durch die Eigenschaften des Radiums gehörige Fortschritte gemacht habe. Mithilfe des neu entdeckten Elements könne man Krankheitsursachen im Körper feststellen und fürs bloße Auge sichtbar machen.

Jemand hebt die Hand: »Wie sind Sie denn zu Ihren bahnbrechenden Erkenntnissen gekommen, Madame?«

Ihre Antwort könnte zynisch klingen, kaum dass die Gewehrschüsse an der Front verhallt sind: Die Erkenntnisse stammen nicht aus dem sterilen Labor, sondern aus dem blutigen Krieg. So hatte er denn auch sein Gutes.

Es stimmt, der Krieg hat dazu beigetragen, dass man neuerdings so viel über die klinische Wirkung des Radiums weiß. Marie Curie erzählt den staunenden Studenten von ihren mobilen Röntgenwagen, mit Röntgengeräten bestückte Lastwagen, die sie selbst entwickelt hat. Sie berichtet, dass sie extra die Führerscheinprüfung abgelegt hat, um diese Wagen selbst steuern zu können, und dass sie inzwischen auch als Automechanikerin ihr Geld verdienen könnte. Im Namen ihrer Forschung hatte sie sich selbst in die Schusslinie und in Lebensgefahr begeben, selbstlos und freiwillig. Schon im ersten Kriegsjahr, im Oktober 1914, als hätte sie den gefährlichen Einsatz kaum erwarten können, ist sie mit ihrem Gefährt selbst bis hinter die Front gefahren, nach Creil bei Compiègne, dort, wo im Jahr zuvor der Waffenstillstand beschlossen wurde. Den Anblick verwundeter Soldaten hatte Marie Curie sich nicht erspart, junge Männer, die mit grässlichen Wunden und Schussverletzungen im Lazarett lagen.

»Bei Kriegsende bedienten wir 20 dieser praktischen Röntgenwagen, alle nannten die Vehikel nur noch ›Petites Curies‹«, erklärt sie.

Die Studenten hören gebannt zu. »Wie viele Verwundete haben Sie während des Krieges untersucht, Madame?«

»Schätzungsweise gut eine Million«, antwortet Marie Curie. »Und mit jeder Untersuchung wurde die Arbeit einfacher, weil wir Erfahrungen sammeln konnten, die jetzt, in Friedenszeiten, sehr wichtig für die medizinische Diagnostik sind. Erst diese Praxis«, erklärt sie, »der Einsatz des Radiums in der Realität, konnte mir Gewissheit geben, dass die Radium-Therapie für den Arzt eine enorme Hilfe sein kann. Die Strahlen verraten, wo im Körper Gewehrkugeln oder Granatsplitter stecken. Viele Soldaten konnten so von Schmerzen befreit werden, nicht wenigen retteten Röntgenstrahlen sogar das Leben, ein Durchbruch für die ganze Medizin, humanistischer Fortschritt. Ich schreibe ein Buch über meine Erfahrungen mit dem Röntgenmobil«, verrät Marie Curie, »es wird noch dieses Jahr erscheinen.«

Sie erwähnt nicht, dass sie ihre Tochter Irène während des Krieges in ein Lazarett nach Belgien geschickt hat, wo auch sie den schweren Dienst an den Kranken versehen hatte. Oft hatten die behandelnden Ärzte Irènes Informationen glatt ignoriert, weil sie diese Frau von siebzehn Jahren nicht ernst nahmen.

Eine der wenigen Studentinnen im Hörsaal fragt unvermittelt: »Madame Curie, kennen Sie die Tänzerin Loïe Fuller? Ich habe sie vorm Krieg auftreten sehen, mit wirbelnden Stoffbahnen, hochdramatisch wie Flammenzungen, und weil sie Röntgenstrahlen verwendete, hat sie wie durchsichtig auf der Bühne gestanden, als feenhafte Erscheinung.«

»Ja«, sagt Marie Curie, »die Künstlerin hat uns sogar zu Hause besucht und uns ihre berühmten illuminierten Tänze vorgeführt.«

Dass Marie Curie sich hinauf zur Butte Montmartre ins *Moulin Rouge* bemüht hätte, um einem solchen Spektakel zuzusehen, ist undenkbar. Überhaupt, der ganze alberne Rummel ums Radium, was war nicht schon alles produziert worden, Cremes, Puder, Tees mit der neu entdeckten Substanz, denen die reinste Wunderwirkung zugeschrieben wurde. Die Leute fielen scharenweise auf diese Artikel rein.

Die Vorlesung ist zu Ende, die Studenten trommeln auf die Bänke. »Wir sehen uns nächste Woche hier wieder, vielen Dank«, verabschiedet sich Marie Curie. Sie freut sich über die wissbegierigen jungen Menschen, die ihr zuhören, aber sie selbst tut sich schwer, diese Freude zu zeigen, überhaupt, ihre Gefühle zu äußern. Während all der Jahre in einer reinen Männerwelt hat sie sich ein dickes Fell zugelegt. Auf die meisten Menschen wirkt sie reserviert, ablehnend, kalt wie Eis, doch sie kann nicht aus ihrer Haut. Selbst ihren beiden geliebten Töchtern Irène und Ève gegenüber tut sie sich schwer mit mütterlicher Herzlichkeit.

»Ob dieses Radium eigentlich Nebenwirkungen habe«, fragt jemand, schon im Hinausgehen.

Zu Hause liest Marie Curie in einem alten Tagebuch: »Freitag, 15.3.1895: Mit Pierre über unsere Träume geredet: über meinen Traum von der Humanität und unseren gemeinsamen von der Wissenschaft. Nur der letzte wäre legitim, meinte er. Es stünde nicht in unserer Macht, die soziale Ordnung zu ändern, denn wäre es anders, wüssten wir nicht, was wir tun sollen, in welche Richtung wir handeln müssten, und wir wären uns nie sicher, ob wir Böses oder Gutes tun und eine unvermeidliche Richtung verzögern.«

Marie Curie denkt oft an Pierre, ihren Mann, ohne den sie wohl nicht am Katheder des eigenen Instituts stehen würde. Kennengelernt hatte sie Pierre auf der Suche nach geeigneten Räumen für ihre Radium-Versuche. Der Physiker konnte ihr ein Labor zur Verfügung stellen, der Beginn einer Liebe, die der Wissenschaft geweiht war. Hochzeit war im Juli 1895 in Sceaux bei Paris, in Pierres Elternhaus. Auf einem Physikerkongress anlässlich der Pariser Weltausstellung 1900 durften die Curies ihre Forschungsergebnisse über Radioaktivität zahlreichen ausländischen Physikern vortragen und ihre neueste

Abhandlung präsentieren: *Die neuen radioaktiven Substanzen und die von ihnen emittierten Strahlen.*

Ihr geliebter Pierre, eine Wunde, die sich nicht schließt. Kein Tag vergeht, an dem Marie Curie nicht an jenen unheilvollen 16. April 1906 denken muss, an dem sie Pierre nach einem seltenen Streit mit unwirschen Worten alleine ins Labor ziehen ließ. »und der letzte Satz, den ich zu dir gesagt habe, war nicht ein Satz der Liebe und der Zärtlichkeit ... Nichts hat meine Ruhe mehr gestört.« So steht es schwarz auf weiß in Marie Curies Tagebuch. Statt Pierre zu begleiten wie sonst immer, unternahm Marie mit Irène einen Ausflug nach Fontenay-aux-Roses. Bei der Rückkehr teilte man ihnen die schreckliche Neuigkeit mit. Pierre war im dichten Regen, unterwegs zur Redaktion der Zeitschrift *Comptes rendus*, wo druckfrische Fahnen eines neuen wissenschaftlichen Artikels auf ihn warteten, an der unübersichtlichen Kreuzung von Seine-Quai, Pont Neuf und Rue Dauphine unter ein Pferdefuhrwerk geraten. Schädelbruch, er war auf der Stelle tot.

»Man bietet mir deine Nachfolge an, mein Pierre«, hielt sie damals Zwiesprache mit ihm auf den Seiten des Tagebuchs. »Ich habe angenommen. Ich weiß nicht, ob es richtig oder falsch ist. Du hast mir oft gesagt, du würdest es gern sehen, dass ich Vorlesungen an der Sorbonne hielte. Und ich möchte mich wenigstens bemühen, unsere Arbeiten fortzusetzen. Manchmal scheint es mir, dass es mir auf diese Art am leichtesten fallen wird, zu leben, dann wieder glaube ich, dass ich verrückt bin, mich darauf einzulassen.«

Sie hat es getan, vor allem für ihn. Mehr denn je stürzte sich Marie Curie fortan in die Arbeit, die sie über seinen Tod hinaus mit Pierre verbindet. »Ich kann nicht mehr daran denken, für mich selbst zu leben, ich habe weder den Wunsch danach noch die Fähigkeit dazu, ich fühle mich überhaupt nicht mehr lebendig und auch nicht mehr jung, ich weiß nicht mehr, was Freude ist oder wenigstens Vergnügen.« Manchmal fährt Marie Curie hinaus nach Sceaux auf den Friedhof und legt frische Blumen auf Pierres Grab.

»Madame Curie hörte nie die Vögel singen«, erinnert sich Albert Einstein an einen gemeinsamen Urlaub mit der schwermütigen Kollegin, 1913 im Engadin.

* * *

Das Datum des 16. April 1906 hat sich nicht nur Marie Curie eingebrannt, sondern die ganze Welt bewegt, denn an der kalifornischen Küste bebte an jenem Tag die Erde, Prophezeiungen von Geologen wurden Gewissheit und zur Katastrophe für San Francisco, die Stadt lag in Schutt und Asche, 3000 Menschen starben. Alma Mahler-Gropius erinnert sich noch lange daran: »Als das furchtbare Erdbebenunglück in San Francisco geschah, waren Gustav Mahler und ich tief erschüttert, aber am selben Tage wurde der große Radium-Entdecker Professor Curie in Paris von einem Pferdefuhrwerk überfahren und getötet. Mahler und ich wussten viel von seinem Anachoretendasein und seinem nur der Wissenschaft gewidmeten Leben. Wir fühlten einmütig sofort, dass dieses Unglück das schwerere für die Welt war. Der Entdecker und große Hilfebringer, der bewusst diese Kraft suchte und fand – gegenüber der namenlosen Menschenmenge, die als großes Fragezeichen versunken ist.«

Alma plant für den März 1919 eine Reise nach Weimar, wo ihr Mann Walter Gropius jetzt wegen der Neugründung einer Kunstgewerbeschule alle Hände voll zu tun hat. Widerwillig denkt sie an den Abschied von Wien, der prächtigen Ringstraße und dem grünen Pratergarten, wo es leckere Würstel gibt, den Weinbergen oberhalb von Grinzing und Döbling und den Kalbsschnitzeln im Heurigen. Auch den Semmering wird sie bald missen müssen, die Wochenenden in der Villa Mahler in Breitenstein. Vor allem kann sie sich kaum vorstellen, ihren jungen Liebhaber nicht mehr zu sehen, Franz Werfel, den aufstrebenden Schriftsteller aus Prag. Der war vor zwei Jahren, als Gropius noch an der Westfront kämpfte, in Almas Salon aufgetaucht, umgehend hatte sie mit ihm über Musik parliert, für Wohlklänge interessierte sich der mit Lineal und Zirkel hantierende Gropius sowieso viel zu wenig, fand Alma. Werfel ist als Schriftsteller zudem Vertreter eines Genres, das Alma in ihrer Männersammlung noch fehlt. Einen Komponisten hatte sie bereits, Gustav Mahler, auch einen Maler, Oskar Kokoschka, mit Gropius ist ein Architekt in ihrem Leben. Der weiß bereits von der Affäre seiner Frau mit Werfel, doch das heikle Thema kehrt er lieber unter den Teppich. Ist Alma erst mal in Weimar, wird Gras über ihre Affäre wachsen. Gropius hat wegen seiner Schuleröffnung außerdem so viel Organisation um die Ohren, dass er selten Gedanken an die Irrwege der Herzen verschwendet.

Am Freitag, den 21. März 1919, Alma ist immer noch in Wien, großer Bahnhof vorm Deutschen Nationaltheater Weimar. Walter Gropius ist umringt von jungen Menschen, Männern wie Frauen, und immer wieder hört man das Wort ›Bauhaus‹ in der aufgekratzten Menge. Da bahnt sich Großes an.

* * *

Am 24. März 1919 findet in der Akademie der Künste in Berlin jene geschichtsträchtige Sitzung statt, bei der neben Käthe Kollwitz zehn Maler, sieben Bildhauer, drei Grafiker und drei Architekten in die Institution berufen werden, darunter Ernst Barlach, Lovis Corinth, Georg Kolbe und Wilhelm Lehmbruck. Käthe Kollwitz teilt dem Präsidenten der Akademie, dem Bildhauer Ludwig Manzel mit, sie nehme die Wahl »mit Freude und Dank an«.

Allein, mit dem Professorentitel, der ihr als Leiterin der Grafikklasse verliehen werden soll, hadert sie noch, der alte akademische Zopf will ihr nämlich so gar nicht zum Stil der neuen Ära passen. Doch endlich wird mit ihr eine Frau in der Herrenriege sitzen, die sich mit einem akademischen Titel schmücken darf, was vielleicht als der größere Fortschritt aufzufassen ist. »Freilich wäre es mir lieber gewesen, wenn [...] ich weiterhin titellos durchs Leben gegangen wäre«, lässt sie den Akademie-Sekretär trotzdem wissen.

Der expressionistische Bildhauer und Grafiker Wilhelm Lehmbruck erlebt seine Berufung in diesem März nicht mehr. Auch Alma in Wien erfährt davon und ist entsetzt: »Der erste Spartakistenaufstand Berlins tobte unter den Fenstern. Lehmbruck sah hinunter. Er sah, wie die Weiber Pferden den Bauch aufschlitzten, ihnen den Schädel spalteten und sich um das Hirn balgten, das sie dann in Blechkannen zum Fraß davonschleppten. Sein Ekel vor der Menschheit wuchs ins Gigantische; er ging nach Hause und ... öffnete den Gashahn, steckte den Schlauch in den Mund und war in wenigen Minuten dort, wo er sein wollte.«

Am 28. März 1919 protokolliert Käthe Kollwitz: »War heut in der Architekturausstellung bei Neumann. Entwürfe der Allerjüngsten. Entsprechend expressionistischer Malerei, Schwärmereien – auch Witzeleien – aber interessant. Begleitworte von Taut und Gropius.«

Die Galerie von Israel Ber Neumann am Kurfürstendamm 232 ist eine der führenden derzeit, die sich furchtlos an die skandalträchtigsten Werke der Zeit heranwagen. Die Ausstellung moderner Architekten, die gerade dort stattfindet, wird organisiert vom Arbeitsrat für Kunst, der sich wie die ›Novembergruppe‹ im Winter 1918 gebildet hat. Wie Walter Gropius und Bruno Taut gehört Käthe Kollwitz zu seinen Mitgliedern. Die Grundsätze des Rates sind im Wesentlichen auch die der Gruppe. »An der Spitze steht der Leitsatz: Kunst und Volk müssen eine Einheit bilden. Die Kunst soll nicht mehr Genuss weniger, sondern Glück und Leben der Masse sein. Zusammenschluss der Künste unter den Flügeln einer großen Baukunst ist das Ziel«, so steht es in einem Flugblatt vom 1. März 1919. Alle künstlerischen Gattungen sollten miteinander kooperieren. In Zukunft soll es auch keinen Persönlichkeitskult um die Urheber geben, nur anonyme Signets unter den Werken.

Käthe Kollwitz ist von den engagierten Architekten, deren Arbeiten sie in Israel Ber Neumanns Galerie gesehen hat, über die Maßen angetan. Der Architekt Walter Gropius besticht mit außergewöhnlichen Entwürfen, im niedersächsischen Alfeld hat er eine nahezu gläserne Fabrik errichtet, das Fagus-Werk. Noch begeisterter als von Gropius ist Käthe Kollwitz vom Architekten Bruno Taut, ein ostpreußischer Landsmann aus ihrer Heimatstadt Königsberg, der mit seinen Bauten fantastische Visionen verfolgt. Gerade ist sein Buch *Die Stadtkrone* erschienen, mit farbigen Zeichnungen, auf denen sich kristalline Schöpfungen zu einer stolzen Kuppel fügen, die im Sonnenlicht wie ein Diamant über der Stadt glitzert. Der Visionär steht als Architekt brauchbarer Wohnungen dennoch mit beiden Beinen fest auf dem Boden. Dem Mietskasernenelend will er beikommen; noch vor dem Krieg hatte Taut eine Gartenstadt in Falkenberg am Rande Berlins zu bauen begonnen, fröhlich bunte Häuser mit Gärten zu moderatem Mietzins. Kollwitz, die tagtäglich die gekrümmten Patienten in der Praxis ihres Mannes ein und aus gehen sieht, muss den Gedanken an eine menschenwürdigere Welt, wie sie den jungen Architekten vorschwebt, freudig begrüßen. Sie findet gerade in Tauts Worten ihre eigenen Vorstellungen bestätigt: »Eine neue Idee lenkt alle diese Köpfe und Hände, es ist die Idee der neuen Stadt. Eine tiefe Sehnsucht leitet uns alle: wir wollen wieder Städte, in denen wir nach Aristoteles nicht bloß sicher und gesund, sondern auch glücklich wohnen können.« Nur zufriedene Menschen werden auch friedliebende sein, die ohne Neid über die Grenzen ihres Landes blicken und sich in keinen Krieg mehr treiben lassen. Wie so viele Männer, die 1914 noch als glühende Patrioten in den Kampf gezogen waren, hatte auch Bruno Taut sich inzwischen längst in einen Pazifisten verwandelt, einen Verfechter der Idee vom vereinten Europa. Kollwitz hat sein neues Buch von der *Stadtkrone* sofort gekauft und ihrem Sohn Hans zum Geburtstag geschenkt.

Käthe Kollwitz, die trauernde Mutter, die gerade einen Sohn im Krieg verloren hat, würde indes weniger gern lesen, was Walter Gropius am letzten Märztag seiner Mutter schreibt: »Dieser A.f.K. macht mir große Freude

[…] alle wichtigen modernen Künstler, Architekten, Maler, Bildhauer unter einem Hut. […] Das ist die Art Leben wie ich es mir lange dachte, aber die innere Reinigung durch den Krieg war dazu nötig. Ich bin durch vieles innere Leid im Kriege vom Saulus zum Paulus geworden.«

War eine derartig brutale Art der Reinigung wirklich notwendig gewesen, um Neues zu schaffen? Schon vor dem Krieg hatte der Expressionismus doch bereits schönste Blüten getrieben, der Blaue Reiter war durch die Kunstwelt geprescht, die Gartenstadtidee hatte sich außerhalb der Zentren großer Städte in luftigen grünen Siedlungen manifestiert. Hatte der Krieg geistige und soziale Entwicklungen nicht eher jäh unterbrochen, statt erst hervorgebracht?

Nun ist der Kaiserthron jedenfalls entrümpelt, denkt Walter Gropius in Weimar, und bevor die neue Regierung sich etablieren kann, muss man die Chance dieses Vakuums ergreifen, um Fakten zu schaffen. Das Bauhaus wird öffnen, ganz gleich, wie Alma mit ihrer Vorliebe für schwere, gediegene Möbel dazu steht. Es geht um eine höhere Idee als unsere Ehe, denkt der Architekt.

April

*Bauhaus in Weimar eröffnet *** Expressionistin Else Lasker-Schüler begeistert Theaterpublikum *** Hannah Höch gibt Topfdeckelkonzert *** Coco Chanel reist in die Provence*

April, April: Am 1. des Monats gründen Raoul Hausmann und Johannes Baader eine dadaistische Republik in Berlin-Nikolassee und lancieren die unerhörte Neuigkeit, dass sämtliche Villenbesitzer der feinen Gegend im Südwesten Berlins enteignet werden sollen. Auf diese Weise wollen die Dadaisten vor allem eins, nämlich die Behörden foppen. Ein anderes Ereignis ist ganz und gar kein Aprilscherz: Am 1. April findet die offizielle Eröffnung einer ganz neuartigen Hochschule für Gestaltung statt, dem Staatlichen Bauhaus in Weimar.

Am 12. April wird Walter Gropius auf die ordentliche Stelle des Bauhaus-Direktors berufen. Die Leitung dieser Schule ist für Walter Gropius Ablenkung im großen Stil. In der Morgenluft von Weimar kommt die Welt für den gebeutelten Ehemann wieder einigermaßen ins Lot. Wie so viele der jungen Architekten ist er froh, nicht mehr Dienst mit der Waffe, sondern seinem eigentlichen Handwerkszeug zu tun – mit dem Zeichenstift am Reißbrett. Ein neuer humanistischer Geist muss künftig auch in den Hochschulen regieren, um zu verhindern, dass Menschen verschiedener Nationen sich gegenseitig abschlachten. Den Blick fürs Wesentliche schärfen, das gehört zu den Grundprinzipien der neuen Schule: kein strenger Moralkodex, keine Bürokratie, spielerische Förderung der Kreativität und ein Ineinanderfließen der einzelnen Disziplinen, kurzum, eine ›Kathedrale des Sozialismus‹. »Architekten, Bildhauer, Maler, wir alle müssen zum Handwerk zurück!« So lautet die Maxime des Bauhaus-Manifestes, auf dessen Titelseite eine Holzschnittarbeit zu sehen ist, ein perspektivisch gebrochener mittelalterlicher Dom von Lyonel Feininger, einem der künftigen Bauhaus-Meister.

Zu den Grundsätzen der neuen Schule gehört vor allem, dass Frauen willkommen sind. »Als Lehrling aufgenommen wird jede unbescholtene Person ohne Rücksicht auf Alter und Geschlecht, deren Begabung und Vorbildung vom Meisterrat als ausreichend erachtet wird«, so verspricht Gropius. »Keine Unterschiede zwischen dem schönen und starken Geschlecht. Absolute Gleichberechtigung, aber auch absolute gleiche Pflichten in der Arbeit aller Handwerker.« Fürs erste Semester bewerben sich sogar etwas mehr Frauen als Männer, 84:79, so das Verhältnis. Ans Verhältnis zu Alma mag Gropius hingegen überhaupt nicht gern denken. Die kann immer noch nicht nach Weimar fahren. Am 22. April schreibt Gropius an seine Mutter: »Passau ist nun auch in den Händen der Spartakisten, sodass Alma wieder nicht die Ausreisegenehmigung bekam. Ich bin verzweifelt. Vielleicht versuche ich, durch Böhmen hinzufahren. Wir sollen nicht zur Ruhe kommen.«

Gropius' Privatleben ist ein einziges Trümmerfeld. Der erst sieben Monate alte Martin Johannes, den Alma am 2. August 1918 zur Welt gebracht hat, ist wohl kaum sein leiblicher Sohn, sondern der von Franz Werfel. Der ist offenbar mit reichlich jugendlichem Selbstbewusstsein ausgestattet und verlangt jetzt mit Nachdruck, dass Alma sich so schnell wie möglich von ihrem Mann trennt, das gemeinsame Kind ist ein erdrückendes Argument. Doch was will Alma eigentlich mit dem jungen Mann, sie, die nie einen Hehl aus ihrem Antisemitismus gemacht hat. Schon Gustav Mahler hatte sie naserümpfend als ›kleinen Juden‹ bezeichnet, und Werfel ist für sie »ein O-beiniger, fetter Jude mit wülstigen Lippen und schwimmenden Schlitzaugen! Aber er gewinnt, je mehr er sich gibt.« Weiß dieser Jüngling, wie lästerlich seine teure Geliebte über ihn spricht?

Gropius hat ein Déjà-vu, nur diesmal leider nicht aus der Perspektive des jugendlichen Liebhabers, sondern aus der des gehörnten Ehemanns: Der Architekt hatte Alma 1910 bei einem Kuraufenthalt in Südtirol, in Toblach kennengelernt, als sie noch mit Mahler verheiratet war. Die Geschichte scheint sich nun zu wiederholen, nur findet Gropius im Unterschied zu damals, dass er in der neuen, undankbareren Rolle eine absolute Fehlbesetzung ist. Der frischgebackene Bauhaus-Direktor klammert sich dennoch an den Strohhalm, dass nur das Nachkriegschaos am familiären Desaster schuld ist. Wenn es denn sein muss, wird er auch den kleinen Martin Johannes als seinen eigenen Sohn anerkennen. Bei aller Liebe zur neuen Aufgabe, Gropius wünscht sich die Unterstützung seiner klugen, parkettsicheren Gemahlin, den Zuspruch einer treu sorgenden Ehefrau, die ihm den Rücken stärkt in diesen schwierigen Umbruchszeiten. Der moderne Architekt braucht ein trautes Heim.

* * *

Am diesjährigen 11. Februar hat Else Lasker-Schüler ihren fünfzigsten Geburtstag gefeiert. In Berlin ist sie bekannt wie ein bunter Hund, eine unübersehbare Erscheinung in ihrem theatralischen Aufzug, den orientalisch anmutenden Gewändern und mit einer Mütze auf dem kinnlangen Haar. Else Lasker-Schüler treibt sich überall dort herum, wo sie interessante Kontakte zu knüpfen hofft – und wo die permanent an Geldknappheit leidende Dichterin jemanden anschnorren kann. Jedem, der es hören will oder auch nicht, erzählt sie von ihrem lyrischen Traumland: »Ich habe heute Nacht ein Gedicht geschrieben. Ich dachte an meinen Vater, und da war es da. Wir reisten nach Ägypten, nach Jerusalem, in ein Negerland, nach Elberfeld. Es ist nicht wahr, dass die Wupper schmutzig ist. Wenn man am Ufer sitzt und in sie tief hineinschaut, kann man die goldenen Schätze sehen, die sie festhält. Mein Vater hat sie gesehen …«

Mit dieser theatralischen Art der Selbststilisierung macht sich die Dichterin nicht überall Freunde. Ein Besucher des *Romanischen Cafés* spitzt die Ohren und runzelt die Stirn. Ist das schon Dichtung oder das unausgegorene Gefasel einer gestrandeten Möchtegern-Poetin? Bereits 1901 ist Else Lasker-Schülers erster Gedichtband erschienen, *Styx*, aber erst 1911 hatte sie als Dichterin ihren großen Durchbruch erlebt, mit einem weiteren Gedichtband, er heißt *Meine Wunder*. Seit seinem Erscheinen wird sie als expressionistische Lyrikerin par excellence gehandelt.

Anfang April 1919 ist Else Lasker-Schüler gerade aus der Schweiz zurückgekehrt, sie hat ihren nierenkranken Sohn Paul zu einem Spezialisten in Zürich gebracht. Aber der Mann kostet sein Geld. Am liebsten würde die besorgte

Mutter den kränklichen Sohn dauerhaft in ein gutes Sanatorium schicken, wo er sich nachhaltig erholen kann. Lesungen, die sie in Bern und Zürich abhält, bringen zwar etwas ein, jedoch nie genug. Das kleine Honorar, das die aus Zürich Zurückgekehrte für einen Artikel bekommt, der am 18. April in der *Frankfurter Zeitung* erscheint, ist ein Tropfen auf den heißen Stein. In diesem offenen *Brief an einen Schweizer Freund* schildert sie ihre Schwierigkeiten, ein Visum für das neutrale Land zu erhalten, dessen Behörden die Einreise weiterer Umstürzler, Revolutionäre oder Spartakisten fürchten: »Die Möven vom Zürchersee schreiben mir so sehnsüchtige Briefe, und ich sehne mich nach den weißen Vögeln, schreiendem Schnee, wilden Bräuten der Nordsee, weichgefiederten Abenteurerinnen. ›Wär' ich doch eine Möve! Ich brauchte nicht auf mein Visum zu warten.‹ Als ich diesen Seufzer in Berlin vor dem Fräulein Schweizergesandtschaft ausstieß, meinte sie argwöhnisch: ›Wer weiß, ob nicht doch einem dieser weißen Vögel ein schwarzes Herz unter den Daunen lauert?‹ [...] Dennoch zeigte die gemilderte Beamtin betroffen in meinem alten Pass auf das Wort – ›Schriftstellerin!?‹ Sie hat schon den richtigen Instinkt, denn Schriftstellerinnen sind immer tätig, und tätige Menschen sind gefährlich, oft sogar unzurechnungsfähig; aber ich sei nur erdentrückt, erklärte ich ihr, sozusagen eine Dichterin; das Blumige aller Aufsätze und Artikel hinge wohl mit den Blättern im Zusammenhang, aber nicht am Kopf. Seitdem wartet das belehrte Fräulein mit mir Tag und Nacht auf mein Visum. Mir ist, als ob ich schon wochenlang im Wartezimmer eines Nervenarztes warte. Der Sanitätsrat hat mir Fichtennadelbäder verschrieben; ich warte also scheinbar im Gehölz.«

Sie lebe »so hin wie ein Haselnussstrauch«, schreibt Else Lasker-Schüler dem Anthroposophen Rudolf Steiner, den sie seit einem Leseabend kennt, und knüpft daran wie beiläufig die Frage, ob er ihr wohl 2000–3000 Franken leihen könnte, immerhin keine Kleinigkeit.

Der Zeitpunkt ist ungünstig für eine solche Bitte, Steiner hat gerade sein neues Goetheanum in Dornach in der Schweiz eingeweiht und für diesen Tempel der Anthroposophie tief in seine Taschen gegriffen, die jetzt ganz leer zu sein scheinen. Die Antwort bleibt Steiner der Lasker-Schüler denn auch schuldig, und so bringt sie notgedrungen ein großes Opfer: Sie trennt sich schweren Herzens von einem ganz besonderen Schatz, den mit farbigen Aquarellen versehenen Postkarten, die ein verstorbener Freund ihr geschrieben hat, der im ersten Kriegsjahr gefallene Maler Franz Marc. Sie bietet die Sammlung der Berliner Nationalgalerie an, und dort ist man höchst angetan, kommt das Angebot doch rechtzeitig zur bevorstehenden Eröffnung der neuen Räume im Kronprinzenpalais Unter den Linden. Der Erlös aus den Postkarten hilft Else Lasker-Schüler wenigstens ein bisschen weiter. Wie sehr sie sich danach sehnt, nicht mehr auf Almosen von Künstlerfreunden angewiesen zu sein und im *Romanischen Café* nicht stundenlang vor einer einzigen Tasse Kaffee sitzen zu müssen, die sie mal wieder hat anschreiben lassen!

Das Jahr 1919 gibt der Dichterin Else Lasker-Schüler endlich allen Grund zur Hoffnung, dass das Leben von der Hand in den Mund ein Ende hat, zumindest vorläufig. Die andauernde Geldnot, die sie lange dazu zwang, sogar in einem Kellerloch zu hausen, ist vielleicht bald Vergangenheit. In diesem Jahr nämlich beginnt der Verleger

Paul Cassirer, ihre gesammelten Werke herauszugeben. Lasker-Schüler hatte nach dem jähen Tod Franz Marcs ihre an ihn gerichteten literarischen Briefe und Bilder für sich weitergeschrieben, den Dialog weitererzählt als Geschichte um Jussuf und Ruben, so hatte die zu biblischen Namen neigende Dichterin sich und Franz Marc in ihrer Korrespondenz früher genannt. Nun erscheint der Monolog gewordene Briefwechsel unter dem Titel *Der Malik. Eine Kaisergeschichte mit Bildern und Zeichnungen*, letztere stammen von der Autorin selbst. Gewidmet ist das Buch dem Verstorbenen: »Meinem unvergesslichen Freund Franz Marc/DEM BLAUEN REITER/in Ewigkeit.«

Was denkt sich die Lasker-Schüler bloß dabei, fragt sich die Witwe Maria Marc, als sie mit Befremden die an ihren gefallenen Mann gerichteten Zeilen der Dichterin liest, das sind regelrechte Liebesbriefe. »Wenn man sie kennt, versteht man ihre Dichtungen leicht. Sie passt nicht zu den Menschen, unter denen sie lebte und lebt, auch sie ist verdorben. Sie ist jetzt sehr leidend. Infolge der Scheidungsaffaire, die nicht so glatt ging wie Walden es hinstellte, in Geldnot – haben ihre Nerven einen Schock gekriegt«, rückt die leicht brüskierte Maria Marc sich die Sache zurecht. Und außerdem, Lasker-Schülers *Malik* ist ein Pamphlet gegen den Krieg, darauf kommt es doch an.

Auch als Dramatikerin kann Else Lasker-Schüler endlich auf sich aufmerksam machen. Vor zehn Jahren schon war ihr Theaterstück *Die Wupper* entstanden, das sie in einer einzigen Augustnacht des Jahres 1909 niedergeschrieben haben will: »Bange Jahre gegoren, floss die Wupper durch das Gewölbe meines Herzens aus dunkler Erinnerung gepresst, eine alte schwere Schauspielauslese.«

Das Stück war damals publiziert, zum Leidwesen der Autorin jedoch nie gespielt worden. Am 27. April 1919 findet nun endlich die Uraufführung dieses Stückes statt, unter der Regie von Heinz Herald am Deutschen Theater in Berlin. In der Programmreihe *Das junge Deutschland* befindet sich Lasker-Schüler in Gesellschaft lauter schreibender Männer, Richard Sorge, Walter Hasenclever, Oskar Kokoschka. Das Schauspielhaus ist gut besucht, hoffentlich liegt es nicht nur daran, dass der beliebte Komponist Friedrich Hollaender die Musik zu ihrem Stück komponiert hat. Oder daran, dass Stars wie Paul Graetz und Herrmann Thimig auf der Bühne stehen, in einem grellbunten Bühnenbild, Häuserkulissen schief und zerbrochen. Das passt bestens zur verwunschenen Truppe, die den Zuschauern darin vorgeführt wird, streikende Arbeiter, schwule Fabrikantensöhne und exhibitionistische Stadtstreicher in einem öden Wuppertaler Arbeiterviertel. Als der Vorhang fällt, ertönt lautstarker Applaus und Jubel. Man spricht im Foyer von der Bedeutung des Stückes, das die Dekadenz der Unternehmer anprangert und die Armut kleiner Leute zeigt. Trotz der zehn Jahre Wartezeit scheint es nicht an Frische verloren zu haben. Inmitten der Begeisterung ist aber auch ein empörter Mann nicht zu überhören: »Meschugge ist Trumpf!«

Noch am Premierenabend notiert der omnipräsente Harry Graf Kessler in sein Tagebuch: »Aufführung von Else Lasker-Schülers *Wupper* vor der Junges Deutschland-Gesellschaft im Deutschen Theater. Expressionistische Dekorationen. Das Stück eine Mischung von Marlitt und Wedekind mit Lichtblitzen einer eigenen Genialität. Das Publikum war durchsetzt mit Leuten, die klatschten, wollte sich aber im Ganzen nicht erwärmen.«

Tags darauf lautet der Kommentar des renommierten Theaterkritikers Monty Jacobs in der *Vossischen Zeitung*: »Ein Schauspiel von Else Lasker-Schüler? Gewiss kam die Dichterin am Schluss auf einem Panther angeritten, und die Souffleuse stieg aus dem Kasten, um sie mit einem weißen Rosenkranz zu krönen? Ach nein, es ging leidlich alltäglich zu und nicht wie in der Fantasiewelt unserer Berliner Beduinin mit dem heißen Semitenblut. Sie trat an die Rampe, von den Freunden ihrer Kunst laut begrüßt und von den Widersachern nach Landesbrauch ausgepfiffen. Immerhin merkte auch ein Ahnungsloser, dass gestern ein seltsamer Heiliger im Kalender stand. Unsichtbar blieben Musikanten, auf der Bühne standen wunderliche Kreaturen vor Kulissen in verwegenen ›Sturm‹farben und zwei preußische Minister wohnten der Premiere bei – Zeichen und Wunder genug.«

Hohn und Spott ist die Lasker-Schüler gewohnt. Wie man sich dagegen zur Wehr setzt, weiß sie auch. Wegen ihres Gedichts *Leise sagen* und Zeilen wie »Mein Herz geht langsam unter/Ich weiß nicht wo –/Vielleicht in deiner Hand./Überall greift sie an mein Gewebe«, hatte ein Kritiker ihr schon mal Gehirnerweichung attestiert. Gegen eine derartige Beleidigung war sie vor Gericht gezogen und hatte recht bekommen. Dass Monty Jacobs nun in der viel gelesenen ›Tante Voss‹ über *Die Wupper* schreibt, garantiert ihrem Stück nur noch mehr Aufmerksamkeit, und das ist gut, allein das zählt im Kunstbetrieb.

Doch das ist für Else Lasker-Schüler noch nicht die letzte Erfolgsmeldung in diesem Jahr. Kurt Pinthus bereitet gerade die Veröffentlichung einer Gedichtanthologie mit dem Titel *Menschheitsdämmerung – Symphonie jüngster Dichtung* vor, eine repräsentative Sammlung zeitgenössischer Lyrik, darin die Verse von 23 expressionistischen Dichtern, zu denen auch Franz Werfel gehört. Unter ihnen ist nur eine einzige Frau. Pinthus bittet alle Autoren zunächst um ein paar biografische Angaben für das Buch, und Lasker-Schüler schickt ihm folgende Zeilen: »Ich bin in Theben (Ägypten) geboren, wenn ich auch in Elberfeld zur Welt kam im Rheinland.«

Else Lasker-Schüler, Jahrgang 1869, war jüngstes von sechs Kindern, der geliebte Vater Aaron Schüler ein Privatbankier und Vorbild für die Hauptfigur der *Wupper*, den Fabrikbesitzer Heinrich Sonntag. Die kleine Else konnte beizeiten lesen, angeblich schon mit vier, auch hier ein Elternhaus, in dem einem Mädchen das Recht auf Bildung nicht verwehrt wurde. Als die Mutter Jeannette 1890 starb, war das für Else die »Vertreibung aus dem Paradies«. 1894 heiratete Else den Arzt Jonathan Berthold Lasker und zog nach Berlin. Die Scheidung von Lasker und baldige Hochzeit mit Herwarth Walden 1903 war für sie ein Schritt mitten hinein in Berlins Künstler- und Literatenszene. Walden war nicht nur Herausgeber der expressionistischen Zeitschrift *Der Sturm*, in seiner gleichnamigen Galerie an der Potsdamer Straße versammelte er auch die Crème der internationalen Avantgarde. Der im Titel an den berühmten Pariser ›Salon d'Automne‹ angelehnte ›Erste Deutsche Herbstsalon‹, der 1913 hier stattfand, war eine bahnbrechende Kunstausstellung, die großes Aufsehen erregt hatte, mit Werken der Brücke-Maler, von Franz Marc, Archipenko, Rousseau, Feininger, Max Ernst, Kandinsky. Solche Entwicklungen waren durch den Krieg jäh unterbrochen worden und auch jetzt noch nicht wieder richtig in Schwung gekommen.

Lasker-Schülers Scheidung von Walden im Jahre 1912 war deshalb nicht nur ein privater Einschnitt. Der direkte Draht zu jener Drehscheibe der Avantgarde, die Walden mit seiner *Sturm*-Galerie geschaffen hatte, war leicht abgekühlt. Immerhin konnte Else Lasker-Schüler sich bald mit einem neuen Abenteuer von Walden ablenken. Ein neuer Stern ging auf an ihrem Himmelszelt, in Gestalt des dichtenden Urologen Gottfried Benn. Wieder ein wesentlich jüngerer Mann euphorisierte die Lyrikerin und riss sie zu neuen emphatischen Versen hin. Sie verpasste ihm den althochdeutschen Namen Giselheer und schmachtete ihn an: »Immer bettle ich vor deiner Seele;/Weißt du das?«

Offenbar nicht. »Der hehre König Giselheer/Stieß mit seinem Lanzenspeer/Mitten in mein Herz.« 1913 hatte Else Lasker-Schüler in der Zeitschrift *Die Aktion* ihren Essay über den geliebten Doktor Benn veröffentlicht: »Gottfried Benn ist der dichtende Kokoschka. Jeder seiner Verse ein Leopardenbiss, ein Wildtiersprung. Der Knochen ist sein Griffel, mit dem er das Wort auferweckt.« Benns Antworten blieben denn auch rein literarisch:

»Du bist Ruth. Du hast Ähren an deinem Hut.
Dein Nacken ist braun von Makkabäerblut.
Deine Stirn ist fliehend: Du sahst so lange
Über die Mandeln nach Boas aus.
Du trägst sie wie ein Meer, dass nichts Vergossenes
Im Spiel der Erde netzt.«

Ein weiteres Opfer der Dichterin ist Franz Werfel. Bereits 1914 traten beide mit ihren Werken zusammen in der Frankfurter Loge auf. Beide Dichter pflegen den gleichen expressionistisch-exaltierten Vortragsstil, pathetisch schreiend und wispernd, sich geradezu körperlich verausgabend. Schon seinerzeit zeigte sich offenkundig Werfels Faible für ältere Frauen: »Jussuf war so ganz Weib, sie war so schön, voller Sinnlichkeit, ich hätte das gar nicht gedacht, dass sie schon 38 Jahre alt war«, schrieb der damals Achtzehnjährige in sein Tagebuch. In Wahrheit zählte Else Lasker-Schüler damals schon fünfundvierzig Lenze. Sie schickte Werfel Liebesbriefe, adressiert an ›Franzlaff‹ oder ihren ›Schuljungen‹, widmete ihm ein schwärmerisches Gedicht, es heißt – wie auch sonst? – *Franz Werfel*:

»Ein entzückender Schuljunge ist er.
Lauter Lehrer spuken in seinem Lockenkopf.

Sein Name ist so mutwillig:
Franz Werfel.

Immer schreib ich ihm Briefe,
Die er mit Klecksen beantwortet.

Aber wir lieben ihn alle
Seines zarten, zärtlichen Herzens wegen.

Sein Herz hat Echo,
Pocht verwundert.

Und fromm werden seine Lippen
Im Gedicht.

Manches trägt einen staubigen Turban.
Er ist der Enkel seiner eigenen Verse.

Doch auf seiner Lippe
Ist eine Nachtigall gemalt.

Mein Garten singt,
Wenn er ihn verlässt.

Freude streut seine Stimme
Über den Weg.«

Auch Franz Werfel beantwortet Else Lasker-Schülers Werben nicht, weder mit Liebe noch mit Briefen. Aber 1918 kreuzten sich die Wege der beiden Lichtgestalten der Dichtung abermals, in Zürich: Werfel gab im dortigen Tonhallesaal eine Lesung aus seinen Werken vor vollem Haus, am Stadttheater fand zudem die Schweizer Uraufführung seines Dramas *Die Troerinnen* statt. Im *Café Odeon* begegnete er den Zürcher Dadaisten und auch immer wieder Else Lasker-Schüler. Doch keine Chance für sie, der Schriftsteller war zu diesem Zeitpunkt in Gedanken längst bei einer anderen außergewöhnlichen Frau, mit der er eine heimliche Affäre begonnen hat, der verführerischen Alma in Wien. Die abermals abgewiesene Dichterin rächt sich mit Worten: »Ich halte [...] nichts von Werfel. Er ist ein talmudischer Docent, ein reinlicher Geleisemacher, ein Bürger kleines geordnetes Terrain [sic], dort ein Geldchen, da ein Gärtchen, Großvater im Turban mit der Tabakspfeife.«

* * *

Ganz andere Töne werden zur gleichen Zeit in der Galerie von Israel Ber Neumann am Kurfürstendamm angeschlagen, wo eine neue Ausstellung stattfindet: Die Berliner Dadaisten zeigen Werke von George Grosz, Jefim Golyscheff, Walter Mehring und Raoul Hausmann. Auch Hannah Höch darf sich mit eigenen Arbeiten beteiligen. Sie zeigt ältere expressionistische Zeichnungen und abstrakte Aquarelle, darunter die *Komposition in Blau*, die dieses Jahr entstanden ist. Der Rezensent, der mit Bruno Taut befreundete Architekturkritiker Adolf Behne, schreibt in *Die Freiheit*, dem Blatt der USPD: »Hannah Höch und namentlich Jefim Golyscheff zaubern fabelhafte Ornamente.«

Zur Finissage der Ausstellung am 30. April werden Texte von Hausmann und Huelsenbeck vorgetragen, Golyscheff gibt ein atonales Konzert, eine sogenannte Antisymphonie in drei Teilen. Und auch Hannah Höch betritt die Bühne: »Nachmittags war eine kurze Probe des improvisierten Werkes gewesen, und abends ging's dann los. [...] Mir war etwas bänglich bei diesem Debut, ich hätte mich gerne gedrückt, auch liebte ich Lärm zu keiner Zeit meines Lebens. Aber feige wollte ich auch nicht erscheinen, und so habe ich dann – was das Zeug, das Blechzeug halten wollte und mit Hingebung – darauflosgedroschen, wie es ja meine Aufgabe war.«

Höch gehört als einzige Frau zu einem zehnköpfigen Chor, der Topfdeckel schlagend, mit Kinderpistolen bewaffnet und mit lautstarker Unterstützung eines Orchesters eine infernalische Kakophonie anstimmt, auch wenn ihr bei diesem Gipfelsturm etwas bange zumute ist. »Als ich dann an einem späteren Abend eine ähnliche Nummer als Zuhörerin erlebte«, so Hannah Höch, »war ich erstaunt, dass eine solche nur rhythmisch gesteuerte Ballung von Pfeifen, Stampfen, Blechschlagen, Kinderknarren, Gebimmel, Getrommel, Okarinageblas und Geschrei ein faszinierendes Ganzes bilden konnte.«

Hannah Höch wähnt sich nach dieser Vorstellung auf dem ›Dada-Olymp‹ angekommen, doch am liebsten sitzt sie in aller Ruhe zu Hause und entwirft ihre Collagen, statt ins Kampfgeschrei der röhrenden Platzhirsche einzustimmen. Schwierig, sich unter ihnen Gehör zu verschaffen, das gilt für die Bühne ebenso wie fürs Private. Die Dada-Freunde sehen in ihr weniger die Künstlerkollegin als die Mamsell, die dem Hausmann'schen Genie den Rücken freihält. Der filmende Publizist Hans Richter, der für Herwarth Waldens *Sturm* schreibt und sich seit einiger Zeit in den Kreisen der Berliner Dadaisten bewegt, stempelt Hannah Höch als Hausmütterchen ab: »Aber als Vorsteherin der Atelier-Abende bei Hausmann war sie unentbehrlich, sowohl durch den grellen Kontrast ihrer leicht klösterlichen Grazie zu dem Schwergewichtsanspruch ihres Meisters, als auch durch die belegten Brötchen mit Bier und Kaffee, die sie trotz Geldmangel auf irgendeine Weise hervorzuzaubern verstand. An solchen Abenden durfte auch sie ihre kleine aber sehr präzise Stimme erheben und, wenn Hausmann die Anti-Kunst proklamierte, für die Kunst und für Hannah Höch in die Bresche springen. Ein tüchtiges Mädchen!«

Hannah Höch denkt an die Topfdeckel, die sie inmitten des Männerhaufens auf der Bühne krachend zusammenschlagen durfte – war diese Rolle, die man ihr beim Auftritt zugedacht hatte, etwa nur bittere Ironie?

Höch ist nicht die einzige Dada-Frau, die sich inmitten der Männer behaupten muss. Der Geist von Dada geht weiter um in Europa, und in Köln gründet der Maler Max Ernst eine eigene dadaistische Bewegung, er nennt sich selbst ›minimax dadamax‹. Angeekelt von der »großen

Schweinerei dieses blödsinnigen Krieges«, haben sich Hans Arp und Johannes Theodor Baargeld mit ihm für gemeinsame Dada-Aktionen zusammengetan. Dass Max Ernst bereits einen Namen in der Kölner Kunstszene hat, ist seiner Gattin zu verdanken, Luise Straus-Ernst, mit der er seit letztem Jahr verheiratet ist. Frau Ernst ist promovierte Kunsthistorikerin und leitet nach dem Tode des Museumsdirektors derzeit kommissarisch das Kölner Wallraf-Richartz-Museum. Sie gibt sich den Kunstnamen ›Armada von Duldgedalzen‹, und auch sie beteiligt sich auf spielerische Weise mit eigenen Collagen an der Arbeit der Gruppe. Max Ernst streckt seine Fühler allerdings bereits nach Paris aus, wo in Sachen Dada Großartiges im Gange sein soll, er hofft deshalb, dass deutschen Bürgern das Reisen nach Frankreich nach Abschluss der Friedensverhandlungen endlich wieder gestattet wird.

Einen Spruch des Kölner Dadaisten Baargeld können sich sowohl Hannah Höch als auch Luise Straus-Ernst besonders gut merken: »die axt im haus erspart den bräutigam.« Vielleicht lernen sie sich ja eines Tages persönlich kennen, die Kölner und die Berliner Dada-Frau.

* * *

Coco Chanel streckt in diesem Frühling ihre Fühler nach Grasse aus, reist in die weltweit bekannte Wiege der Parfümherstellung in der Provence, wo die berühmte Mairose auf weitläufigen Wiesen rund um den Ort üppig gedeiht. Das klare Licht des Südens liegt über den Blumenfeldern und den Orangenbaumplantagen, die sich zwischen den Bergen ausbreiten, in der Luft der zarte Duft von abertausend rosa und weißen Blüten. Sie nimmt Kontakt mit einem namhaften Parfümeur auf, mit Ernest Beaux. Der Mann weiß, wovon er spricht, schon sein Vater ist ein Profi im Parfümgeschäft und hat sogar das russische Zarenhaus mit seinen Kreationen beliefert. Als Hommage an Katharina die Große hat er das beliebte *Bouquet de Cathérine* komponiert.

Die Mairose, klärt Beaux sie auf, die ›rosa centifolia‹, ist ein wesentlicher Bestandteil des Duftes, dessen Rezept sie vor Kurzem in ihren Besitz gebracht hat. Die Mairose ist eine ausgesprochen wertvolle Blume, kann sie doch nur in den frühen Morgenstunden gepflückt werden, mit den Strahlen der aufgehenden Sonne verliert sie ihren betörenden Duft.

Ist das nicht ein bisschen wie in meiner Liebesgeschichte, fragt sich Coco Chanel mit einem Anflug von Melancholie, meine Liebesblume, die sich nicht bei Lichte pflücken lässt?

Beaux ist ein eloquenter Mann, er entwirft ein ganzes Gemälde, fantasiert von Vanille, Sandelholz und Jasmin als weiteren Ingredienzien für den neuen Duft. Er spricht von achtzig verschiedenen Bestandteilen, die er in Anlehnung an das alte Geheimrezept mischen möchte, darunter, und das ist ein absolutes Novum, auch synthetisch hergestellte Stoffe. Die Parfümherstellung ist wirklich eine Wissenschaft für sich, Coco hört den Ausführungen des Spezialisten aufmerksam zu. Die geernteten Blütenblätter werden einen ganzen Tag lang in ein Bad aus alkoholischen Lösungsmitteln gegeben, in das die Duftstoffe entweichen können. Anschließend wird dieses Lösungsmittel im Kessel eingedampft. Coco Chanel lässt sich das Verfahren, nach dem traditionell hochwertiges Parfüm hergestellt wird, bis ins winzigste Detail erklären. Sie staunt nicht schlecht, als Beaux ihr erklärt, dass für eine winzige Menge von dreißig

Millilitern Parfüm über tausend Jasminblüten gebraucht würden. Ein teurer Spaß, duftendes Gold.

»Ein nächster Schritt wird sein, Blumenbauern unter Vertrag zu nehmen, um eine ausreichende Menge an Blüten für die Produktion zu sichern«, erklärt Beaux. Hier in Grasse, wo es zahlreiche Parfümfabriken gibt, leben etliche Landwirte von diesem einträglichen Geschäft.

Ein Name fürs neue Parfüm schwebt Coco Chanel auch schon vor, *Chanel No. 5*, so soll der Duft heißen. Die Fünf als symbolische Zahl, die fünf Sinne, die fünf Finger einer Hand, die fünf Bücher Mose, das weiß sie noch aus Klosterzeiten.

»Ich lanciere meine Kollektionen jeweils am fünften Tag des fünften Monats, die Fünf scheint mir Glück zu bringen«, erklärt sie Ernest Beaux. Denn ist die Fünf nach mythologischen Vorstellungen nicht auch die Zahl der Liebesgöttin Venus?

Der Mai steht vor der Tür, und die berühmte hundertblättrige Rose kurz vor der Blüte. Coco Chanel ist schon längst wach, sie sitzt bereits gestiefelt, gespornt und frisiert auf der Bettkante in ihrem Hotelzimmer in Grasse und schlüpft in ihre Schuhe. Der erste Hahn beginnt zu krähen, die Glocken der alten Kathedrale rufen die Gläubigen zur Messe. Früh im Morgengrauen macht sich Coco Chanel auf den Weg zu ihrer ganz eigenen Andacht: Sie will die Mairose pflücken, eigenhändig, so wie ihr Liebesglück. Ein wenig Aberglauben kann nichts schaden.

Mai

*Friedensverträge in Versailles unterzeichnet *** Frauenkongress in Zürich *** Alma Mahler-Gropius gibt Weimar die Ehre *** Clara Grunwald eröffnet Montessori-Kinderhaus in Berlin *** Rosa Luxemburgs Leichnam geborgen*

Frühling ist's, überall auf den Pariser Straßen stehen Maiglöckchenverkäufer mit duftenden Sträußchen. Zurzeit sind die Friedensverhandlungen in Versailles in vollem Gange. Woodrow Wilson hält sich daher weiterhin in Paris auf, und Sylvia Beach ist ein bisschen stolz darauf, den amerikanischen Präsidenten, der zuvor Gouverneur von New Jersey gewesen war, persönlich zu kennen, denn Wilson gehörte zu des Vaters presbyterianischer Gemeinde zu Hause in Princeton. Weil die Wilsons kein eigenes Klavier besaßen, klingelte die singende Tochter des Politikers, Margaret, zuweilen im Pfarrhaus am Library Place, um sich dort von Sylvias Schwester Cyprian am Flügel begleiten zu lassen. Mit Jessie, der anderen Wilson-Tochter, war Sylvia recht gut befreundet, wovon sie Adrienne Monnier gern erzählt: »Selbst nach ihrer Übersiedlung nach Washington betrachteten die Wilsons meinen Vater immer noch als ihren Pastor. Sowohl bei Jessies wie bei Eleanors Hochzeit ließen sie ihn zur Trauungszeremonie ins Weiße Haus kommen, und auf Wilsons Wunsch gehörte Vater zu den Geistlichen, die beim Begräbnis des Präsidenten das Totenamt lasen.«

Wilson sitzt jetzt mit Vertretern der anderen Siegermächte, dem italienischen Ministerpräsidenten Orlando, dem britischen Premierminister Lloyd George und dem französischen Ministerpräsidenten Clemenceau, an einem verschnörkelten Schreibtisch im Schloss von Versailles und setzt seine Unterschrift unter den Friedensvertrag. Eine Ende April 1919 nach Frankreich entsandte deutsche Delegation unter Leitung des Außenministers Graf Brockdorff-Rantzau, die mit diplomatischem Geschick auf den Friedensvertrag Einfluss zu nehmen gekommen war, ist vor Kurzem unverrichteter Dinge wieder abgereist. Jetzt kann Deutschland nur die Friedensbedingungen entgegennehmen, die im Wesentlichen den Hauptforderungen des französischen Staatspräsidenten Poincaré entsprechen. Besetzung des Rheinlands mit seiner wirtschaftlich so wichtigen Schwerindustrie, was Deutschlands Wirtschaft für Jahre und Jahrzehnte schwächen wird, Reparationsforderungen in Milliardenhöhe und auch noch die Abtretung Elsass-Lothringens. Der französische Marschall Foch sieht schon den nächsten Krieg heraufziehen, sobald das ausgeblutete Deutschland wiedererstarkt ist und sich rächen kann: »Das ist kein Frieden. Das ist ein zwanzigjähriger Waffenstillstand.«

Am 8. Mai 1919 schreibt Käthe Kollwitz ins Tagebuch: »Heut sind die Friedensbedingungen heraus. Furchtbar.« Sie ahnt, wohin der Abbau der Wirtschaftskraft führen wird, zur Inflation und weiteren Verelendung der Arbeiter. Angenommen wird jedoch auch Wilsons Vorschlag, die Gründung eines Völkerbundes, vielleicht der erste Schritt hin zu einem vereinten Europa. Die Ankunft der

Zugvögel in diesen Tagen erscheint Käthe Kollwitz in ihrer niedergedrückten Stimmung ein Symbol der Hoffnung, ein tröstender Silberstreif am Horizont. »Die Schwalben sind da! [...] Von einer Akademiesitzung kommend ging ich die Linden runter. Es ist der zweite warme Tag, ganz sommerlich. Wunderschön war alles, der Himmel voller Licht, das Grün noch zart, alles wie verklärt. Da fühlte ich Berlin wieder mal als Heimatstadt, die ich liebe. Das Schloss und dahinter die Marienkirche. Wie lang kenn ich das alles, hab's in 20 Friedensjahren und in 4 Kriegsjahren gesehn und zur Revolutionszeit. Und jetzt, wo ein so furchtbarer Friede uns droht. Das Schloss ist noch immer nicht ausgebessert. Der Balkon, von dem der Kaiser damals sprach, ist halb zerschossen, die Portale schlimm beschädigt. Symbol für den zertrümmerten Glanz.«

Käthe Kollwitz leidet ungeachtet aller Anerkennung durch die neuen akademischen Weihen derzeit wieder unter allergrößten Selbstzweifeln und findet, sie habe »schreckliche Sachen eingeliefert« für die kommende Ausstellung. »Bin öfter in der Secession zum Hängen gewesen. Als ich meine Sachen dort sah, neben Barlachs, wurd ich wieder ganz verstimmt. Was hab ich gearbeitet und wie wenig, wie wenig Gutes hab ich herausbekommen. Ich bin betrübt.« Die Unzufriedenheit der Künstlerin mit ihrer Arbeit hat sich noch immer nicht gelegt, als am 23. Mai die Frühjahrsausstellung der Akademie der Künste Berlin eröffnet, mit Werken der Berliner Secessionisten, Liebermann, Corinth, Lehmbruck, Georg Kolbe und einigen der ihren. Der Kunstkritiker der *Berliner Volkszeitung*, der tags darauf über die Ausstellung schreibt, freut sich zwar über die »Blutauffrischung«, die die Akademie durch neue und jüngere Mitglieder erfahren habe, doch die »gottgewollten Abhängigkeiten« seien noch längst nicht überwunden. An eine Aufnahme etwa von Künstlern der ›Brücke‹ in die Akademie ist noch im Traum nicht zu denken, vermisst werden auch immer noch Architekten vom Schlage eines Hans Poelzig oder expressionistische Maler wie Emil Nolde und Ernst Ludwig Kirchner. Das *Berliner Tageblatt* hebt hervor: »Aus der grafischen Abteilung muss an erster Stelle ein großes Blatt von Käthe Kollwitz genannt werden: *Arbeitslosigkeit.*«

Die selbstkritische Künstlerin ist durch solchen Zuspruch aus der Zeitung nur schwer umzustimmen. Sie empfindet die neue Kunst, auch ihre eigene, grundsätzlich als nicht radikal genug, da sie sich noch immer nicht in ausreichender Konsequenz vom Alten gelöst hat. »Kolbe spricht von der Zersetzungszeit, in der wir leben, dass Kunst in ihr gar nicht gedeihen kann. Der Gedanke von Taut und Gropius, den alle jungen Künstler jetzt haben, dass nur nach Zerstörung dieser Welt eine neue reine, naiv schaffende entstehen wird, scheint mir mit einemmal einleuchtend.«

Tabula rasa versuchen nur wenige Häuserblocks entfernt im Berliner *Meistersaal* die Dadaisten zu machen, die dort am 24. Mai eine ›Trauersoirée‹ veranstalten und unter dem Vorsitz von Johannes Baader volltönend aus seinem *Dada-Handbuch* vorlesen, diesmal leider ohne Mitwirkung von Hannah Höch.

* * *

Vom 12. bis zum 19. Mai findet in Zürich der ›2. Kongress der Internationalen Frauenliga für Frieden und Freiheit‹

statt, der erstmals mitten im Krieg 1915 ausgerichtet wurde. Unter den Initiatorinnen sind, wie sollte es anders sein, Anita Augspurg und ihre Lebensgefährtin Lida Gustava Heymann, die auch die Beiträge der vielen englischen und amerikanischen Rednerinnen übersetzt. Sie kommen, wie es im Kongressprotokoll heißt, »frisch aus dem brodelnden Kessel der bairischen Revolution« nach Zürich und erzählen in versammelter Runde von »tapferen Münchner Frauen, die im Augenblick der höchsten Erregung sich von der Regierung ein Automobil ausbaten und als es ihnen verweigert wurde, auf eigene Faust eines ausfindig machten und in langer Fahrt in das Lager der Gegenregierung reisten, um ihre Vermittlerdienste anzubieten.« Die Automobilistinnen kamen zwar zu spät, um ein Blutvergießen zwischen bayerischen Revoluzzern und den Reaktionären ganz zu verhindern, doch dank der drei Frauen, die im Revolutionstribunal saßen, wurde kein einziges Todesurteil gefällt.

Für Anita Augspurg ist es ein Wiedersehen mit der Stadt, in der sie einen großen Teil ihrer Studienzeit verbracht hat. Sie findet sogar Zeit, mit der Freundin am Ufer des Zürichsees spazieren zu gehen, ins *Café Odeon* einzukehren und eine Limonade zu trinken, durch die vornehme Bahnhofstraße zu flanieren, bevor es zurückgeht zum Ernst der Dinge, in den mit Blumen geschmückten Bankettsaal im *Hotel Glockenhof*. Über hundert Teilnehmerinnen kommen hier zusammen, Suffragetten aus London, deutsche Pädagoginnen wie Helene Stöcker, Frauenrechtlerinnen aus Skandinavien, Bulgarien, Australien. Das alles bewegende Thema des diesjährigen Kongresses ist der Frieden und die Frage, wie man ihn dauerhaft erhalten kann, vor allem, welche Rolle die Frau in der Nachkriegs-Weltordnung spielen solle. Anita Augspurg fordert kompromisslos wie immer, man müsse unbedingt dafür Sorge tragen, dass niemals wieder ein Mann eine Waffe zu fassen bekomme. »Denn haben sie erst das Gewehr in der Hand, erwacht ihr ›bekannter Heldenmut‹.«

Wie diese Forderung praktisch umzusetzen ist, darauf weiß die Entschlossene so schnell aber auch keine Antwort. »Wie so oft in der Geschichte, wenn der Glaube an den Frieden groß war, sind die Waffen wieder aufgetaucht wie aus dem Nichts«, mehr bleibt ihr nicht zu sagen.

Noch während der Frauenkongress tagt, veröffentlicht die Berliner Nachrichtenagentur Wolffs Telegraphen-Bureau die bis zum 30. April erfassten Kriegsverluste des Deutschen Reichs: 1,7 Millionen Tote, 0,37 Millionen Vermisste, 4,2 Millionen Verwundete, 615.922 Soldaten befinden sich immer noch in Gefangenschaft. In Frankreich beklagt man 1.327.000 gefallene Soldaten. Insgesamt hat der Weltkrieg rund zehn Millionen Männer gefordert. Das sind verstörende Größenordnungen. Einstimmig herrscht unter den Versammelten die Überzeugung, dass dieser schreckliche Weltkrieg nicht ausgebrochen wäre, wenn Frauen bereits vor fünf Jahren an die Urnen hätten treten dürfen. Einstimmigkeit herrscht auch darüber, dass der Versailler Friedensvertrag nur mehr neues Leid unter die Menschen bringen wird als »Friede der Vergewaltigung«, der eine wirtschaftliche und moralische Vernichtung Mitteleuropas zur Folge hätte, käme er zustande. Die Beschlüsse zu Frieden und nationalstaatlicher Selbstverantwortung werden an die Friedenskonferenz in Versailles weitergeleitet.

Das Fazit des diesjährigen Frauenkongresses wird bei der letzten Sitzung fürs Protokoll gezogen: »Für viele der Gäste aus nah und fern waren die Tage in Zürich ein Flug in reinere Höhen, ins Reich der Wahrheit und der Liebe. An diese Mächte im Völkerleben hat man in fünf langen Jahren des Krieges beinahe zu glauben gelernt. Nun ist der noch glimmende Funken der Hoffnung für die gequälte Menschheit kommen [sic]. O würde nur ein Funke dieses Geistes, dieses Welt-Mutter-Sinns, die vier unversöhnlichen alten Männer in Versailles erleuchten! Der Friede würde eine andere Gestalt gewinnen und die Menschen könnten wahrhaft aufatmen. [...] Noch nie ist uns so klar geworden, wie in Zürich, dass die Frau wirklich etwas Neues in die Politik hineintragen kann, nicht nur etwas Verbindendes, Versöhnendes, sondern tatsächlich eine neue Art des politischen Denkens, eine neue Ethik, einen neuen Glauben, oder wie man es nennen will.«

Alle Männer ferngesteuerte Mordgesellen und die Frauen eine Schar unschuldiger Friedensengel? Manch eine Rednerin, die in Zürich das Wort erhebt, kennt keine milden Zwischentöne, aber ist es nicht logisch, dass jetzt, nach all dem Blutvergießen, das Männer angerichtet haben, die Frau das beste Gegenargument ist? Frauen, die den sozialen Frieden und damit den Weltfrieden sichern helfen? In diesem Sinne hat die Engländerin Eglantyne Jebb dieser Tage in der Londoner Royal Albert Hall die Gründung des Kinderhilfswerks *Save The Children* verkündet, das Spenden für die unter den Kriegsfolgen leidenden Kinder in Deutschland und Österreich sammelt – aus Feinden sollen Freunde werden. Denn ist der Krieg jetzt auch vorbei, das Elend hat kein Ende: Seit dem letzten Jahr wütet eine andere Furie und ist noch immer nicht bekämpft, die Spanische Grippe. Die Epidemie fordert weltweit geschätzte 50 Millionen Todesopfer. Unter den Toten sind auch der von den Pariser Dadaisten verehrte französische Dichter Guillaume Apollinaire, Sigmund Freuds Tochter Sophie und Oskar Kokoschkas Kollege aus der Wiener Kunstszene, der österreichische Maler Egon Schiele.

* * *

In der zweiten Maiwoche treffen Alma Mahler-Gropius und Tochter Manon endlich in Deutschland ein, eine strapaziöse Reise in überfüllten Zügen haben sie hinter sich, von Wien nach Berlin, eine lange Fahrt durch die aufgelöste Donaumonarchie, mit lästigen Grenzkontrollen und improvisierten Fahrplänen, auf die man sich nicht verlassen kann. Alma ist gerädert und sehnt sich nach einer Chaiselongue. Gropius empfängt Frau und Tochter im berühmten Weimarer Hotel *Zum Elephanten* am Marktplatz, wo er für sich selbst auch ein Zimmer genommen hat, denn eine Wohnung ist noch nicht gefunden.

Am 15. Mai, als Alma sich bereits in Berlin aufhält, stirbt Martin Johannes, das war vorauszusehen gewesen, in einer Wiener Klinik. Die Ärzte haben bei ihm einen Hydrocephalus diagnostiziert, einen Wasserkopf. »Lieber wäre ich gestorben«, stößt Gropius erschüttert aus. Alma deutet den Tod des Kindes als gerechte göttliche Strafe für ihren Ehebruch, als »Fluch unseres Leichtsinns«. Hin und wieder fühlt sie sich sogar beim Gedanken an Werfel abgestoßen, der schließlich seinen Teil zu diesem Unglück beigetragen hat. Wer weiß, ob die schwere Blutung, die sie, im siebten Monat schwanger, nach ungestümem Beischlaf erlitten hatte, nicht Ursache der Erkrankung des Kindes gewesen ist? So lau ihr der Ehemann manchmal erscheint, so ungezügelt gebärdet sich der Liebhaber im Bett. Der kleine Sohn ist nicht das erste Kind, das Alma genommen wird; die Tochter Maria aus der Ehe mit Gustav Mahler war 1907 mit noch nicht einmal fünf Jahren gestorben. Dass Mahler kurz zuvor seine *Kindertotenlieder* komponiert hatte, will Alma noch immer als ein fürchterliches böses Omen erscheinen.

Bei aller Trauer, das Leben geht weiter. Zwei Wochen nach dem Tod des Kleinen findet beim Grafikprofessor Walther Klemm und seiner Frau eine Gesellschaft statt. Der Maler und Bauhaus-Lehrer Lyonel Feininger ist auch anwesend, unter dem Eindruck des Abends schreibt er seiner Frau: »… es waren fünfzehn oder mehr Menschen da, alles Weimarer Geistigkeit. […] ich denke mir vielerlei bei dem Thema Gropius. Wir stehen hier zwei vollkommen freien, aufrichtigen Menschen von außergewöhnlicher Großzügigkeit gegenüber, die Hemmungen nicht anerkennen und die hierzulande eine solche Seltenheit sind, dass sie notwendig störend und ungewohnt wirken […] Mag er nun schöpferisch sein oder nicht – eine Persönlichkeit ist er wie kaum ein zweiter hier – und sie ist auch Klasse für sich [sic].«

Alma denkt an den Frühling vor zehn Jahren, 1909 ist sie mit Gustav Mahler nach Paris gereist, wo der berühmte Rodin eine Marmorbüste von ihm anfertigen sollte. Das war noch ein Kunstereignis ersten Ranges! Ihr Interesse am Bauhaus und den Bauhäuslern, die von geraden Linien schwärmen, hält sich dagegen in Grenzen. Bedrohliche Konkurrentin ist die Arbeit, die auf Gropius wartet, der nach der langen Zwangspause, die der Krieg ihm auferlegt hat, umso emsiger zu Werke geht. Auch die vielen Frauen am Bauhaus, die, Alma muss es sich eingestehen, ihre Töchter sein könnten, sind ihr ein Dorn im Auge. Kurze

Kleider ohne Mieder darunter, abgeschnittene Haare mit Ponyfransen, das soll elegant sein? Alma kann nicht länger die Augen davor verschließen, dass eine neue Zeit angebrochen ist. Die flotten Fräuleins, die ihr in Weimar über den Weg laufen, sind keine Ausnahmegeschöpfe mehr – sie selbst ist der Fremdkörper mit ihren langen Röcken und ihrer Steckfrisur. Sie kann es nicht leugnen, mit ihren – oh je! – bald vierzig Jahren fühlt sie sich hier in Weimar mit einem Mal steinalt. Dass daheim in Wien ein jugendlicher Liebhaber auf sie wartet, wissen die jungen Dinger ja nicht, und das süße Geheimnis erfüllt sie mit einem angenehmen Gefühl von Überlegenheit. Gerade hat Werfel ihr einen sehnsüchtigen Brief geschrieben: »Tu nichts gegen mich und gegen Dich«, fleht er sie an, gepeinigt vor Angst, sie könne ihn über den Ereignissen in Weimar und in Gropius' Gesellschaft womöglich vergessen, »Alma, komm ganz bestimmt anfangs Juni zurück. – Ich halte es nicht mehr lange aus.« Nichts wie zurück nach Wien!

Die ungekrönte Königin der Gesellschaft bekommt an jenem Abend noch ganz andere, empfindliche Konkurrenz. Nicht um Alma drehen sich die Gespräche, sondern um ein anderes, ein noch viel bedeutenderes Zentralgestirn: die Sonne. Dieser 29. Mai 1919 wird nicht nur von Astronomen seit Langem erwartet, die angekündigte totale Sonnenfinsternis soll ein besonderes Himmelsspektakel sein. Leider ist sie nur von Brasilien und vom südlichen Atlantik aus zu beobachten, dennoch erhitzt sie auch in europäischen Breiten überall die Gemüter. Vor allem die Naturwissenschaftler sind ganz aus dem Häuschen, denn die Sonnenfinsternis könnte die Richtigkeit von Albert Einsteins 1915 formulierter Relativitätstheorie beweisen. Auch in Weimar spricht man davon, dass ein englischer Astrophysiker, Arthur Eddington, eigens auf die kleine Insel Principe vor der Westküste Afrikas gereist ist, um genaue Fotoaufnahmen von der Sonnenfinsternis zu machen. Wenn die Sterne während der Sonnenfinsternis an anderer Stelle am Firmament stünden als zuvor und danach, würde sich Einsteins Vermutung bestätigen, dass die Ablenkung des Lichtes durch die Anziehungskraft der Sonne verursacht wird.

* * *

»Frauen und Mütter Deutschlands, die ihr diesen Weltkrieg mit erlebt habt, müsst ihr nicht alle bereit sein, zu tun was in euren Kräften steht, die kommenden Geschlechter vor gleichen Katastrophen zu bewahren.« Dieser Aufruf Anita Augspurgs geht vor allen Dingen die Erziehung in den Schulen etwas an.

An einer jungen Frau in Berlin geht dieser Ruf durchaus nicht vorbei. Clara Grunwald hat sich die Grundsätze der Ärztin und Pädagogin Maria Montessori auf die Fahnen geschrieben. Schon seit 1907 leitet die Italienerin in Rom ein Kinderhaus, wo nach ganz modernen Methoden unterrichtet wird. Schluss mit dem ermüdenden Frage-und-Antwort-Spiel, die Kinder sollen selbst Fragen stellen, statt den Lehrern immer nur brav zu antworten, man nimmt Rücksicht auf die individuellen Fähigkeiten und Begabungen eines Kindes, diese zu fördern ist der Ansatz. Grunwald vertieft sich bereits vorm Ersten Weltkrieg in die einschlägigen Schriften, liest Maria Montessoris Buch *Selbsttätige Erziehung im frühen Kindesalter* wie eine Bibel: »[D]as Interesse des Kindes muss geweckt werden. Wie wird das erreicht? Der Lehrer muss mit aller Kunst und List versuchen, sich der Aufmerksamkeit des Kindes zu bemächtigen, von ihm hängt es ab, wie viel oder wie wenig Kenntnisse seine Schüler erwerben.«

Zum Unterricht gehören laut Maria Montessori auch ganz alltägliche Übungen, durch die die Geschicklichkeit eines Kindes geschult wird, Schleifen binden, Tonkugeln formen oder Blumen gießen. Aber allem voran gilt die unbedingte Maxime: Das Kind ist der Mittelpunkt. Dass das bislang durchaus nicht selbstverständlich war, macht man sich nur klar, wenn man an die dunklen, engen Schulhäuser mit unbequemem Gestühl denkt, wo stures Auswendiglernen und die Prügelstrafe zum pädagogischen Alltag gehörten. Militärischer Drill und Zurechtstutzen der Fantasie waren dort im Unterricht ganz selbstverständlich an der Tagesordnung. In der Vergangenheit wurde Obrigkeitsdenken und Gehorsam gefördert, nicht etwa die Erziehung freier, mündiger Geister. Besonders revolutionär am Montessori-Konzept erscheint den Paukern alter Schule der Gedanke, die üblichen Schulnoten abzuschaffen und stattdessen individuelle Beurteilungen zu schreiben.

Clara Grunwald, ältestes von elf Kindern des jüdischen Textilkaufmanns Bernhard Grunwald und dessen Ehefrau Rosalie, wurde am 11. Juni 1877 in Rheydt bei Mönchengladbach geboren, lebt aber seit ihrer frühen Kindheit in Berlin, wo der Vater wieder mit Weißwaren handelt. Clara macht nach dem Besuch der Höheren Töchterschule eine Ausbildung als Lehrerin und arbeitet seit ihrem neunzehnten Lebensjahr in verschiedenen Berliner Schulen, auch im armen Arbeiterbezirk Wedding.

Die Sehnsucht nach einem spirituellen Sinn beseelt Clara Grunwald schon beizeiten. Bereits als Sechzehnjährige hatte sie in ihr Tagebuch geschrieben: »Ich erlaube meinem

Verstand nicht mehr, Gott anzuerkennen, trotzdem hoffe ich, dass etwas geschehen möge, das doch von IHM kommt. Sehr lange schon spüre ich einen innerlich nagenden Zweifel. Gibt es Gott wirklich? Gibt es ein Leben nach dem Tod? Was ist der Sinn des Lebens? Fragen über Fragen quälen mich: Ein Zweifel, der mir zur Besessenheit wird. Ich will und muss eine Antwort finden. Ich muss Gott auf die Probe stellen ... Wie gut, dass mich Vater versteht. Wie gut, dass mir Gott einen solchen gütigen, verständnisvollen und nachsichtigen Vater gegeben hat. Da möchte man fast wieder an Gott glauben.«

Wieder ein guter Vater, der keinen Gebrauch von seiner patriarchalischen Befehlsgewalt macht und seiner Tochter keine Steine in den Weg legt. Und die findet einen weltlichen Zugang zu Gott: Die Montessori-Pädagogik nach Berlin bringen, zu den Kindern auch der ärmeren Bevölkerung, das ist ihre Mission seit der Lektüre des Buches der Italienerin, einem wahren Erweckungserlebnis. Clara Grunwald setzt alle Hebel in Bewegung, schreibt Briefe an Behörden, stellt Anträge, kümmert sich um geeignete Klassenräume. Und siehe da, Berlin mit seiner mehrheitlich sozialistisch-sozialdemokratischen Bevölkerung zeigt sich relativ offen für verschiedene Ansätze, eine umfangreiche Reform im Schul- und Bildungswesen in Gang zu setzen. Grunwald gelingt es, den Volkskindergarten in Lankwitz im Süden Berlins in ein Montessori-Kinderhaus umzugestalten. Am 5. Mai 1919 wird er in der Seydlitzstraße 30–34 eröffnet. Sie wird dabei vom sozialistischen Bezirksbürgermeister Otto Ostrowski unterstützt, ihr zur Seite stehen die Lehrerinnen Elisabeth Schwarz und Elsa Ochs, Letztere eine in Genf ausgebildete Montessori-Pädagogin. Die Resonanz ist überraschend, bald schallt der gute Ruf des neuartigen Kindergartens über Berlin und sogar über Deutschland hinaus. Weil die Eltern zahlreich mit Fragen auf sie einstürmen, richtet Grunwald in ihrer Wohnung in der Cuxhavener Straße 18 in Tiergarten spontan eine Montessori-Sprechstunde ein, sie gründet auch ein Montessori-Komitee, in dem die reformerischen Pädagogen sich versammeln, und bildet bald Montessori-Lehrerinnen aus, hält Vorträge, in denen sie ihre Unterrichtserfahrungen schildert und weitergibt. Mit großem Engagement wird sie von ihrer jüngeren Schwester Emmy Bergmann unterstützt, die Medizin studiert hat und in Freiburg im Breisgau in ihrem Montessori-Kinderhaus neben Kindern im Vorschulalter auch die vom Schulbesuch zurückgestellten Kinder betreut.

Ein Kind fragt, ob im Unterricht auch mal Märchen vorgelesen werden, etwas von guten Feen und vom bösen Wolf? »Nein«, antwortet Clara Grunwald, »wir brauchen keine Märchengeschichten, denn die Entdeckung der Wirklichkeit hält für euch Kinder so viele Wunder bereit.«

Die Frage des Kindes ist für Clara Grunwald Anstoß genug für eine Abhandlung, die zu einem Buch über die neuen pädagogischen Maßstäbe werden soll. »Genügt uns Erwachsenen«, schreibt sie, »das frohe Erstaunen der Kinder über die keimenden Eicheln und Kastanien im Blumentopf oder über die ersten Ranken der Bohnen und Erbsen, die sie gepflanzt haben, ihr Entzücken über das Hervorheben der Knospen an den Sträuchern, über die bunten Blumen, über die Eier und die Jungen im Vogelnest nicht? Sie staunen über das Buntwerden der Blätter, sie staunen über das Stück Holz und den Topf, die auf dem Wasser schwimmen, während ihr Groschen, der hinfiel, untergegangen ist. Sind das alles nicht Wunder genug für das kleine Kind? Bedarf es wirklich zur Bildung seiner Fantasie der Hexen und Zauberer, der Riesen und Zwerge, der gläsernen Berge und der mit Edelsteinen gefüllten Höhlen? [...] Wird ein Mensch Maler oder Dichter, Bildhauer oder musikalischer Gestalter, weil seine Fantasie in der zartesten Kindheit durch Märchen angeregt wurde, oder weil die Natur die gestaltende Kraft in ihn gelegt hat?«

Auch anderswo in der jungen Republik wittert man, dass die Zeit jetzt reif ist für pädagogische Neuanfänge. Am 30. Mai 1919 macht sich das Ehepaar Steiner auf den langen Weg von Berlin nach Stuttgart, Anlass der Reise ist eine nicht unwichtige Ortsbegehung. Rudolf Steiner und seine Frau Marie – er hat seine Sekretärin und Rezitatorin 1914 geheiratet – begeben sich gleich nach ihrer Ankunft hinauf zum Restaurant *Uhlandshöhe* in der Stuttgarter Haußmannstraße, nur eine Viertelstunde vom Hauptbahnhof entfernt. Dort treffen sie auf ein Grüppchen interessierter Leute, darunter der Inhaber der großen Zigarettenfabrik Waldorf-Astoria, Emil Molt. Der Unternehmer ist ein äußerst fortschrittlich denkender Mann mit einer Vision und voller Aufbruchsstimmung: Er will Bildungschancen für alle schaffen, nicht nur für die Reichen und Hochwohlgeborenen, sondern auch für die Armen und die rund tausend Arbeiter seines Unternehmens, für Jungen und Mädchen gleichermaßen. Gute Bildung, davon ist er überzeugt, ist die Grundvoraussetzung dafür, einen guten Beruf ergreifen und dem sozialen Elend entkommen zu können. Molt setzt dabei aufs freie, spielerische Lernen, den gemeinsamen Unterricht von Jungen und Mädchen, die Schule als Lebensgemeinschaft. Molt sieht in Steiner den richtigen Geburtshelfer für sein Projekt. Der

Anthroposoph mit dem idealistischen Menschenbild ist der Mann der Stunde für reformerische Pädagogik.

Die seit einiger Zeit leer stehende Gaststätte auf der Anhöhe über der Stadt, so Molt, würde sich doch bestens als Schulgebäude eignen. Molt ist Optimist und hat das Gebäude bereits für die stolze Summe von 450.000 Reichsmark erworben. Die meisten Leute, die von seinem Plan Wind bekommen haben, schütteln verständnislos den Kopf, dieser Mann ist ein rettungsloser Idealist, das Gebäude ist für eine einfache Schule viel zu groß. Schuster, bleib' bei deinen Leisten, schallt es ihm entgegen, soll er lieber weiter Tabak rösten, damit kennt er sich aus. Gerade in den herrschenden Umbruchszeiten sind überall selbst ernannte Heilsbringer unterwegs, die mit neuartigen didaktischen Programmen auf sich aufmerksam machen wollen. Doch Emil Molt besitzt auch die Durchsetzungskraft des erfolgreichen Unternehmers, und er lässt sich von den entmutigenden Reden der Leute nicht beirren. Es geht ihm mit seiner Schule um viel mehr als nur um Pädagogik, es geht um weiterreichende humanistische Ideale: Man will selbstständig denkende Kinder heranziehen, die sich zukünftig nicht willenlos in einem sinnlosen Krieg verheizen lassen. Seit an Seit mit Steiner will er seine bahnbrechende pädagogische Idee umsetzen, die in den großzügigen, hellen Räumen des alten Hauses besonders gut aufgehoben sein wird. ›Zur Sonne, zum Licht‹, das hatten schon die Reformer vor dem Kriege gepredigt. Nur ein gut belüfteter Geist kann auch neue Gedanken fassen. Vielerorts kann man dabei zusehen, wie neue Schulgebäude aus dem Boden wachsen, die diesem Motto folgen. Die Architekten sind nicht selten jene, die aus dem Dunstkreis von Bruno Taut und dem des neu gegründeten Bauhauses kommen.

* * *

»Die kommunistische Bewegung ist beinahe ganz eingedämmt, da jeder Deutsche mit der Herausgabe seiner eigenen Zeitung beschäftigt ist. Lebensmittel unnütz, alle schlucken Druckerschwärze«, schreibt Raoul Hausmann im Mai 1919. Tatsächlich, die Kommunistin Clara Zetkin beginnt mit der Herausgabe des KPD-Organs *Die Sozialistin*, das ab September unter dem Titel *Die Spartakistin* und ab 1920 als *Die Kommunistin* erscheint.

Die revolutionären Kombattanten haben den halben Mai über die Tagesmeldungen verfolgt, weil sie gespannt auf die Urteile im Prozess gegen jene neun Soldaten warteten, die an der Gefangennahme und am Mord von Rosa Luxemburg und Karl Liebknecht beteiligt waren. Am 8. Mai hatte er in der Kaserne der Garde-Kavallerie-Schützen-Division in Berlin-Lichterfelde begonnen. Husar Otto Runge und Oberleutnant Kurt Vogel leugneten beharrlich, nur Leutnant Rudolf Liepmann gab vor Gericht offen zu, Liebknecht erschossen zu haben. KPD-Mitbegründer Wilhelm Pieck war einer der bedeutendsten Zeugen, deren Aussage zu den brutalen Vorgängen im *Hotel Eden* vor Gericht gehört wurde: »Ich sah dann, dass ein Offizier, der von den anderen als Hauptmann angeredet wurde, herumlief, den Soldaten Zigaretten anbot und sagte: ›Die Bande darf nicht mehr lebend das Edenhotel verlassen!‹ […] Kurze Zeit danach kam ein Dienstmädchen herauf, fiel einer Kollegin in die Arme und rief: ›Ich werde den Eindruck nicht los, wie man die arme Frau niedergeschlagen und herumgeschleift hat.‹«

Als am 14. Mai die Urteile gegen die mutmaßlichen Mörder der Spartakistenführer Karl Liebknecht und

Rosa Luxemburg ergehen, herrscht Empörung unter den Arbeitern und Kommunisten. Runge wird zu zwei, Vogel zu achtundzwanzig Monaten Gefängnis verurteilt, allerdings nicht wegen Mordes, sondern lediglich wegen Wachvergehens und Missbrauchs der Dienstwaffe. Die anderen Beteiligten, auch der geständige Leutnant Liepmann, werden allesamt freigesprochen.

Nun ist das letzte Maiwochenende angebrochen, strahlendes Frühsommerwetter zieht die Berliner aus der steinernen Stadt hinaus in den märkischen Sand, an die Badeseen im Umland, die Strände von Havel und Wannsee. Am 31. Mai, einem Samstag, wird bei Schleusenarbeiten im Tiergarten eine stark verweste Leiche aus dem Landwehrkanal geborgen, von einem Augenzeugen, dem Genossen Otto Fritsch, für Rosa Luxemburg gehalten und in die Gerichtsmedizin überstellt. Tatsächlich, erste Vermutungen bestätigen sich, deutlich ist ein Einschuss im Schädel zu erkennen, es handelt sich wirklich um die sterblichen Überreste der Vermissten. Frau Marcusson wird herbeigerufen, um die Tote zu identifizieren. Fassungslos und wie zur Salzsäule erstarrt steht sie im Schauhaus, als sie glaubt, Fragmente ihrer eigenen Strümpfe und weiterer Kleidungsstücke wiederzuerkennen. Auch die bis ins Mark erschütterte Mathilde Jacob sieht ihre geschätzte Rosa nun zum letzten Mal, ja, sie ist es, ohne jeden Zweifel. Die treue Seele fährt hinunter zum Südende und steigt hinauf in die verlassene Wohnung im zweiten Stock einer Stadtvilla. Auf dem Schreibtisch bricht sich einfallendes Sonnenlicht regenbogenbunt in einem kristallenen Briefschwerer. Mathilde Jacob nimmt einige von Rosa Luxemburgs Habseligkeiten an sich, in Sicherheit bringen muss sie vor allem die liebevoll geführten Herbarien, die von der Hand einer großen Künstlerin gestaltet zu sein scheinen. Ein letztes Mal wirft Mathilde Jacob einen Blick aufs Haus der Verstorbenen in der Lindenstraße, wo sie so oft in der Küche gesessen und Rosa grüne Bohnen à la Parisienne zubereitet hatte.

Die vielen Briefe, die Rosa Luxemburg ihr regelmäßig geschrieben hat, hütet Mathilde Jacobs jetzt erst recht wie einen kostbaren Schatz. Sie weiß, dass das Vermächtnis der tragisch Verstorbenen für die Nachwelt gehütet werden muss. »Vergessen Sie nie, dass das Leben, was auch immer kommen mag, mit Gemütsruhe und Heiterkeit zu nehmen ist«, liest sie die an sie gerichteten Zeilen noch einmal. Nicht so einfach in diesen hitzigen Zeiten.

Juni

*Anita Augspurg trauert um Frauenrechtlerin Hedwig Dohm *** Rosa Luxemburg letzte Ehre erwiesen *** Dadaisten als Frauenversteher *** Alma Mahler-Gropius verlässt Weimar *** Marie Curie forscht für zwei*

Die zwanzigjährige Maria Luise Weissmann, die in der neu gegründeten Münchner Buchhandlung *Die Bücherkiste* arbeitet und sich sowohl dem Buddhismus als auch der literaturrevolutionären Gruppierung ›Das junge Franken‹ zuwendet, schreibt ein auf Else Lasker-Schülers Spuren wandelndes Gedicht. Es heißt *Juni 1919*:

»Die dunkle Frühe trägt mich schwer im Schoß,
Sterbend die mich gebar dem blassen Morgen;
Mit Heckenrosen werd ich langsam groß,
Berg muss mir seine blauen Schatten borgen,
Wenn Mittag mich in steiler Glut versehrt.
Zum Abend führt, von müder Last beschwert,
Bachüberwankend scheu das schmale Brett.
Stumm stürzen nachts die weißen Wände ein,
Die schwarzen Wälder schreiten um mein Bett.«

Getrauert wird in München auch ohne die Poesie der schwarzen Wälder. Katia Mann erfährt am 1. Juni vom Ableben ihrer geliebten Großmutter Hedwig Dohm. Als das Telefon klingelt, hält sie ein Baby im Arm, den am 21. April 1919 geborenen Michael, ihr sechstes Kind. Thomas Mann schreibt gerade an einem dicken Roman mit dem Titel *Der Zauberberg*, der eigentlich nur eine weitere Novelle hatte werden sollen, die in einem Lungensanatorium spielt und sich nun auswächst zu einem umfangreichen Epos. Der Schriftsteller unterbricht seine an einen penibel geregelten Tagesablauf gekettete Arbeit nur äußerst ungern. Er sitzt mit der kleinen Elisabeth auf dem Schoß am Tisch, Katia telefoniert nebenan, immer wieder stößt sie ein trauriges ›Ach!‹ aus. Thomas Mann ahnt es schon, er wird seine Arbeit wohl oder übel unterbrechen müssen wegen einer schlimmen Sache. Nur widerwillig erinnert er sich an seine erste Begegnung mit Hedwig Dohm. Das war 1905, Katia erwartete ihr erstes Kind, und ihre Großmutter Hedwig hatte die Frage an ihn gerichtet: »Na, Tommy, was wünschst du dir nun, Junge oder Mädchen?«

»Natürlich einen Jungen«, hatte Thomas Mann zur Antwort gegeben. »Ein Mädchen ist doch nichts Ernsthaftes.«

War ihm denn überhaupt nicht klar gewesen, wen er da vor sich hatte? Vor ihm stand Hedwig Dohm, bekannte Frauenrechtlerin und leuchtendes Vorbild für alle nachfolgenden Generationen von Frauen, die sich schon 1875 fürs Frauenwahlrecht stark gemacht hatte und ihre Geschlechtsgenossinnen zeitlebens mit provozierenden Fragen aufrütteln wollte: »Wie ist es möglich, dass ihr euch nicht aufbäumt gegen die Verachtung, die euch immer noch trifft. Nur auf den Nacken, der sich beugt, tritt der Fuß des vermeintlichen Herrn ...« An die hundert Artikel, Essays und Feuilletons und ein Standardwerk wie *Der Frauen Natur und Recht* hat Katias Großmutter im

Laufe ihres Lebens veröffentlicht. Vom hart erkämpften Frauenwahlrecht kann die in ihrer Berliner Wohnung verstorbene Hedwig Dohm leider keinen Gebrauch mehr machen.

Hedwig Pringsheim, Tochter Hedwig Dohms und Mutter Katia Manns, reist umgehend nach Berlin. »Am 2.6. um 5 wird unser liebes Mimchen in seiner feierlich-rührenden Schönheit in den Sarg gelegt u. Else u. ich begleiten den Trauerwagen zur Bestattungsstelle, eine Fart [sic] von 1¼ Stunden.« Die Einäscherung Hedwig Dohms findet nur im Beisein der Töchter statt: »[U]m 12 mit Else und Miez zum Crematorium gefaren [sic], wo um 1 die Einäscherung; ein wenig Orgelspiel, der kränzegeschmückte Sarg versank – in 5 Minuten war alles vorbei. Vorbei.«

Hedwig Dohms Begräbnis auf dem Berliner Matthäus-Kirchhof, an dem die S-Bahnen dicht vorbeirattern, wird dennoch zum gesellschaftlichen Ereignis. Hedwig Dohm war eine überaus bekannte Persönlichkeit in der Stadt, verheiratet mit dem Redakteur der politisch-satirischen Zeitschrift *Kladderadatsch*, Ernst Dohm; in ihrem Haus verkehrten so prominente Männer wie Alexander von Humboldt, Franz Liszt oder Theodor Fontane, so berühmte Frauenrechtlerinnen wie Helene Lange, Alice Salomon und Lily Braun, auch Else Lasker-Schüler wurde zuweilen im Salon der Dohms gesichtet.

Minna Cauer, in deren radikal-feministischer Zeitschrift *Die Frauenbewegung* Hedwig Dohm bis kurz vor ihrem Tod eigene Artikel veröffentlicht hatte, bekannte: »Wenige Menschen sind mir auf meinem Lebensweg begegnet, worin sich scharfer Geist und Herzensgüte so paarte.« Auch Lida Gustava Heymann erhebt die Stimme: »Hedwig Dohm ist am 1. Juni, 86 Jahre alt, in Berlin entschlafen. […] Die sogenannten radikalen Forderungen waren für sie etwas Selbstverständliches, einmal fügte sie diese in einem Satze kurz zusammen, der tatsächlich alles umfasst, was radikale Frauenemanzipation in ihren kühnsten Träumen anstrebt: ›Nie würde es mir in den Sinn kommen‹, schreibt sie, ›etwas anderes auf dem Gebiete der Frauenbewegung zu fordern, als das freie Selbstbestimmungsrecht der Frauen und die Beseitigung derjenigen Hindernisse, die diesem Rechte entgegenstehen.‹« Heymann lobt Hedwig Dohms Kompromisslosigkeit, erwähnt aber auch ihre Scheu vor öffentlichen Auftritten, zu Demonstrationen wäre sie nie gegangen. Die Pazifistin Dohm hatte sich jedoch nicht gefürchtet, den vergangenen Krieg als Verbrechen zu bezeichnen. »Sie hatte den Mut, das in Zeiten internationaler Verhetzung zu bekennen, und stellte ihre Feder in den Dienst der Völkerversöhnung. […] Wir Frauen der Frauenbewegung, alt und jung, wir neigen unser Banner an dem Grabe von Hedwig Dohm tief zur Erde, wir danken ihr für das, was sie aus ihrem Leben gemacht hat, für das, was sie uns Frauen gab; möchten jüngere Generationen ihr nacheifern.«

Auch Anita Augspurg gehört zu den Trauernden. Vor allem die Lektüre von Hedwig Dohm war es einst, die sie für die Notwendigkeit des feministischen Kampfes sensibilisiert hatte. Schon 1902 hatte Augspurg in der *Frauenbewegung* über die verehrte Altvordere geschrieben: »Eine einzige Frau hat vor langen Jahren, ein Prediger in der Wüste, erkannt, was einzig die Lage der Frau heben und sie zu einer geachteten Persönlichkeit in der Gesellschaft machen könne: ihre Mitarbeit am Staat. Jene Frau, eine

Schriftstellerin, viel zu bescheiden und zu schüchtern, um sich persönlich in den agitatorischen Kampf einzumischen, aber klar und scharf in ihrem Denken und mutig und offen in ihren Worten wie keine – Hedwig Dohm.«

Ohne Hedwig Dohm, das ist Anita Augspurg klar, wäre die Frauenbewegung, wäre sie selbst niemals so weit, wie sie heute ist. Für Augspurg hat sich durchs feministische Engagement das ganze Leben in eine Theaterbühne verwandelt, in der die üblichen Rollen sich langsam, aber sicher verändern. Frauenrechtlerin, Vorkämpferin für ein freies Leben des vermeintlich schwachen Geschlechts, das ist der Part ihres Lebens – die früh eingeübte Hosenrolle. Doch sie will sich nicht verkleiden wie früher auf der Bühne, sondern sich die Kostüme vom Leibe reißen, die den Frauen jede Bewegung erschweren; sie will sich befreien vom Ballast der alten Zeiten, wo hartes Fischbein und piekende Nadeln den Körper in Schach hielten. Runter mit der Maskerade einer Weiblichkeit, die sich unter den Blicken der Männer inszeniert! Die Bretter, die die Welt bedeuten, sind für Anita Augspurg längst nicht mehr die der Theaterbühne, sondern es ist das Parkett der Politik.

Auch als Zuschauerin interessiert sich die ehemalige Schauspielerin nicht mehr fürs traditionelle Theater, diese überkommenen Stücke mit Frauen und Männern in herkömmlichen Geschlechterrollen, Kameliendame oder Lustige Witwe sind Figuren, in die sie sich ohnehin nicht mehr hineinversetzen wollte. Das übliche Intrigenspiel, in dem sich zwei Männer um eine Frau duellieren, ist für sie eine einzige Schmierenkomödie, aufgeführt zur Bestätigung konservativer bürgerlicher Werte. Da ist schon etwas anderes, was der erst im letzten Jahr verstorbene Dramatiker Frank Wedekind auf die Bühne brachte, so laszive, unerschrockene Frauenfiguren wie *Lulu* oder *Franziska*, Zwitterwesen, die sich von den Männern nichts gefallen lassen. Auf der Bühne wie im richtigen Leben sind neue Vorbilder gefragt, auch weiterhin.

* * *

Und noch eine Beerdigung: Am Freitag, den 13. Juni, bewegt sich nachmittags ein beeindruckender Trauerzug über einen Totenacker, den Zentralfriedhof in Berlin-Friedrichsfelde. Aus vielen Stadtteilen sind die Menschen wie in einem organisierten Sternmarsch herbeigeströmt, vor allem wieder aus den Arbeiterbezirken Berlins, die Belegschaften der Industriebetriebe halten Schilder in den Händen, auf denen der Name ihres Dienstherrn steht. Bei Borsig und bei der AEG ruht die Arbeit. Fünf Monate nach ihrer brutalen Ermordung wird Rosa Luxemburg heute beigesetzt. Ihr einstiger Geliebter, der Anwalt Paul Levi, erhebt am offenen Grab vor 25.000 Trauergästen die Stimme: »Sie haben den Leib getötet, aber der Geist ist nicht tot geworden! [...] Überall, wo proletarische Herzen schlagen, da ruhen heute die Hände. Es ruhet eine halbe Welt, diese Tote zu ehren. Im gewaltigen Russland und in Ungarn feiern heute unsere Brüder um dieser Toten willen. Und wir wissen, in Frankreich und Italien und in England mögen die Proletarier heute so weit sein, dass sie die Arbeit ruhen lassen, oder mögen sie es nicht sein, heute sind ihre Gedanken hier an diesem stillen Ort. Hier ist heute die Welt!«

Clara Zetkin gedenkt ihrer Freundin und Genossin mit liebenden Worten: »Die kleine gebrechliche Rosa war die Verkörperung beispielsloser [sic] Energie. Sie forderte jeden

Augenblick das Höchste von sich und erhielt es. Wenn sie unter einer Überanstrengung zusammenzubrechen drohte, so ›erholte‹ sie sich bei einer noch größeren Leistung. Bei Arbeit und Kampf wuchsen ihr Flügel.«

Auch eine junge Genossin darf am Grab eine Rede halten, in der sie ein Zitat, den *Hymnus* von Heinrich Heine, unterbringt: »Ich bin das Schwert, ich bin die Flamme, ich habe euch erleuchtet in der Dunkelheit. [...] Rund um mich her liegen die Leichen meiner Freunde, aber wir haben gesiegt.« Der *Berliner Lokal-Anzeiger* erwähnt: »Sechs Kranzspenden waren bereits heute morgen am Sarge niedergelegt worden, darunter ein großes Blumengebinde mit roten Schleifen der Petersburger Sowjetregierung und der russischen Akademiker.«

Käthe Kollwitz ist diesmal nicht unter den Trauernden auf dem Friedhof zu sehen. Heute ist der sechsundfünfzigste Geburtstag ihres lieben Mannes Karl. Sie überreicht ihm die *Revolutionsbriefe* des sozialistischen Schriftstellers Gustav Landauer als Geschenk. Rosa Luxemburg hätte sicher gefallen, dass in Berlin an jenem Tag auch der ›8. Deutsche Pazifistenkongress‹ beginnt. Außerdem dürfen gemäß einer Verfügung des Preußischen Ministers des Innern vom 13. Juni 1919 auch unverheiratete weibliche Personen offiziell den Titel ›Frau‹ führen.

* * *

Anfang Juni droht Raoul Hausmann, dass er den Vater seiner Freundin »bestimmt noch runterknallen« werde. Typisch Raoul, denkt Hannah Höch, immer gleich das ganz schwere Geschütz, mit Revolvern herumfuchteln, um die braven Bürger zu provozieren. Die Ausdrucksweise des entschlossene Antimilitaristen hat im Alltag manchmal etwas ungemein Gewalttätiges, da kann einem angst und bange werden. Hans Richter bescheinigt Hausmann gar nicht so unzutreffend eine »brutal begabte Mörder-Physiognomie«. Aber wenngleich die jungen Wilden aus den Dada-Kreisen auch zu solch drastischen Metaphern neigen, am Ende hantieren sie doch nur mit Spielzeugpistolen – hoffentlich! Raoul steckt immer so voller Wut, er bezeichnet sich selbst als ›Scharfrichter der bürgerlichen Seele‹, und zu diesen Bürgerseelen gehören Hannahs Eltern im Residenzstädtchen Gotha für ihn allemal.

Zur Weltrevolution heißt Hausmanns gerade fertig geschriebenes Pamphlet. Darin wettert er gegen die herrschenden kleinbürgerlich-moralischen Sexualverhältnisse, in denen der Mann die Herrschaft über die Frau ausübt. »Wir erleben heute die ungeheuerste Revolution auf allen Gebieten des menschlichen Organisierens. Nicht nur die kapitalistische Wirtschaft, sondern auch alle Wahrheit, Ordnung, Recht, Moral, auch alles Männliche und Weibliche ist in Auflösung.« Männliche Moralbegriffe und angebliche Wahrheiten müssten zerstört und durch weibliche ersetzt werden, »da die Frau wirklich ist, real, im Gegensatz zu der Idealisierungsgeste des Mannes, der nur einige Lebensrichtungen gesetzmäßig erfasst hat.« Hausmann fantasiert in seinem Pamphlet auch etwas von einer »erweiterten Sexualeinstellung«, Hannah Höch kann sich denken, was er damit meint – er kann sich noch immer nicht von Elfriede lösen.

Raoul Hausmann sitzt am nächsten Tag schon wieder an der Schreibmaschine und tippt mit Feuereifer Seite um Seite voll, wie Gewehrsalven knattert es aufs Papier, der Blick bohrt sich fanatisch funkelnd durchs runde Monokelglas, das wie eingewachsen in seinem Gesicht klemmt. Hannah Höch nimmt eines der Blätter zur Hand und beginnt mit gemischten Gefühlen zu lesen: *Zur Auflösung des bürgerlichen Frauentypus*, so lautet diesmal die Überschrift. Es scheint sich um ein Pamphlet zu handeln, dieses Genre lieben die Dadaisten. Diesmal beschäftigt Raoul Hausmann der Gedanke, dass die sexuell befreite Frau sich immer noch schlecht fühlt, wie eine Dirne, sich also noch immer nicht aus bürgerlichen Moralvorstellungen gelöst hat. Raoul hat durchaus ein Talent, sich verquast auszudrücken: »In den sexuellen Beziehungen dieser Frau, die in der weitaus überwiegenden Mehrzahl der Fälle Hysterikerin ist und deren protesthaftes Heraustreten aus der männlichen Familie eine männliche Leitlinie erzeugt und erzwingt, ist heute noch eine Einstellung zum Märtyrertum, eine tragische Geste des Geopfertseins zu bemerken, die aus der Unklarheit über die Gleichzeitigkeit von Mutterschaftstrieb und dirnenhafter Einstellung resultiert. Hierbei neigt die Frau zu einer Art eigenen Verherrlichung in einer nicht körperlich sondern geistig empfundenen Jungfrauschaft, als Bewusstseinssicherung gegen die, in ihren widerstreitenden Erfahrungseinstellungen sich meist unbewusst bemerkbar machende Abneigung gegen den Mann als Sexualpartner. Weil die Frau heute noch mit den moralischen Werten des Mannes operiert, schreckt sie vor einer neutralen Wertung ihres Dirnenhaften zurück; hierbei passiert es ihr, dass sie aus dem Dilemma ihres eigenen Bewusstseins von Reinheit und dem hier noch männlich unrein bewerteten Dirnentum einen ästhetischen Ausweg als Rettung und damit Fälschung der in ihr tätigen Sexualkomplexe vornimmt und aus ihrer zeitweisen sexuellen Unterlegenheit dem Manne gegenüber als moralisches (also eigentlich männliches) Plus und Selbstsicherung aufstellt.«

Donnerwetter, da weiß aber jemand bestens Bescheid, wie es um die Frauen bestellt ist! Der großartige Befreier des weiblichen Geschlechts ist Hausmann allerdings nur auf dem Papier. Im wahren Leben kann er ein recht unangenehmer Schulmeister sein, der seine Partnerin gern bevormundet. Raoul legt sich die Wirklichkeit immer so zurecht, wie sie ihm gerade in den Kram passt. Er bastelt sich geschickt eine allgemeine Erklärung für Hannahs ganz individuelles Verhalten, sucht darin die Distanz zu seiner Gefährtin, wenn die Wellen der Gefühle über ihr zusammenschlagen. Doch es ist mitnichten die Angst vor dem Dirnenhaften, die Hannah auf Abstand zu ihrem Geliebten gehen lässt, sondern andere Emotionen, Eifersucht und Unsicherheit. Plötzlich soll ihr Verhalten vorgestrig-bürgerlich sein, bloß weil sie sich nach Verbindlichkeit und Zweisamkeit sehnt. Die *Ménage à trois* mit Elfriede Schaeffer ist noch immer nicht aufgelöst. Die Abschaffung der bürgerlichen Gesellschaft, das Ende der unseligen Bierbauchepoche, bedeutet doch nicht das Aus für alle Gefühle! Hannah Höch braucht einen Menschen, auf den sie sich verlassen kann, jemanden zu lieben mit Haut und Haar ist doch nicht spießbürgerlich! Sie hat Raoul im Verdacht, dass er sich sein Liebesleben nach allen Seiten offen halten will, kein klares Bekenntnis zu ihr. Seine Vorstellungen von modernster Partnerschaft erinnern an den Wunsch nach einem Harem und begünstigen vor allem einen, den Mann, den Pascha, ihn.

Hannah Höch wirft nochmals einen Blick aufs vollgeschriebene Schreibmaschinenpapier; der Titel des

Hausmann'schen Pamphlets trägt noch einen kleinen, wissenschaftlich tönenden Zusatz: »Unter Berücksichtigung eines Einzelfalls.« Na, wen er damit wohl meint?

Hausmann bemüht ganze Gesellschaftstheorien, um sich vor einer Entscheidung für Hannah Höch herumzudrücken, er ist geradezu besessen von der Idee einer höheren Gemeinschaft zwischen beiden Geschlechtern. Literatur gibt es zu diesem Thema weiß Gott genug. Die alte Welt ist untergegangen, und mit ihr der Glaube an die bürgerliche Ehe. Nach Alternativen des Miteinanders wird voller Eifer gesucht. Ein Bestseller ist derzeit das Buch der Schwedin Ellen Key *Über Liebe und Ehe*, das bereits 1905 in deutscher Übersetzung erschienen war und immer noch viel gelesen wird. Nicht Du und Ich, sondern ein Wir müsse entstehen, eine Lebensgemeinschaft mit einem gemeinsamen Ziel im Leben. Sogar die monogame Ehe als Voraussetzung für die Familiengründung steht auf dem Spiel. Alexandra Kollontai spricht von einer ›erotischen Kameradschaft‹ und von ›Kameradschaftsehe‹, frei nach Friedrich Engels, der Familie und Ehe nicht als gesetzt, sondern lediglich als ›historische Übergangsformen‹ ansieht. ›Einswerdung‹, so ein weiteres Schlagwort, zu dem zur Stunde jedem etwas einzufallen scheint, ob Raoul Hausmann, Rudolf Steiner oder den Protagonisten im Arbeitsrat für Kunst, die den Zusammenschluss aller Kunstdisziplinen und Gewerke wünschen. Raoul Hausmann begeistert sich für diese Einswerdung vor allem dann, wenn drei Personen dabei im Spiel sind. Damit liegt er durchaus im aktuellen Trend: Allen Ernstes kursiert die Ansicht, dass die Verluste des Krieges die moderne Vielweiberei geradezu verlange, zum einen wegen des enormen Frauenüberschusses, zum anderen wegen der notwendigen Zeugung von Kindern, um den Volkskörper wieder zu vergrößern.

»Grau ist alle Theorie«, murmelt Hannah Höch, und wieder einmal liegt ein Streit in der Luft.

»Wenn du wirklich antibürgerlich denken würdest, würde dir die Rolle in diesem Dreieck nicht weiter schwerfallen«, wirft Raoul ihr vor.

»Nein, du bist der traditionsverhaftete Patriarch, der es noch genießt, wenn zwei Frauen an ihm hängen«, hält sie dagegen.

So streiten sie und drehen sich weiter im Kreis.

Jetzt, Mitte Juni, wird Raoul endlich konkret und setzt Hannah die Pistole auf die Brust: »Ich bin bereit, mit allen meinen Sachen (Anzüge, Wäsche, Bücher, Möbel etc.) zu Dir zu ziehen und zwar sofort. Ich glaube nämlich doch an Deine Gerechtigkeit. E.S. ist seit 10 Tagen fort.«

Es wäre nicht das erste Mal, dass Elfriede die Flucht ergreift und dann doch wiederkommt. Hannah lässt das Schreiben resigniert in ihren Schoß sinken. Sicher, ihr Wunsch, mit Raoul zusammen zu leben ist riesig, aber halbe Sachen will sie nicht machen. Sie will, dass Raoul sich endlich von Elfriede scheiden lässt und sich endgültig zu ihr bekennt, zu ihr allein. Hannah überlegt nicht lange und sagt nein. Als Raoul trotzdem mit viel Gepäck in der Büsingstraße klingelt, schlägt sie ihm krachend die Tür vor der Nase zu.

* * *

Jeder einzelne Tag, den Alma Mahler-Gropius in Weimar verbringen muss, lässt sie wieder schwermütiger werden. Sie packt die Koffer. Schon Mitte Juni, Werfel fleht weiterhin sehnlichst um ihre Rückkehr. Beim leicht unterkühlten Abschied von Walter Gropius am Bahnhof ist sonnenklar, dass längst ein tiefer Riss durch die Beziehung der Eheleute geht. Das Bauhaus ist nicht Almas Welt, sie hat sich bemüht, doch vergebens.

Kaum ist der Zug nach Wien aus dem Bahnhof von Weimar verschwunden, empfindet Gropius eine innere Leere, die er mit der Niederschrift eines Briefes an seine Mutter zu füllen sucht, worin er die oft wirren Seelenzustände seiner Angetrauten beklagt: »Ich bin in Sorge um sie, wie sie da herauskommen wird. Trotzdem waren diese Wochen wunderschön und ich habe sie so intensif [sic] ausgekostet, dass ich Euch alle vernachlässigte und in tiefen Briefschulden gegen Euch sitze […] Wir haben hier noch keine Wohnung, aber heute ist mir etwas angeboten worden, was möglich sein könnte. Am 15. Juli ist Semesterschluss, dann will ich mich erst allein gründlich erholen, denn ich habs recht nötig, und dann mit Almschi und der Mutzi, die mir wahnsinnig fehlt, wieder zusammenkommen. Ich denke, zum 1. Okt. werden wir dann auch endlich eine mögliche Wohnung haben.«

Almas raumgreifende, ja, auratische Erscheinung ist auch nach ihrer Abreise ein dankbares Gesprächsthema unter den Schülerinnen. Mögen die Bauhäuslerinnen auch noch so über die Wienerin lästern, eines bleibt ihnen ein Rätsel: Wie macht das diese Frau nur, die ein wenig walkürenhaft und ziemlich arrogant wirkt, so berühmte Persönlichkeiten wie Mahler und Gropius im Handumdrehen um den kleinen Finger zu wickeln?

Gropius weiß ebenso wie seine Vorgänger Mahler und Kokoschka eine Antwort darauf: Alma ist die perfekte Muse. Sie ist keine Konkurrenz für den Künstler, weil sie sich in der Rolle der Bewunderin eingerichtet hat. Leider hat Gropius in seiner Rolle ausgedient. Ein feinsinniger Schriftsteller entspricht ihr mehr als ein Architekt, der die alten Formen über den Haufen werfen will.

Nach dem unerfreulichen Aufenthalt in Thüringen beklagt sich Alma in einem Brief an ihren Ehemann bitterlich: »Die Un-Musik auf Deinem Wege – niemals ein Ton während des Monats, den ich bei Dir war, [...] hat mich tief entmutigt.« Auch ihr Tagebuch quält Alma mit lauter andrängenden Fragen: »Warum war diese Ehe mit Walter Gropius nicht gegangen? Er ist ein schöner Mensch, in jedem Sinne, ein hochbegabter Künstler meiner Art, meines Blutes (wir hatten sogar entfernte gemeinsame Verwandte in Hamburg). Er hatte mir doch so gefallen ... ich war verliebt in ihn ... hatte ihn sehr geliebt ... es war vielleicht die Herrin Musik, die nicht sein Element war und die uns trennte! Allerdings auch seine Aufgabe interessierte mich nicht genug, und ich hatte zu wenig Interesse für seine architektonisch-menschlichen Ziele.«

Da irrt Alma. Die Herrin Musik ist dem Ex nicht gänzlich fremd und wird durchaus Einzug in sein Bauhaus halten. Schon kurz nach Gründung der Schule im April hatte Gropius sich an den Leiter des Weimarer Theaters, Ernst Hardt, gewandt: »Das Wichtigste für Alle bleibt aber selbstverständlich die Heranziehung starker lebendiger Persönlichkeiten. Wir dürfen nicht mit dem Mittelmäßigen beginnen, sondern wir haben die Pflicht, starke, in der Welt bekannte Persönlichkeiten, wo sich nur Gelegenheit bietet, heranzuziehen, auch wenn wir sie innerlich noch nicht verstehen. Von ganzem Herzen möchte ich Sie bitten, die Frage des Musikers für Weimar im Hinblick auf diese Gedanken doch sorgfältig zu erwägen. Es ist von weittragender Bedeutung für alles, was dort kommt.« Gropius denkt zunächst an Hans Pfitzner und Arnold Schönberg als Dozenten. Es kommt anders.

Der fortschrittlich eingestellte Verleger Eugen Diederichs und der Bauhaus-Lehrer Johannes Itten sind bereits auf die Berliner Opernsängerin und Gesangslehrerin Gertrud Grunow aufmerksam geworden, die derzeit in Berlin, Dresden und Jena mit unerhörten Vorträgen über die der Kreativität förderliche Wechselwirkung von Tönen und Farben an die Öffentlichkeit tritt. Dieses Ganzheitskonzept gefällt den beiden Männern, sie erkennen darin eine ideale Grundlage für ein Studium im Bauhaus-Sinne und fordern Grunow unisono auf, nach Weimar zu kommen, um auch dort einen Vortrag über Harmonisierungslehre zu halten.

* * *

Samstag, der 28. Juni, die Versailler Verträge sind ratifiziert, mit dieser Unterschrift erlangt Marie Curies polnische Heimat endlich wieder ihre Unabhängigkeit. Polen war seit dem Rückzug Napoleons und dem Wiener Kongress als Staat nicht mehr existent, sondern aufgeteilt zwischen Russland, Österreich und Preußen. Das Herzogtum Warschau unterstand der Zarenkrone. 1830 und 1863 wurden Aufstände der polnischen Bevölkerung blutig niedergeschlagen. Ein Onkel Marie Curies war deswegen nach Frankreich geflohen, nur einer von etlichen Polen, die in jener Zeit das Land verließen. Nun existiert Polen nach über einem Jahrhundert der Unterwerfung endlich wieder als autonomes Staatsgefüge und steht nicht länger unter russischer Herrschaft. Wahrlich ein Tag zum Feiern, doch auch heute geht es Marie Curie nicht besonders gut. Sie greift sich ins Kreuz. Andauernde Rückenschmerzen, heftiges Kopfweh und allgemeine körperliche Erschöpfung, dann diese immer wiederkehrenden depressiven Zustände, kein Wunder bei der rastlosen Arbeit, aber ohne die ist sie erst recht unglücklich. Damals, nach Pierres frühem Tod, hat sie nur diesen einen Weg gefunden, ihm weiterhin nahe zu sein, im Laboratorium, wo sie stets zu zweit gestanden hatten. Wer weiß, wieso es überhaupt zu Pierres Unfall vor dreizehn Jahren kam, vielleicht ist er gestolpert und unter die Räder gekommen, weil auch er unter chronischen Knochenschmerzen litt. Pierre Curie hatte schon länger Rheuma, heftiges Brennen in den Beinen ließ zuweilen seine Gesichtszüge entgleisen, und wer weiß, die möglichen schädlichen Nebenwirkungen des Radiums, mit dem die Curies Tag für Tag zu tun hatten, sind schließlich noch nicht erforscht. Häufig schießt Marie Curie die Frage durch den Kopf, die ihr vor Kurzem ein Student im Hörsaal gestellt hat, ob die Strahlen, denen sie sich im Laboratorium permanent aussetzt, nicht auch Schaden anrichten können? Ob das Körpergewebe, das von den Röntgenstrahlen durchdrungen wird, nicht angegriffen wird?

Die Franzosen haben einen Namen dafür, sie bezeichnen es als ›déformation professionnelle‹, die durch die tägliche Arbeit gelenkte Sicht auf die Dinge. Auch ganz ohne Zuhilfenahme von Radium hat Marie Curie inzwischen für alles einen Röntgenblick. Sie braucht nur ihre Hände zu betrachten, um die Knochen ihrer zehn Finger zu sehen, die feinen Gelenkstellen zwischen den Fingergliedern. Marie Curie sieht mit bloßem Auge ihr eigenes Skelett, sie kann den Tod erkennen, der ihr in den Gliedern steckt.

Juli

*Suzanne Lenglen gewinnt Tennisturnier in Wimbledon *** Coco Chanel auf dem Olymp der Haute Couture *** Magnus Hirschfeld eröffnet Sex-Institut in Berlin *** Ehedrama zwischen Alma und Walter Gropius spitzt sich zu *** Sylvia Beach macht Laden flott*

»Meldung vom Wettlauf durch die Lübecker Schweiz. Die Läufer trainieren täglich 10 Stunden. Sie laufen auf 100 m minus 14 Sekunden. Die Spitzengruppe ist morgen bereits im Jahr 1919 verschwunden.«

Erich Kästner, *Die lyrische Hausapotheke*

Sport wird im ersten Friedensjahr dies- und jenseits des Rheins besonders groß geschrieben. Neugründungen von Fußball-, Wander- oder Turnvereinen sind ebenso zahlreich wie die vielen erstmals erscheinenden Zeitungen. Allerorten werden neue Tennis- und Fußballplätze angelegt, Schwimm- und Radsport erfreuen sich außerordentlicher Beliebtheit. In Deutschland wird Sport jeglicher Disziplin sogar offiziell gefördert; friedliche körperliche Ertüchtigung soll, so die logische Begründung, die nun fehlende Betätigung auf den Schlachtfeldern und in den Schützengräben ersetzen.

Eine Freundin von Adrienne Monnier schaut in der Rue de l'Odéon vorbei, Thérèse Bertrand ist Medizinstudentin und begeisterte Tennisspielerin. Sie fragt nicht nur nach neuer Lektüre, sondern auch, ob Adrienne und Sylvia sich für das Turnier im englischen Wimbledon interessieren, das Anfang Juli dort stattfindet, das erste Tennisturnier nach Kriegsende. Sie lässt ihrer Begeisterung freien Lauf. Besonders spannend findet sie die Auftritte einer jungen Französin, Suzanne Lenglen, die erstmals an diesem Wettkampf teilnimmt. Lenglen eilt schon ein besonderer Ruf voraus, hat sie doch bereits 1914 als Fünfzehnjährige die Hartplatz-Weltmeisterschaften in Paris gewonnen und bei ihren Turniersiegen im Frühjahr an der Côte d'Azur keinen einzigen Satz abgeben müssen. Obwohl es Lenglens allererstes Rasenturnier ist, hat sie auf Anhieb die ›Challenge Round‹ erreicht und steht der eine Generation älteren Titelverteidigerin und siebenfachen Wimbledon-Siegerin Dorothea Douglass gegenüber. Auf den Rängen sitzt sogar das britische Königspaar, George V und Mary, die Royals verfolgen das Spiel mit größter Aufmerksamkeit, hin und her fliegt der Ball, hin und her gehen die Köpfe. An diesem 5. Juli 1919 gelingt Suzanne Lenglen die Sensation, nach mehreren dramatischen Spielen, in denen sie mehrfach zurückliegt und doch wieder aufholt, gewinnt sie am Ende und darf den Pokal in die Höhe recken. Wimbledon ist ihr erster von sechs Einzeltiteln, die sie bis 1925 gewinnt. Das Erfolgsgeheimnis sind vielleicht die Zuckerwürfel, die ihr der Vater am Spielfeldrand verabreicht, um ihre Energiereserven aufzufüllen – sie sind mit Brandy getränkt. Manche Zuschauer trauen ihren Augen kaum, wenn sie sehen, dass sich die Zwanzigjährige zwischen zwei Sätzen auch mal einen ordentlichen Schluck Cognac hinter die Binde kippt.

»Ist sowas überhaupt erlaubt?«, fragt Sylvia Beach. In den USA, wo man vor Kurzem ein Gesetz zum Verbot von

Alkohol erlassen hat, wären solche Trainingsmethoden undenkbar.

Mindestens so spektakulär wie Suzanne Lenglens Spielstil ist ihre außergewöhnliche Erscheinung, mit der sie alle Blicke auf sich zieht. Um den Kopf mit der schwarzen Kurzhaarfrisur hat sie ein farbiges Band gewunden. Dass sie als Venus im Pelzmantel auf dem Turnier erscheint, den sie erst kurz vorm Spiel ablegt, schockiert die einen, fasziniert die anderen. Immerhin trägt das frivole Ding etwas darunter, denkt manch einer im Publikum, aber wenn Lenglen sich bewegt, ist zu sehen, dass sie unterm Kleid keinen Unterrock anhat. Ihre Sprünge auf dem Platz sind äußerst gewagt, elastisch hüpft sie in die Höhe, hechtet im vollendeten Spagat einem Ball entgegen, trifft, pariert, und mit jedem wilden Satz rutscht der plissierte Rock ein unanständiges Stückchen weiter nach oben, die exzentrische Pariserin zeigt Bein. All diese Eigenwilligkeiten bringen ihr den Beinamen ›Tennis-Diva‹ ein. Von der *Times* wird sie zudem als »so heitere, brillante wie spröde Spielerin des Jazz-Zeitalters« bezeichnet, kurzum, als »Tennisgöttin«.

* * *

Dank Suzanne Lenglens Erfolg ist Tennis unter ihren Landsleuten in Paris zur wahren Trendsportart avanciert. Im Jardin du Luxembourg unweit der Rue de l'Odéon schwingen Frauen auf Kieswegen die Schläger, unter ihnen viele Amerikanerinnen, die im Krieg als Krankenschwestern nach Paris gekommen und geblieben sind; man kann sie schon spielen hören, wenn man sich dem Park über die Rue d'Assas nähert, das dumpfe Ping-Pong der Bälle. Coco Chanel ist höchst zufrieden, dass der Tennissport durch Suzanne Lenglen auch ein gewisses Glamour-Image gewonnen hat. Denn die Beliebtheit dieses Sports gerade in besseren Kreisen trägt dazu bei, dass ihre Boutiquen in Biarritz und Deauville besonders gut laufen, wo Feriengäste den Verkäuferinnen die sportlichen Kollektionen aus den Händen reißen. Neue Damenmode und Sport gehen Hand in Hand, und Chanels Kreationen sind die stoffgewordene Antwort auf die neuen Betätigungsfelder der Frauen. »Man muss sich bücken können, Golf spielen, seine Schuhe anziehen. Also muss man beim Maßnehmen die Kundin die Arme verschränken lassen«, erklärt Coco Chanel ihren Schneiderinnen.

Die sportlich-elegante Schlichtheit des Chanel-Stils, der der Damenmode einen androgynen Charakter verleiht, ist vor allem dem vergangenen Krieg geschuldet, denn die erzwungene Materialknappheit erforderte einiges an Improvisationskunst. Zur beruflichen Anregung für die Couturière wurden alsbald Boy Capels Reitställe in Deauville, wo seine teuren Rassepferde standen, auf denen er mit Coco ausritt, wenn sie sich auf halbem Wege an der Kanalküste trafen. Sie orientierte sich in der Not des Krieges am schlicht-eleganten Outfit der englischen Polospieler: »Es gab keine Stoffe, also machte ich aus Stallburschenwesten und Jockeytrikots ›Jerseykleider‹, wie ich sie selbst trug. Am Ende des ersten Kriegssommers hatte ich zweihunderttausend Goldfranken verdient – der Stall hatte die Tribünen erobert!«

Damit ist das Ende des barocken, pompösen Stils nach dem Krieg endgültig eingeläutet, Schluss mit aufgeplusterten Rüschen, hartem Fischbein und engen Korsetts, die den Frauen den Atem nehmen. Die Frau ist nicht länger Kleiderständer, der den Reichtum des Mannes vorführt.

Kittel- oder Hemdblusenkleider mit Kragen wie an Herrenhemden sind der neue Chic. »Daraus erklärt sich der ›Stil Chanel‹, erklären sich seine Existenz und sein Überleben, erklärt sich, warum das Kostüm, das ich 1913 beim Rennen trug, auch 1946 noch tragbar ist, weil die gesellschaftlichen Bedingungen wieder die gleichen sind wie damals, als die Not diesen Stil erzwang. Das erklärt, warum die ›Rue Cambon‹ dreißig Jahre lang das Zentrum des ›Geschmackvollen‹ war. Ich hatte die Ehrlichkeit wieder hoffähig und die Mode wieder ehrlich gemacht, nach meinem Modell«, so Coco Chanel.

Dass etliche Schneiderinnen während des Krieges in den Uniformfabriken gebraucht wurden und viele Schneider an der Front waren, verhalf kleinen Modistinnen wie von selbst zum beruflichen Aufstieg, denn nun mussten sie statt nur Hüte, den exzentrischen Fascinators für die Tribüne, auch Kleidungsstücke produzieren. In den Umbruchszeiten zu Beginn des 20. Jahrhunderts steht auch die Mode ganz im Zeichen der Rundum-Erneuerung. Nicht nur mit Waffen und Flugblättern wird eine neue Gesellschaft geschaffen – die Revolution kommt auch direkt aus dem Kleiderschrank. Die neue weibliche Garderobe spiegelt die veränderte Gesellschaft wider, in der die Frauen Männerarbeit verrichten – und Freizeitaktivitäten frönen, die bislang dem ›starken Geschlecht‹ vorbehalten waren. »Jetzt arbeitete ich für eine neue Gesellschaft«, stellt Coco Chanel mit dem gebührenden Selbstbewusstsein fest. »Bisher hatten wir Frauen eingekleidet, die nichts Nützliches taten, dem Müßiggang frönten, denen die Zofen gar die Strümpfe überziehen mussten. Nun bestand meine Kundschaft aus berufstätigen Frauen, und die berufstätige Frau muss sich wohlfühlen in ihrem Kleid. Man muss die Ärmel hochkrempeln können. Affektiertheit ist nicht Schönheit.«

Chanels unermüdlicher Ehrgeiz und Fleiß, ihre Inspiration und Improvisationsgabe werden 1919 gekrönt: Sie wird in den Pariser Verband der Haute Couture aufgenommen, die *Chambre Syndicale de la Couture Parisienne*. Das ist eine Nobilitierung, so wie die Bezeichnung ›grand cru‹ auf dem Etikett eines exquisiten Rotweins. Coco Chanel hat mit ihrer Schneiderkunst den Olymp der Mode erklommen.

Doch in jenem Sommer des beruflichen Erfolgs hängen düstere Wolken über der erfolgreichen Couturière. Die Kränkung, nur Boys Geliebte zu sein, schmerzt weiterhin, die Zeit als Sängerin im halbseidenen Milieu hängt ihr nach, daran ändert auch der Adelsstand der Haute Couture nichts, in den sie erhoben wurde. Es ist doch paradox, dass die Dame von Welt zwar Chanel trägt, aber Coco selbst ihre niedere Herkunft anhängt. Sie hat sich darum geschworen, in Zukunft Stillschweigen über ihre Kinderstube zu wahren und für die Nachwelt an einer Version ihrer Biografie zu arbeiten, die ihrer Karriere und ihren Geschäftsbeziehungen nützt. Ehrlichkeit wird nicht belohnt in einer Gesellschaft, die auf Äußerlichkeiten schielt und nur an Titel glaubt. Coco und Boy machen weiter wie zuvor, sie treffen sich als Geliebte in Paris und Deauville. Aber der bittere Beigeschmack will nicht verfliegen. Denn trotz Bubikopf und Berufsleben, in Sachen Liebe hat sich nichts geändert für die Frauen: Wehe, sie verlieben sich tatsächlich in ihren Geliebten! Coco ergeht es im Leben nicht anders als Flauberts Romanfigur *Madame Bovary*, die von ihrem feurigen Liebhaber Rodolfo sitzengelassen wird. Oder Tolstois tragische Heldin *Anna Karenina*, die für den geliebten Grafen Wronski alles stehen und liegen lässt – um am Ende doch von ihm verschmäht zu werden.

Coco Chanel vergiftet sich nicht wie Madame Bovary, sie wirft sich nicht vor den Zug wie Anna Karenina. Coco stürzt sich wieder in die Arbeit, mehr denn je. Arbeit hilft immer gegen Seelenqualen und ein geschundenes, trauerndes Herz, das weiß sie ebenso gut wie Marie Curie am anderen Ufer der Seine, so wie auch Käthe Kollwitz in Berlin. Zum Glück hat Coco ihr neues Parfüm-Projekt, und im provenzalischen Grasse beschwört Ernest Beaux gerade wie ein Alchimist die betörenden Duftessenzen, die den Rosenblüten entsteigen. Das Bukett ist nahezu perfekt, teilt er Coco mit, und am 24. Juli 1919 lässt sie das Warenzeichen für eine Produktlinie registrieren, die *Eau Chanel* heißen soll.

* * *

Homosexualität steht 1919 immer noch unter Strafe. Else Lasker-Schüler setzt sich in der jungen Weimarer Republik ganz besonders für die Abschaffung des § 175 ein, durch den die gleichgeschlechtliche Liebe verfemt ist und verfolgt wird. In einer Stimmung des Neubeginns und der Neuordnung gesellschaftlicher Verhältnisse stehen die Chancen gut, auch an diesem eisernen Paragrafen erfolgreich zu rütteln. Schließlich haben bereits die Reformbewegten vor dem Krieg die Sitten enorm gelockert; dass Männer hüllenlos und im Freien unbeschwert miteinander turnen wie auf dem Monte Verità schockiert nur noch die strengsten Moralapostel.

Am 6. Juli 1919 bleiben etliche Berliner Bürger, die von ihrem Sonntagsspaziergang im Tiergarten oder aus der

Kirche kommen, vor einem Haus in Mitte, In den Zelten, stehen und reiben sich die Augen. Neben dem Hauseingang hängt ein neues Schild mit der Inschrift: ›Institut für Sexualwissenschaften‹.

»Was es alles gibt«, wundert sich jemand, der an der Fassade emporblickt, als hätte er noch nie im Leben ein Haus gesehen.

»So weit ist es also schon gekommen«, erregt sich eine ältere Dame, »inzwischen wird sogar der Unterleib unter dem Vorwand wissenschaftlicher Erforschung zu Markte getragen. Wie schamlos! Ein Skandal!«

Ein junger Mann im weißen Sommeranzug, der gerade vorbeikommt, weiß bestens Bescheid: In dem neuen Institut, das ein Mediziner, Dr. Magnus Hirschfeld, gegründet hat, sollen die Abgründe des Geschlechtlichen erforscht und ein Bewusstsein für ›sexuelle Zwischenstufen‹ geschaffen werden; in Sprechstunden können Hilfesuchende, denen ihre eigenen sexuellen Neigungen nicht geheuer sind und die sich deshalb für krank halten, ärztlichen Rat entgegennehmen. Dieses sogar mit offizieller Zustimmung des Ministeriums des Inneren neu gegründete Institut soll eine Lücke in der Wissenschaft schließen, die aus falscher Scham und verklemmter Moral bislang bestanden hat. Der Zulauf an Männern wie Frauen ist von Anfang an enorm. Auch Käthe Kollwitz' Sohn Hans hat Hirschfeld schon im letzten Februar wegen seiner irritierenden Zustände innerer Zerrissenheit in seiner Praxis aufgesucht und sich wegen einer Psychoanalyse beraten lassen, von der er sich Besserung erhofft.

Das Buch des Mediziners Ivan Bloch über *Das Sexualleben unserer Zeit* ist schon lange ein Bestseller. 1919 erscheint es bereits in der zwölften Auflage. Das Interesse an solchen lange nur hinter vorgehaltener Hand besprochenen Themen ist riesig. Durch Magnus Hirschfelds Initiative ist ein moderner Diskurs über die Beziehungen der Geschlechter weiter angefacht worden. Doch viele Leute schütteln immer noch die Köpfe. Frauen im Hosenanzug, Männer in Frauenkleidern, wenn die Grenzen zwischen den Geschlechtern nicht mehr klar umrissen sind, wohin soll das bloß noch führen? Verrückten Künstlern lässt man ja einiges durchgehen, aber was, wenn dieses Tohuwabohu auch die normalen Bürger erfasst? Man munkelt, dass Hirschfeld selbst einen Geliebten hat, einen jungen Mann. Außerdem soll er zu Hause tatsächlich Dienstmädchen beschäftigen, die unter ihren Frauenkleidern in Wirklichkeit Männer sind, Transvestiten, das ist die Bezeichnung für solche sonderbaren Kerle.

Heterosexuelle Männer vom Schlage Raoul Hausmanns tun sich, selbst wenn sie sich so progressiv gebärden wie der Dadaist, am schwersten mit Gleichberechtigung und neuen Erkenntnissen über die Geschlechter und ihre vielfältigen Neigungen, so forsch und freiheitlich sie sich in ihren Avantgarde-Manifesten auch geben. Hannah Höch verharrt aufmerksam bei Zeitungsartikeln, in denen von Hirschfelds neuem Institut die Rede ist. Ach, das sind andere Töne als die, die Raoul spuckt. Sie kann sich durchaus vorstellen, eine Frau zu lieben, eine Lebenspartnerschaft mit einer wie Anita Augspurg einzugehen. Und auch Sylvia Beach in Paris fühlt sich in Gesellschaft ihrer neuen Freundin Adrienne Monnier recht behaglich und viel wohler, als sie sich jemals mit einem Mann fühlen könnte. Anita Augspurg weiß ohnehin eine klare Antwort auf die Frage nach ihrem Eheideal: »Die Ehe zwischen zwei völlig gleich berechtigten Menschen, ohne Herrschaft, ohne Unterordnung und da die Kirche und die Gesetzgebung solche Ehe nicht anerkennt – so gilt für mich hier die ungesetzliche, freie Ehe als Idealehe.«

Else Lasker-Schüler ist schon länger mit Magnus Hirschfeld bekannt, mit ihrem kranken Sohn hatte sie den Arzt schon 1915 in seiner pommerschen Heimatstadt Kolberg aufgesucht. 1918 hatte sie die Verdienste des Sanitätsrates in einem offenen Brief an die Züricher Studenten gerühmt und auf dessen Vortrag aufmerksam gemacht: »Ich will Ihnen etwas von unserem Doktor in Berlin erzählen. Er ist nicht allein unser Arzt, er ist auch unser Gastgeber; seine Sprechstunden enden in beaux jours, die Kranken vergessen ihre Nerven und dem gesunden Patienten bedeutet der Nachmittag in den freudigen Wartezimmern angenehme Nervenanregung. – Mitten im Tiergarten zwischen starken Kastanienbäumen und hingehauchten Akazien wohnt Sanitätsrat Doktor Magnus Hirschfeld. Er mag nicht, dass wir ihn so titulieren. Kinder, ich höre lieber einfach ›Doktor‹. Trotzdem er mir gestand, dass ihn die Ernennung zum Sanitätsrat zu seinem fünfzigjährigen Geburtstag, in Anbelang seiner Ausnahmestellung unter den Ärzten viel bekämpft und bestritten, doch erfreut habe. [...] Doktor Hirschfeld ist der Bejaher jeder aufrichtigen Liebe, ein Abgewandter jeglichen Hasses. [...] Er ist der Mensch, der wahrhaft in der Bereitwilligkeit keinen Klassenunterschied kennt. Wer ihn ruft, zu dem eilt er. Ich überfiel ihn selbst, mit Erfolg, mir zu einem verwundeten Freund in Pommern zu folgen, aus seiner großen Praxis. – Liebe Herren Studenten, mich freut es, unserm Doktor Hirschfeld Lob und Preis zu singen. Wenn er nicht in Berlin weilt, fehlt sozusagen unser

Beichtvater. Wir sehnen uns alle nach seinem Trostwort, nach den gemütlichen, gemütvollen grünen Zimmern, sie sind heilbringend wie er selbst.«

Der von der Dichterin so hymnisch als Koryphäe besungene Magnus Hirschfeld ist sogar auf der Kinoleinwand zu sehen. Im neuen Film des Regisseurs Richard Oswald *Anders als die Anderen* spielt er sich selbst, einen leidenschaftlichen Arzt, der vehement für die Abschaffung des § 175 und gegen die herrschende Homophobie plädiert. Der Streifen, der auch als ›sozialhygienisches Filmwerk‹ annonciert wird, handelt von einem Violinisten, der von einem Stricher erpresst und in den Freitod getrieben wird. Umgehend wird der Film zum Kassenschlager, vermutlich nicht zuletzt, weil auch die Skandalkünstlerin Anita Berber darin zu sehen ist, natürlich wieder halb nackt wie bei ihren schon jetzt legendären Tanzauftritten im Berliner *Wintergarten*. Und abermals sind es die Moralapostel, die mit erhobenem Zeigefinger fordern, dass dem unsittlichen, jugendgefährdenden Treiben auf der Leinwand ein Ende bereitet wird. Da die Zensur vorübergehend von den Räten aufgehoben wurde, schreiten brave Bürger selbst zur Tat. Wütende Demonstranten stürmen die Kinosäle, Tumult entsteht, und sie fordern, dass *Anders als die Anderen* unverzüglich verboten wird. Der Projektor erlischt mitten in der Vorstellung, der Bühnenvorhang fällt, die Leute müssen das Kino verlassen. Hirschfeld lädt daraufhin Mitglieder der Preußischen Nationalversammlung zu einer Filmvorführung in sein Institut ein und versucht, sie von der Notwendigkeit der sexuellen Aufklärung zu überzeugen. Vergebens, nach Inkrafttreten der Weimarer Verfassung und dem Einschreiten der Zensur im August 1919 verschwindet *Anders als die Anderen* aus den Kinos;

zur Begründung heißt es, minderjährige Zuschauer könnten in Verwirrung gestürzt und zur Homosexualität angeregt werden. Allein im Institut für Sexualwissenschaften kann man den Film nun noch sehen, zu Aufklärungs- und Bildungszwecken, wie es heißt.

Hirschfeld ist jedoch weiterhin in beratender Funktion für die Filmindustrie tätig, die die Zeichen der Zeit erkannt hat und die angestoßenen – und anstößigen – Themen dankbar aufgreift. In *Die Prostitution* spielt die Diseuse Gussy Holl ein gefallenes Mädchen, an der Seite von Anita Berber und ihrem ersten Gatten Conrad Veidt. Der Film von 1919 ist eine zeittypische Anklage der sozialen Missstände, durch die alleinstehende junge Frauen allzu oft in eine Notlage geraten, die sie dazu zwingt, ihren Körper zu Markte zu tragen. Hirschfeld ist als Experte bei den Dreharbeiten dabei. Seine Entstehung verdankt auch dieser Film den chaotischen Verhältnissen nach Kriegsende ohne rigide Zensurinstanzen, aber *Die Prostitution* ereilt dasselbe Schicksal wie *Anders als die Anderen* und ist nach der Premiere im *Marmorhaus* am Charlottenburger Tauentzien nur für kurze Zeit zu sehen. Schon 1922 wird der Film wegen seiner angeblich unsittlichen Handlung zerstört und ist seither unauffindbar.

Magnus Hirschfeld geht es bei Weitem nicht nur um die Legalisierung der Homosexualität, sondern um eine umfassende Aufklärung in sexuellen Fragen. Schon 1905 hatte er die Frauenrechtlerin Helene Stöcker bei der Gründung einer Vereinigung, dem ›Bund für Mütterschutz‹ unterstützt. Als Herausgeberin des Magazins *Die neue Generation* kämpft Stöcker für familiäre Interessen der Frauen, die von der Gesetzgebung immer noch wie Gebärmaschinen behandelt werden. »Ein großes Gebiet der Aufklärung liegt vor uns«, kann man in einer Ausgabe von 1919 lesen, »das der deutschen Frau klar machen soll, dass sie an ihrem eigenen Körper ein höchstpersönliches Recht hat. [...] Heute ist es an der Frau, sich mit ihrem neuen Recht der politischen Betätigung dem Problem zuzuwenden, ob der Staat ein Recht an den verbrecherisch erzeugten Föten überhaupt haben kann.« Für Stöcker wie für Hirschfeld ist es außerdem ein Unding, dass sich Männer vorm Besuch bei einer Prostituierten selbstverständlich mit Verhütungsmitteln ausrüsten können, während eine Ehefrau nicht einmal eigenmächtig über eine Schwangerschaft entscheiden kann.

Ab 1919 empfängt Hirschfeld auch ratlose Ehepaare, deren Beziehung in eine Sackgasse geraten ist, und berät sie fachkundig wie ein Psychologe. Mit seinen Pionierleistungen ist der Arzt durchaus nicht weit entfernt von seinem berühmten Zeitgenossen in Wien, Sigmund Freud, der postuliert, es sei Aufgabe eines Therapeuten, Menschen auf dem Weg der Selbstfindung zu begleiten. Schließlich sind Sexus und Eros auch Grundbegriffe der Psychoanalyse. Häufig finden einzelne Frauen den Weg in Hirschfelds Institut, die oft erst ihre Scham überwinden müssen, bevor sie sich von ihm in Fragen der Empfängnisverhütung beraten lassen. Kondome, Pessare oder spermientötende Pasten gibt es bislang nur auf Rezept, und Hirschfeld bemüht sich auch hier um Aufklärung, vor allem unter den Arbeitern, die sich die teuren Verhütungsmittel kaum leisten können. Gerade hat der Unternehmer Julius Fromm eine Erfindung gemacht, ein Präservativ aus Kautschuk, das er industriell in großen Mengen fertigen lassen will. In Österreich experimentiert zur Stunde der Physiologe Ludwig Haberlandt mit weiblichen Ratten und stellt fest, dass deren Eizellen während der Trächtigkeit nicht weiter heranreifen. Kann man die Empfängnis also auch bei Frauen abwenden, wenn man künstlich eine Schwangerschaft simuliert, mithilfe von Hormonen in Form einer Antibabypille? Es scheint ganz so. Doch als Haberlandt seine jüngsten Erkenntnisse an die Öffentlichkeit bringt, sieht er sich heftigen Angriffen ausgesetzt, man schimpft ihn gar einen Mörder, der ungeborenes Leben vernichten will. Hannah Höch denkt an ihre eigenen leidvollen Erfahrungen und hegt die leise Hoffnung, dass dieser österreichische Forscher eines Tages vielleicht einmal als Pionier der Medizin gefeiert werden wird, ebenso wie Magnus Hirschfeld.

In diesen sommerlichen Tagen des Juli 1919 erblickt im ostpreußischen Cranz übrigens ein kleines Mädchen das Licht der Welt, das einmal als ›Mutter Courage der Aufklärung‹ in Sachen Ehehygiene berühmt werden und unter dem Namen Beate Uhse ein Sexshop-Imperium aufbauen wird.

* * *

Die Eheleute Gropius wären sicherlich ein Fall für Magnus Hirschfeld, doch das Paar sucht den Doktor nicht auf in seinem Berliner Institut. Walter Gropius in Weimarer entwirft Briefe an die vor einem Monat wieder nach Wien entschwundene Alma, in denen er um treffende Worte ringt. Das ist gar nicht so leicht, denn Gropius sitzt mit seinen Gefühlen zwischen zwei Stühlen. Noch hat er Alma nicht ganz aufgegeben, sie passt in sein traditionelles Rollenbild, eine Frau, die dem Manne folgt, anschmiegsam, mütterlich, eine Stütze für den Kriegsheimkehrer, der nach wie vor unter

Schlafstörungen leidet, das Echo des Kanonendonners in den Ohren. Angestrengt betrachtet er die schwungvolle, für seinen Geschmack etwas zu exzentrische Handschrift seiner Gattin, die auch noch violette Tinte bevorzugt. Fahrig entwirft er ein Antwortschreiben, verwirft es nach ein paar Zeilen wieder. »Du warst mir alles – Wunder, Kraft, Sieg, warst mir Mutter, Schwester und Geliebte, mein Kosmos – und gab es denn etwas, was ich Dir nicht gegeben hätte?« Kaum hat Gropius nochmals gelesen, was er geschrieben hat, findet er es wieder lächerlich, streicht alles wieder durch, formuliert abermals neu. Will er Alma wirklich halten? Der klare Blick des Architekten ist schließlich nach vorn gerichtet, und was er in Weimar sieht, in den Bankreihen der Unterrichtssäle, sind junge Frauen, die sich nicht mehr in alte Korsagen pressen lassen. »Ja ich gebe Dich los und frei«, schreibt er mit Nachdruck, »denn unsere Ehe hat das Rückgrat gebrochen mitten in zwei Teile. [...] Ringe Dir nichts ab, tue es mir nicht an, mein geliebter Mensch, mir ein Halbes zu bieten! Ich sehne mich unaussprechlich nach der Gefährtin, die mich und mein Werk liebt, die das Leben, das sich aus tausend lieben und bösen Tageseinzelheiten des Gegenwärtigseins, nicht aus Briefen – aufbaut, mit mir teilt. [...] Je mehr Trümmer ich sehe, desto mehr ergreift mich Baulust. Aber währenddessen zerreißt sich mein ganzer Mensch an unserem Schicksal, treibt mich in Zynismus und Leichtfertigkeit zurück.«

»SCHEIDUNG«, das kratzt Gropius in Großbuchstaben aufs Blatt, bis die Feder sich krümmt. Endlich ist es raus, das eine, entscheidungsschwere, böse Wort, um das er nicht länger herumkommt. Er setzt seinen Namenszug unter den Text, klebt das Kuvert zu, geht hinunter zum nächsten Postkasten. Über den Frauenplan streicht ein milder Sommerwind. Der alte Goethe hatte es auch nicht leicht mit dem schwachen Geschlecht, tröstet sich Gropius.

Der 12. Juli 1919 ist ein historisches Datum, denn die französische Regierung lässt per Dekret endlich wieder den Handelsverkehr mit Deutschland zu, doch für den Architekten zählt eine andere Unterschrift viel mehr. Seine Frau muss sich entscheiden, für oder gegen ihn.

Alma hält am nächsten Tag den Scheidungsbrief in ihren Händen. Sie öffnet das Kuvert, faltet das Blatt auf und liest das bang Erwartete, das unheilig Befürchtete, Gropius bittet sie inständig, in die Scheidung einzuwilligen: »Und ich beginne neu zu bauen. Ich brauche die Frau, die alles mit mir teilt, die mir vielleicht einmal den Sohn gebiert, dem ich meine Möglichkeiten und meinen Aufwärtsdrang vererben kann. Und alles dieses willst Du, kannst Du mir nicht schenken. Ich aber kann mich nur ungeteilt verschenken, wenn Du Dich mir ganz hingeben kannst. Was Du willst, ist ein furchtbarer Kompromiss, auf dem kein Segen ruhen kann. Unser Band ist abgelaufen und es bleibt nur der bittere Weg der SCHEIDUNG – denn Gott lässt sich nicht spotten.«

Alma wird heiß und kalt, in ihrem Kopf überschlagen sich die Gedanken, und der fürchterlichste von allen gilt der Frage, was die Leute in Wien über sie reden werden, wenn erst publik wird, dass sie eine geschiedene Frau ist. Eine Scheidung ist leider immer noch eine komplizierte Angelegenheit. Einvernehmlich ›Zerrüttung‹ als Scheidungsgrund anzugeben, das genügt keinem Richter. Das Gesetz erkennt nur eindeutigen Ehebruch oder eine während der Ehe auftretende Geisteskrankheit eines Partners als Grund an. Unter gar keinen Umständen darf herauskommen, dass sie, Alma, den Ehebruch begangen hat, denn das würde auch bedeuten, dass man ihr Manon wegnehmen könnte und Walter das alleinige Sorgerecht bekäme, eine Vorstellung, die sie kaum ertragen kann.

Erregt liest sie weiter: »Heute bin ich Dir fremd, weil Du vom anderen Pol der Welt wurdest angezogen. Meine Ideen, meine Freunde, meine Stellung zur neuesten Kunst, meine geistigen Leiden im Kriege, die mich im Endergebnis förderten, kurz das ganze ungeheure Erleben der Welt, wie es mich in diesen letzten Jahren durchschüttelt hat, blieb Dir aus diesem Grunde fremd.« Sie liest noch einmal Satz für Satz, schenkt sich ein Gläschen Bénédictine ein, den trefflichen französischen Kräuterlikör, nimmt einen Schluck, vielleicht legt sich ihr Herzklopfen dadurch ein wenig.

Gropius' Brief liegen lauter unangenehme Formulare bei, Alma muss die für Anwalt und Gericht erforderlichen Scheidungsunterlagen eigentlich nur noch unterzeichnen, kurzer Prozess, aber ihr zittern die Hände, sie schiebt die Formulare beiseite und lässt den Federhalter wieder sinken. So angeschlagen ihre Ehe mit Gropius auch ist, den Gedanken an eine endgültige Trennung hat sie bislang erfolgreich ausgeblendet. Allen Ernstes hatte sie ihrem Gatten sogar schon vorgeschlagen, eine Art Halbzeit-Ehe zu führen, sechs Monate zusammen mit ihm in Weimar, sechs Monate mit Werfel in Wien. Gropius war empört.

Walter Gropius erhält wenig später einen Antwortbrief aus Wien, doch im Kuvert findet er nicht das, was er erwartet hat. Geschrieben ist der Brief nicht von Alma, sondern von seinem Nebenbuhler. Werfel, sonst ganz Wortgewalt, ist sich in der heiklen Situation für anbiedernde Zeilen nicht zu schade, er würde sich, Gropius reibt sich verwundert die Augen, Almas etwas ungewöhnlichem Modell einer Halbzeit-Ehe sogar fügen. Es müsse doch möglich sein, die Liebe zu diesem Götterwesen, zu dieser »göttlichen Frau« brüderlich zu teilen!

Durchaus ein Ansinnen, das nach moderner *Ménage à trois* klingt, doch aus Werfels Brief trieft für Gropius' Geschmack allzu viel Verbrüderungsschweiß. Der Architekt lässt sich keine Sekunde dazu herab, auf die halb garen Vorschläge seines Konkurrenten zu antworten, lieber würde er sich mit ihm duellieren, aber das ist nicht mehr zeitgemäß, und von Revolverkugeln hat Gropius wahrlich genug, seine Kriegsverwundung spürt er noch immer. Für ihn gibt es jetzt nur eines, den messerscharfen Schnitt. Ein Gedanke macht ihm das Herz schwer, der an die geliebte gemeinsame Tochter Manon. Denn auch er hat Angst, Manon bei einer Scheidung zu verlieren.

Und auch Franz Werfel scheint nicht halb so gelassen zu sein, wie sein Brief an Gropius klingt. Er leidet unter einer massiven Schreibblockade, kommt mit seinem aktuellen Manuskript, dem Roman *Die schwarze Messe* nicht voran. Zur Ablenkung geht er mit Alma in den Wurstelprater. Ansonsten qualmt der Kettenraucher die Villa Mahler in Breitenstein voll, wo Alma ihm auf dem Dachboden ein zünftiges Schreibatelier eingerichtet hat.

»Ich bitte Dich noch einmal«, schreibt Gropius händeringend an Alma, »schicke mir den Zettel, der mich zur Lösung ermächtigt.«

Doch Alma schleicht lieber immer weiter um den heißen Brei herum. Sie schickt erneut Briefe nach Weimar, aus denen sich die Achterbahnfahrt ihrer Emotionen ablesen lässt. Mal versucht sie, Walter aufs Neue zu becircen, mal wütet sie wie eine Furie auf dem Papier, wieder alles in Violett, dann wiederum versucht sie sein Herz durch Geschichten über Manon zu erweichen, denn sie weiß genau, wie sie ihn treffen kann.

Gropius muss sich also weiter mit Geduld wappnen. Den ganzen Sommer über wartet er auf die Scheidungspapiere. Aber Alma packt einfach sämtliche Briefe, die Walter ihr geschickt hat, in die dunkle Ecke eines Schranks, ohne eine Entscheidung zu treffen. Allzu tief ist sie von den letzten Worten getroffen, die Walter ihr unverblümt an den Kopf geworfen hat: »Unsere Ehe war niemals eine Ehe. Die Frau fehlte in ihr. Eine kurze Zeit warst Du mir herrliche Geliebte und dann gingst Du fort, ohne die Krankheit meiner Kriegsverdorrung mit Liebe und Milde und Vertrauen überdauern zu können – das wäre eine Ehe gewesen.«

* * *

Der französische Nationalfeiertag am 14. Juli gerät so kurze Zeit nach Unterzeichnung des Versailler Vertrages zur großen Siegesfeier. Die Marseillaise schallt erhaben durch die Straßen von Paris, Menschen tanzen wie entfesselt. Kriegsversehrte defilieren an der Spitze der Parade auf den Champs-Elysées, leibhaftige Mahnungen an die Verheerungen des Krieges, und dennoch rollen am Ende des Zuges Panzerfahrzeuge wie Triumphwagen des technischen Fortschritts. Anwesend sind in diesem Jahr auch die Truppen der Alliierten. »Wer heute dabei sein kann, hat es überlebt«, so steht es in allen Zeitungen. Die Trikolore scheint in diesem ersten Friedensjahr eine ganz besondere Bedeutung zu haben, sie weht an jeder Straßenecke und aus vielen Fenstern; für jeden Patrioten im Land ist der gewonnene Krieg schließlich die ersehnte Satisfaktion für die Niederlage im Preußisch-Französischen Krieg von 1870/71 und eine Tröstung für den hohen Blutzoll, den man bezahlen musste. Elsass-Lothringen gehört endlich wieder zu Frankreich, in Metz und Straßburg werden Straßenschilder ausgetauscht, der Kaiser-Wilhelm-Ring heißt wieder Avenue Foch, von den zu Zeiten deutscher Herrschaft errichteten Bismarcktürmen werden die Siegeszeichen abgeschlagen.

Auch in Sylvia Beachs Ladenräumen wird in diesen Tagen eifrig gehämmert und geklopft, sie hat Handwerker in die Rue Dupuytren bestellt. Nach dem Krieg ist jeder froh über Arbeit, erleichtert, dass allmählich wieder Normalität ins Alltagsleben einkehrt. Auf den zweiten Blick hat das Ladenlokal einige Mängel, die behoben werden müssen. Die Wände sind etwas feucht, und Sylvia Beach hat eine Firma beauftragt, sie auszutrocknen und mit hellem Sackleinen zu beziehen oder mit weißer Farbe anzustreichen. Einer der Handwerker greift sich ein Buch, das auf dem Tisch im hinteren Raum herumliegt. Frankreich, das Land der Intellektuellen, wie schön, hier interessieren sich sogar die Fassadenmaler für Literatur, denkt Sylvia Beach. Frankreich kann stolz sein auf seine lange Geschichte einer reichen Hochkultur, die auf die mittelalterlichen Troubadours und die Dichter der Pléiade zurückschauen kann, und dann als Söhne Frankreichs die großen Romanciers des 19. Jahrhunderts, Balzac, Flaubert, die Brüder Goncourt. Gut, dass die Amerikaner wenigstens Walt Whitman haben, diesen naturverbundenen Dichter. Beneidenswert, die Franzosen haben eine ganz andere Tradition als wir zu Hause in Amerika, wo die neuen Siedler erst mal ihren Claim abgesteckt haben, bevor sie sich hinsetzen und Bücher lesen, geschweige denn schreiben konnten. Ob es mir gelingen wird, fragt sich Sylvia, die Franzosen auch für amerikanische Themen zu erwärmen, für Romane wie *Onkel Toms Hütte* von Harriet Beecher Stowe, *Die Abenteuer des Huckleberry Finn* von Mark Twain oder die Romane William Faulkners?

Sieh an, der Maler scheint sich festgelesen zu haben. Er sitzt seelenruhig auf einem leeren, umgedrehten Farbeimer, blickt gebannt in ein dickes Buch und macht keinerlei Anstalten, wieder mit der Arbeit zu beginnen. Sylvia schaut ungeduldig auf die Uhr, zwei ist längst durch, bei aller Freude über diesen Wissensdurst des Mannes, jetzt sollte er aber mal weitermachen, denn wenn die Renovierung sich noch länger hinzieht, kann sie den Gedanken vergessen, ihren Buchladen noch vor der Sommerpause zu eröffnen. Was soll's, dazu ist es ohnehin schon zu spät. Was liest der Maler da eigentlich? Hält er etwa die dicke Shakespeare-Ausgabe in seinen Händen? Shakespeare ist immerhin schon ins Französische übersetzt. Tatsächlich, er hat den *Sommernachtstraum* auf den Knien.

»Ziemlich verworrenes Zeug«, sagt er. »Im Zuge von Hochzeitsvorbereitungen proben mehrere Handwerker ein Theaterstück im Wald, geraten dabei in einen Streit zwischen den Brautleuten und den Waldgeistern hinein und werden am Ende von Puck, einem Hofnarren, vertrieben.«

»Der Handwerker, der's allzu gut will machen, verdirbt aus Ehrgeiz die Geschicklichkeit«, murmelt Sylvia und schaut den Mann auffordernd an. »Auch das ist von Shakespeare. Und jetzt wieder an die Arbeit!«

Doch von Arbeit kann jetzt kaum mehr die Rede sein, denn der lange August steht vor der Tür, und das bedeutet für alle Franzosen: *faire rien* – Ferien!

August

*Weimarer Verfassung in Kraft getreten *** Sommerferien im Damenbad *** Paris wie ausgestorben *** Frauenrechtlerinnen als Burgfräuleins *** Alma Mahler-Gropius auf neuen Liebespfaden*

»Staubiger Stadtsommer 1919. Am Ausgang eines Berliner Stadtbahnhofs stehen zwei Mann, krüppelig und zerlumpt: Gitarre und Mandoline. Jedes Mal, wenn die Fahrgäste eines Zuges auf die Straße herunterströmen, fassen die beiden ihre Instrumente fester, verständigen sich durch einen Blick, und los geht's: ›In der Heimat – in der Heimat – da gibt's ein Wiedersehn …‹. Wo habe ich die beiden Grauen nur schon einmal gesehn?«

Das fragt sich Kurt Tucholsky, als er durch die Straßen von Berlins Mitte geht. Jenseits der Spree, am Schiffbauerdamm, gleich hinter der Weidendammer Brücke, ruhen die Arbeiten auf der Baustelle, wo ein großes Schauspielhaus entsteht. Wer der sommerheißen Stadt jetzt nicht mit Reisegepäck den Rücken kehrt, kann vor der staubigen Straße in ein dunkles Kino flüchten und sich immerhin den neuen Film *Karlchen in der Sommerfrische* ansehen, der gerade in den Berliner Kinos läuft. Harmlosigkeiten, bei denen die Leute sich ein wenig erholen können, denn das pazifistische ›Nie wieder Krieg!‹, in das Kurt Tucholsky und Käthe Kollwitz wie im Chor einstimmen, ist auf Dauer anstrengend. Zu diesem Weckruf Tucholskys wird die Malerin in den kommenden Jahren eine aussagekräftige Lithografie anfertigen, die einen entschlossenen jungen Mann mit der Hand auf dem Herzen zeigt.

Mitten in diesem Sommer, am 11. August, tritt die erste demokratische Verfassung des Deutschen Reiches in Kraft, die sogenannte Weimarer Verfassung. In Artikel 119, Absatz 1 heißt es da: »Die Ehe steht als Grundlage des Familienlebens und der Erhaltung und Vermehrung der Nation unter dem besonderen Schutz der Verfassung. Sie beruht auf der Gleichberechtigung der beiden Geschlechter.« Letzteres ist durchaus eine fortschrittliche Neuerung, doch zwischen den Zeilen steht auch, dass es bei der Ehe vor allem um neuen Nachwuchs geht und ledige Mütter nach wie vor gefallene Mädchen sind, die nur eingeschränkte Rechte besitzen.

Die meisten Leute interessieren sich derzeit gerade herzlich wenig für die Zeitungen, denn sie sind vor allem in Urlaubsstimmung. Max Liebermann hat sich mit seiner Frau Martha aus der Stadtwohnung am Brandenburger Tor zurückgezogen in sein Sommerhaus am Wannsee; er sitzt in seinem Garten an der Staffelei und malt die üppig blühenden Stockrosen, die den hellen Kiesweg zum Wasser hin säumen, wo die Segelboote dahinziehen. Das sind nicht die Motive der Kollwitz. Aber die beiden Künstler, die unterschiedlicher nicht malen könnten, schätzen einander durchaus. Immer wieder hat sich Liebermann für die ernsthafte Malerin stark gemacht. Und ist Liebermanns Impressionismus, der sich mit Licht und Farbe schon gegen die akademisch strenge, repräsentative Malerei des

Wilhelminismus wandte, nicht auch politisch? Noch nicht allzu lange ist es her, dass die Impressionisten in Frankreich ausgebuht wurden, weil sie die Sonne suchten und mit ihren Paletten aus den schattigen Ateliers hinauszogen auf Felder und Wiesen.

Am 4. August sind die neuen Räume der Nationalgalerie im Kronprinzenpalais auf dem Boulevard Unter den Linden eröffnet worden, sie heißt ›Galerie der Lebenden‹. Unter demselben Dach, wo noch vor kurzer Zeit die Kaiserfamilie Hof hielt, hängen nun Bilder jener zeitgenössischen Künstler, die Wilhelm II. wenig schätzte. Unter den ausgestellten Gemälden befinden sich auch die rund dreißig Aquarellpostkarten von Franz Marc, die Else Lasker-Schüler wohl oder übel zu Geld hat machen müssen. Die Skizze für den *Turm der blauen Pferde*, der Prinz von Theben, Zitronenochsen und Feuerbüffel sind aus der Briefschatulle der Dichterin hinaus und ins Museum hinein gewandert.

Gleichzeitig hat auch in Paris ein neues Haus für die Kunst aufgemacht. Vor allem bei Käthe Kollwitz ist die Freude groß, dass im Pariser *Hôtel Biron* ein Museum eröffnet wird, das ganz dem Werk des Bildhauers Auguste Rodin gewidmet ist. Sie hat den Künstler 1904 dort in seinem Atelier aufgesucht, während jener Zeit, als sie an der Pariser Académie Julian Kurse in Plastik besuchte. Nicht auszudenken, wenn man die schöne Pariser Stadtvilla aus dem 18. Jahrhundert tatsächlich abgerissen hätte, denn das war bereits so beschlossen gewesen. Glücklicherweise hatte sich Rodin im Bund mit anderen Künstlern, die das Haus nutzten, gegen den banausenhaften Plan der Stadtväter durchsetzen können. Besonders beeindruckt ist Kollwitz immer noch von Rodins Skulptur *Der Kuss*, jener innigen

Umschlingung aus kühler Bronze, die von so viel Wärme und Leidenschaft beseelt ist.

***

Endlich darf man wieder unbeschwert in die Sommerfrische fahren, ohne ein schlechtes Gewissen zu haben. War es in den vergangenen Jahren denn nicht der reine Eskapismus gewesen, mitten im Krieg so zu tun, als sei die Welt noch in Ordnung, beim Bergsteigen in den Alpen, beim scheinbar unbeschwerten Sonnenbaden am Strand? Käthe Kollwitz und ihr Mann treten in diesem August ihre Sommerreise an, nach Kohlgrub in den Ammergauer Alpen, wo man ausgedehnte Wanderungen unternehmen, auf Bergwiesen Blumen pflücken kann. Doch vor Ort will sich die erhoffte Entspannung bei den beiden Eheleuten nicht recht einstellen: »Karl und ich merkten lange die Berliner Gereiztheit. Wir haben uns so auf den Sommer gefreut, aber in dieser Ruhe kommt alle Nervosität, die sich aufgespeichert hatte, wieder heraus. Das ist sehr schade.«

Die Unruhen in der Hauptstadt, die Unzufriedenheit mit der neuen Regierung, das Elend der kranken Menschen im Wartezimmer, sie kriegen es nicht raus aus den Knochen; vor allem aber nimmt Käthe Kollwitz eines immer mit in ihrem schweren Gepäck, egal, wohin sie auch reist, ihre abgrundtiefe Trauer um Peter. Gerade dann, wenn sie einmal abschalten will, wird sie wieder eingeholt von ihrem Schmerz, ausgerechnet dann machen sich die quälenden Bilder des von einer Kugel getroffenen, blutend zu Boden sinkenden Sohnes in ihrem Kopfe breit, sie bekommt bohrende Migräneanfälle, als sei sie selbst getroffen worden, und sie sehnt sich nach ihrem Atelier im

Hansaviertel, denn allein und vertieft in die Arbeit lassen sich Gram und Kummer ein wenig lindern. Vor allem, wenn sie einer Skulptur mit Meißel und Rundeisen Leben einhaucht, dem harten Stein mit Schlägen und Klopfen zu Leibe rückt, spürt sie, wie die Verzweiflung aus ihr heraustritt, eine andere Gestalt annimmt. Käthe Kollwitz blickt auf die imposante Silhouette der Alpen und stellt sich vor, dass sie ein Mahnmal für Peter schaffen wird, das so erhaben und eindrucksvoll sein soll wie die Bilder der Natur. Vor Augen steht ihr ein trauerndes Elternpaar als innige Doppelskulptur, die an Peter und an alle Kriegsopfer erinnern und idealerweise an jenem Ort in Belgien aufgestellt werden soll, wo der Sohn sein junges Leben ließ und wo er jetzt begraben liegt.

Entschlossene Sommerfrischler sonnen sich auch überall an den Stränden von Nord- und Ostsee: Wie in Friedenszeiten vor dem Krieg tummelt sich der Berliner wieder auf Sylt und Norderney, in Travemünde und Heiligendamm, an den Steilküsten von Rügen und Hiddensee. Auch die Politiker der jungen Republik müssen sich dringend von den Straßenkämpfen und vielleicht auch von den vielen selbstbewussten Weibern in der Nationalversammlung erholen, die plötzlich so keck ihre Stimme erheben. An den meisten Stränden hat wenigstens alles noch seine schöne Ordnung, die Männer bleiben unter sich, und die Frauen planschen keusch und züchtig im Damenbad.

Auf dem Titelblatt der *Berliner Illustrirten Zeitung* vom 24. August erscheint ein ungeheuerliches Foto. Was haben sich der Fotograf und der Ullstein Verlag bloß dabei gedacht? Das Bild zeigt Friedrich Ebert und Gustav Noske in der Sommerfrische in Haffkrug in der Lübecker Bucht, sie stehen bis zu den Knien im Seichten, um die wenig knackigen Hüften der beiden Männer schlabbern ausgeleierte Badehosen, Noske hält einen Dreizack in der Hand wie Neptun höchstselbst. Ebert ist erst drei Tage zuvor als Reichspräsident vereidigt worden, kommt es da nicht einer Majestätsbeleidigung gleich, ihn in diesem beschämend legeren Aufzug zu zeigen? Und wie konnte das verunglimpfende Bild überhaupt in Umlauf geraten? Strandfotograf Wilhelm Steffen, der den Urlaubern seine Dienste gegen Geld anbot, hatte die Politiker hinters Licht geführt und ihr Vertrauen ausgenutzt, wie sich inzwischen herausgestellt hat. Anders als den Geknipsten versprochen, brachte er die Aufnahme in Umlauf, indem er sie an Ullstein verkaufte. Sind diese laxen Herren wirklich die neuen Autoritäten? Die Öffentlichkeit lacht Ebert aus, und keiner schreitet ein, die Presse freut sich gar über diesen willkommenen Clou im Sommerloch. »Es handelt sich um ein notorisches Sensationsblatt niedrigster Sorte. Strafantrag hieße ihm zu viel Ehre antun«, darauf beschränkt sich der Kommentar des neuen Reichspräsidenten, und er hofft wohl, dass das Foto nach der Ferienpause wieder in Vergessenheit geraten ist. Doch da hat er die Rechnung ohne eine junge Künstlerin gemacht.

Bei Hannah Höch zu Hause in der Büsingstraße liegt die druckfrische Zeitung auf dem Tisch. Das freche Badehosenbild in der *Berliner Illustrirten* ist ein gefundenes Fressen für den Dada-Nonsens. Sie muss dieses spektakuläre Motiv bei einer ihrer nächsten Collagen unbedingt verwenden. Ebert und Noske kommen in ihre Trophäensammlung. Momentan ist Hannah Höch noch mit etwas anderem beschäftigt, sie schreibt an einem Gedicht für Raoul, ein Liebesgedicht soll es werden, denn die Wogen glätten sich in der aufgewühlten See ihrer Liebe.

»Komm Du,
fange die blauen Bälle meines Da-Seins –
sie blühten aus lebenden Wiesen und rundeten im
Sonnenofen.
Du musst nicht mit dem Metermaß kommen.
Alle sind rund, und die kunterbunten Flecken
malte meine Seele darauf.
Meine Seele, die einen roten Teppich webt –
auf dem wir tanzen
können,
wir,
zwei Wissende
wir, zwei Lächelnde!«

Hannah Höch liest sich die hingeworfenen Zeilen noch einmal durch und runzelt die Stirn unter der Ponyfrisur. Ob Raoul sowas wirklich gefallen wird? Tönt das nicht allzu sehr nach dem expressionistischen Pathos einer Else Lasker-Schüler?

Wo steckt sie eigentlich in diesen Sommerferien? Etwa in Theben? In ihrem geliebten Hebräerland? Nein, Else Lasker-Schüler hält sich bei ihrem unverändert kranken Sohn in der Schweiz auf, der von den Ärzten wieder mal von einem Sanatorium zum nächsten geschickt wird, erst Zürich, dann Locarno. Wenn der Anlass ihres Aufenthaltes nicht so traurig wäre, wie könnte die besorgte Mutter die Berge und die Seen hier in südlichen Gefilden genießen! Aber immer wieder dräut die Menschheitsdämmerung herauf, und Else Lasker-Schüler muss an den geliebten Gottfried Benn denken. Auch der ist nämlich von Pinthus aufgefordert worden, für seine Gedichtanthologie zu schreiben: Seine Gedichte heißen *Kleine Aster* und *D-Zug* und enthalten unerhörte Zeilen: »eine Frau ist etwas für eine Nacht« oder »eine Frau ist etwas mit Geruch.« Benn hat 1914 geheiratet, aber nicht Else Lasker-Schüler, die sich wie schon zuvor bei Franz Marc und Franz Werfel mal wieder mit einer Freundschaft begnügen muss, in der nicht die ersehnten Küsse, sondern nur lyrische Zeilen ausgetauscht werden.

Else Lasker-Schüler steuert nun ihrerseits zwei Gedichte zu Pinthus' *Menschheitsdämmerung* bei, die sie bereits 1917 zum ersten Mal veröffentlicht hat: *Ein Lied der Liebe* und *Gebet*. Sie widmet es ihrem »teuren Halbbruder, dem blauen Reiter«:

»Ich suche allerlanden eine Stadt,
Die einen Engel vor der Pforte hat.
Ich trage seinen großen Flügel
Gebrochen schwer am Schulterblatt
Und in der Stirne seinen Stern als Siegel.

Und wandle immer in die Nacht …
Ich habe Liebe in die Welt gebracht, –
Dass blau zu blühen jedes Herz vermag,
Und hab ein Leben müde mich gewacht,
In Gott gehüllt den dunklen Atemschlag.

O Gott, schließ um mich deinen Mantel fest;
Ich weiß, ich bin im Kugelglas der Rest,
Und wenn der letzte Mensch die Welt vergießt,
Du mich nicht wieder aus der Allmacht lässt
Und sich ein neuer Erdball um mich schließt.«

* * *

Auch Paris ist im August staubig und wie ausgestorben, der helle, sonnenbeschienene Kies im Jardin du Luxembourg blendet die wenigen verbliebenen Tennisspielerinnen, die schweren Eisenrollläden vor den meisten Geschäften auf den Grands Boulevards sind wie für die Ewigkeit heruntergelassen. In Coco Chanels Boutique in der Rue Cambon schneit jetzt auch nicht besonders viel Kundschaft herein, die Damen der feinen Gesellschaft kaufen gerade in Biarritz und Deauville Chanels aktuelle Modellkleider ein. Dort galoppieren die Couturière und Boy Capel auf edlen Pferden über den weiten Ebbestrand an der Seine-Mündung, und Coco beobachtet von fern mit Wohlgefallen, wie Damen in Kleidern aus ihrer Kollektion über die Promenade flanieren. Am Strand zwischen bunten Sonnenschirmen sieht man fröhliche Badenixen, die sich geradezu schamlos in der neuesten Bademode zeigen, in Schwimmanzügen mit halbem Bein.

Der österreichische Schriftsteller Joseph Roth bereist derzeit ebenfalls den mondänen Badeort in der Normandie und ist weniger begeistert, denn er stellt fest, dass es hier recht künstlich zugeht, in diesem von Architekten aus dem Boden gestampften Klein-Paris am Meer: »Wenn ich einen Gärtner sehe, der Blumen in Deauville besprengt. So zweifle ich daran, dass Wasser aus seiner Kanne fließt, ich glaube, es ist Parfüm, Gartenparfüm von Houbigant. Hier wachsen Rosen, Veilchen, Stiefmütterchen in privaten Gärten, Blumen aus Modesalons, jene künstlichen Floraprodukte, welche die schönen Frauen der ganzen Welt – die unverwelkbaren Frauen – an ihre mondänen Kleider heften.«

Selbst die bienenfleißige Marie Curie hat ihr neues Radium-Institut in der Rue des Nourrices für eine Weile abgeschlossen und ist in den Sommerurlaub aufgebrochen. Mondäne Badeorte sind allerdings nicht ihre Kragenweite, es zieht sie in den kleinen Fischerort L'Arcouest an der bretonischen Kanalküste. Marie Curie fühlt sich wohl in einem spartanisch eingerichteten Häuschen und nimmt jeden Morgen in Gesellschaft der Dorfbewohner ein Bad in den frischen Fluten. Von der Küste aus bewundert sie die bizarre, felsige Insellandschaft der Île de Bréhat. Sie kann sich nicht sattsehen an den zartrosa und tintenblauen Hortensienbüschen in den Vorgärten und dem goldgelben Ginster am Steilufer. Eitle Touristen wie in Deauville und Biarritz gibt es hier kaum, die wenigen Sommerfrischler, die man antrifft, machen ihrem Namen alle Ehre, zumeist sportliche Engländer, die über den Ärmelkanal gereist sind und sich durchs frische Wetter nicht vom Wassersport abhalten lassen, bei Flut wird gesegelt und getaucht, bei Ebbe buddeln die Leute Muscheln aus dem Sand, fürs Abendessen. All die alten einheimischen Frauen in schwarzer Tracht und hoher Spitzenhaube sehen so aus, als hätten sie einen Mann im Krieg verloren, und tatsächlich sprechen die Menschen hier bitter davon, dass man besonders die bretonischen Männer als Kanonenfutter verheizt habe, weil sie gar keine richtigen Franzosen seien, ein Großteil gerade der bäuerlichen Bevölkerung beherrschte ausschließlich das Bretonische und kein Französisch. Marie Curie fühlt sich auf merkwürdig erholsame Weise unter ihresgleichen hier in der Bretagne, wo die trauernden Frauen vor niedrigen Steinhäuschen in der Sonne sitzen und auf jemanden zu warten scheinen, der nicht mehr wiederkommt, so wie ihr Pierre.

Aber doch, ja, da gibt es jemanden im fast menschenleeren Paris, eine Frau, die nicht rastet: An einem dieser heißen

Augusttage steht Sylvia Beach in ihrem Laden in der Rue Dupuytren und macht sich Sorgen, die Maler und der Tischler, die bis jetzt nicht besonders engagiert zu Werke gegangen sind, machen natürlich Urlaub. Eine Leiter steht angelehnt an der Wand, ein eingetrockneter Pinsel liegt auf einem Farbeimer, die Jungunternehmerin denkt gerade ernsthaft daran, selbst Hand anzulegen. Die Eröffnung der Buchhandlung darf sich nicht noch länger hinziehen, denn wenn Paris sich Ende des Monats wieder mit Leben füllt, muss sich auch Sylvias Laden mit lesehungrigen Kunden bevölkern. Da erscheint Adrienne Monnier auf der Schwelle und fragt, ob sie nicht mitkommen will zu einem Bummel durch die Stadt. Wenig später sieht man die beiden Freundinnen, wie sie in Begleitung zweier Schriftsteller, Jules Romains und Luc Durtain, beschwingt durch die an jenem Sommerabend gut besuchten Guingettes von Paris ziehen, gesellige Kneipen der Stadt, in denen fröhlich gezecht, gesungen und getanzt wird.

Von den Buchhandlungen in Saint-Germain ist es nur ein Katzensprung zum Montparnasse. Die Gegend im südlichen Teil der Stadt ist berühmt für ihre Vergnügungsetablissements, die sich vor allem hier in großer Zahl angesiedelt haben. »Warum eigentlich gerade hier?«, fragt Sylvia.

Im 19. Jahrhundert, das weiß Romains, lag Montparnasse noch außerhalb der innerstädtischen Grenzen, wo auf Spirituosen keine Steuer erhoben wurde. Mit Erfindung der Eisenbahn kamen vor allem arme, Glück suchende Bretonen hier an der Gare de Montparnasse an und schufen sich eine neue Existenz, nicht selten als Patron eines Bistros. Das zog wiederum die Künstler an, die ihre Ateliers in bequemer Nähe zu den sprudelnden Alkoholquellen einrichteten. Der japanische Maler Foujita in der Cité Falguière, Amedeo Modigliani und Jeanne Hébuterne in der Rue de la Grande Chaumière.

Paris ist weiterhin internationales Zentrum der Avantgarde. Aus aller Herren Länder strömen Künstler an die Seine, um sich vom Genius loci inspirieren zu lassen. Nicht nur Amerikaner kommen, auch viele Russen, die beizeiten begriffen haben, dass der Sowjetstaat ihnen nicht die Freiheit lassen wird, die sie sich durch die Oktoberrevolution erhofft haben. Am Boulevard du Montparnasse, der breiten Lebensader des Quartiers, zogen Brasserien wie die *Closerie des Lilas*, die *Rotonde* und das *Dôme* schon lange viele Gäste an. Jetzt nach dem Krieg explodiert das Leben in den Kneipen und Cafés so richtig. Das Meer geizt nicht mit seinen Früchten, Hummer und Austern auf gestoßenem Eis locken vor den Brasserien, kein Mensch käme bei diesem üppigen Anblick auf die Idee, dass der Krieg mit allen Einschränkungen noch kein Jahr vorbei ist. An jenem Abend, an dem Sylvia Beach von ihren Freunden in eines der vielen Lokale rund um den Boulevard du Montparnasse entführt wird, unterhält man sich nicht nur über Literatur, sondern auch über die politische Lage.

»Es muss ein Ende sein mit den Erzfeinden Deutschland und Frankreich«, sagt Durtain und entwirft bei einem Glas Wein die Vision eines geeinten Europa, wo keine Grenzkontrollen mehr stattfinden, nicht mehr von Nationen die Rede ist, sondern von Menschen.

»Eine einzige Währung wie der Dollar«, sagt Sylvia Beach, »das müsste es für die Vereinigten Staaten von Europa geben; so zynisch es klingt, aber zu irgendetwas muss dieses fürchterliche Blutvergießen doch nütze gewesen sein.«

Der neu ins Leben gerufene Völkerbund weckt aller Hoffnungen auf ewigen Frieden. Man spricht über Kultur und Literatur als völkerverständigende Instanzen. Die meisten der in Frankreich gefeierten Autoren, die bei Adrienne in aller Munde sind, Valéry oder Romains, sind vielen Lesern jenseits der Landesgrenzen überhaupt nicht bekannt, wie auch, wenn es kaum Übersetzungen gibt? Und was weiß man hier in Paris schon von deutscher Literatur? Wer kennt hier Kurt Tucholsky, wer Gerhart Hauptmann? Den Deutschen ist es derzeit ja noch nicht einmal erlaubt, nach Frankreich einzureisen.

»Wie lange wird es wohl noch dauern«, fragt Adrienne Monnier, »bis jemand auf die Idee kommt, eine Buchhandlung mit deutschsprachiger Literatur in Paris aufzumachen? Bis so ein Projekt wieder möglich ist?«

Jules Romains hatte schon in den ersten Kriegstagen und während des Dienstes bei der Armee damit begonnen, unter dem Titel *Chant de l'Europe* ein lyrisches Bekenntnis abzulegen. Er sah im europäischen Kontinent ein einziges Land; Europa war für ihn das Zauberwort, dessen Magie die Seelen aller Nationen einmal in Liebe und Frieden vereinen sollte. Wenn es den Menschen in allen Ländern Europas möglich ist, so viel Zerstörung anzurichten, wieso sollten diese enormen Kräfte sich nicht auch in ihr Gegenteil verkehren können, um Gutes und Vereinendes zu vollbringen?, fragt sich ein optimistischer Romains.

***

Auch militante Frauenrechtlerinnen brauchen irgendwann einmal Urlaub vom anstrengenden Kampf um gleiche Rechte. Anita Augspurg und Lida Gustava Heymann besitzen seit 1916 einen Landsitz in Icking nah am Starnberger See, eine idyllische Gegend unweit von München, wo es in jenen Jahren viele Künstler hinzieht, schon der feinfühlige Rilke hatte sich's hier wohl ergehen lassen. Sie nennen die große Villa am Waldrand ihre ›Burg Sonnensturm‹. Die Tierfreundin Augspurg hält sich ein Pferd und reitet amazonengleich über die Felder, auf einem Teich schwimmen schnatternde Enten, im Garten und in der Küche wirtschaften ein paar Angestellte. Das zurückgezogene Landleben ist für die beiden Freundinnen ein idealer Ausgleich zum politischen Engagement in der Stadt. »[W]ir machten die Erfahrung, dass vielseitige private Beschäftigung vor Einseitigkeit und Sterilität im öffentlichen Leben schützt. Neu belebt, mit frischer Kraft kehrten wir stets in die Stadt zurück, sobald politisches Leben sich wieder regte. Dass das keine Täuschung unserseits war, geht schon daraus hervor, dass unsere politischen Mitarbeiter uns damals den Beinamen ›die Sonnenstürmer‹ gaben, den wir freudig und gern akzeptierten.«

Inzwischen haben sich die beiden Frauen mit Unterstützung ihres Personals regelrecht zu fachkundigen Landwirtinnen ausgebildet, die sich mit Nutzpflanzen und Tierhaltung bestens auskennen; gerade in diesen knappen Zeiten nach dem Krieg ist die eigene Scholle Gold wert. Tagsüber halten sie den Garten in Schuss, pflücken Obst von den Bäumen, kochen Marmelade und Kompott, versorgen Kühe und Hühner, in den Abendstunden lesen sie Goethe und Schiller und diskutieren über Faust und das sitzengelassene Gretchen, über Don Carlos und die Jungfrau von Orléans. Obwohl auf dem Hof vorbildliche Arbeit geleistet wird, beargwöhnen die Bewohner des beschaulichen Ortes Icking die beiden Burgherrinnen, wie schaffen diese beiden Damen es nur, ganz ohne die schützende Hand eines Mannes so einen Laden in Schwung zu halten? Natürlich hat sich längst herumgesprochen, dass es sich bei den beiden Nachbarinnen aus der Stadt um Frauenrechtlerinnen handelt, die bekanntlich Haare auf den Zähnen haben sollen. Und was die sonst noch so miteinander anstellen, darüber wird garantiert gern getuschelt. Großstädter sind ja inzwischen einiges gewöhnt, aber hier auf dem Land gelten die beiden Frauen immer noch als verdächtige Exoten, die man nicht recht einschätzen kann. Zum Glück sind ihnen Angriffe auf Leib und Leben in Icking bislang erspart geblieben – schon 1907 hatten sie den Siglhof in der Nähe von Peissenberg erworben, am anderen Ufer, westlich des Starnberger Sees, und dort war es zweimal zu einer schweren Feuersbrunst gekommen, vermutlich aufgrund von Brandstiftung. Dabei hatte sich der Siglhof unter der Ägide seiner engagierten Besitzerinnen sogar in eine Art Mustergut verwandelt, wo verschiedene Getreidesorten angepflanzt wurden und Torf im nahen Moor gestochen wurde. Doch gerade die massiven Anfechtungen, denen die beiden Freundinnen ausgesetzt waren, bewiesen umso mehr, dass sie wie ein Fels in der Brandung zueinander standen.

»Jedes Jahr brachte uns einander näher«, so Augspurg und Heymann, »vertiefte unsere Freundschaft, ließ uns erkennen, dass wir nicht nur in Fragen der Weltanschauung, dem Streben nach Wahrheit und Freiheit, sondern überhaupt bei allen Begebenheiten des täglichen Lebens – die so häufig zwischen Menschen dauernd Zwistigkeiten auslösen, zu Katastrophen des Unbehagens werden – in klösterlicher Harmonie standen.«

* * *

Walter Gropius fährt derweil in den Semesterferien im Sommer 1919 zur Kur nach Bad Kissingen, alleine. Am 31. August feiert Alma in Wien ihren vierzigsten Geburtstag, ohne ihn, doch Franz Werfel leistet ihr Gesellschaft, der Besuch neulich im Wurstelprater hat ihm tatsächlich aufgeholfen, denn er arbeitet wieder mit großer Kraft, wie Alma ihrem Tagebuch erleichtert anvertraut. Sie hat keinen Zweifel daran, dass sie seine Inspirationsquelle ist, wahrscheinlich muss sie die Scheidungspapiere nun doch endlich unterschreiben, schon Werfel zuliebe.

Alma und ihr Freund klettern hinauf auf die Raxalpe, einen der Wiener Hausberge, ein Wunder, dass Werfel nicht japsend nach Luft schnappen muss, sondern Schritt halten kann, wo er doch immer so viel raucht. Alma ist froh, dass auch sie den steilen Aufstieg nach der Schwangerschaft und dem belastenden Tod des Söhnchens so leichtfüßig bewältigt. Sie bleibt auf einem Plateau stehen und lässt ihren Blick auf der Alpenlandschaft ruhen, wird ein wenig sentimental, ihre Gedanken schweifen weit ab bis zurück in ihre Kindheit. Sie erinnert sich an die kleine Alma Schindler, als die sie in Wien zur Welt kam, und an ihren Vater Emil, einen anerkannten Landschaftsmaler, der viel zu früh verstorben war. Von ihm hat sie die Liebe zur Musik geerbt. Hauslehrer brachten ihr zwar einiges Grundwissen bei, aber diese Lernerei in den eigenen vier Wänden gestaltete sich schrecklich unsystematisch, Alma war es immer schwergefallen, sich etwas von dem zu merken, was man ihr zu erklären versuchte, eine Grammatikregel, eine Rechenart. Einzig die Musik prägte sich ihr wie von selbst ein, Rhythmus blieb im Kopf und ging ins Blut.

Alma nahm beizeiten Orgel- und Gesangsstunden, darin blühte sie vollkommen auf. Doch als Gustav Mahler 1902 in ihr Leben trat, machte er ihrem künstlerischen Treiben erbarmungslos ein Ende. Der neue Ehemann verbot seiner Frau kurzerhand die Musik, denn das war allein seine Domäne. Während er selbst Symphonie um Symphonie in seinem Komponierhäuschen am Ufer des Attersees vollendete, litt Alma nunmehr unterbeschäftigt und über die Maßen neidisch auf seine künstlerische Tätigkeit, die keinen Raum mehr ließ für die ihre. Alma hatte sich folgsam darauf beschränkt, Gustavs Partituren eigenhändig zu kopieren, die angehende Komponistin war mit der Hochzeit zur Sekretärin ihres Gatten degradiert worden. Gustav hatte ihr die Flügel gestutzt, aber gehörte damals nicht alles an ihr dem Göttergatten, für den sie tun musste, was er verlangte? Hatte sie nicht schon als Mädchen gelernt, dass eine Ehefrau sich in ihr Schicksal, das der Gatte bestimmte, zu fügen hatte? »[I]ch habe nun ein Ziel: mein Glück für das eines anderen zu opfern und vielleicht dadurch selbst glücklich zu werden«, das hatte die frisch Verheiratete wie einen Spruch memoriert, der ihr ins Poesiealbum geschrieben wurde. Alma blieb in diesem Glauben, doch sie handelte nicht konsequent danach, denn noch zu Mahlers Lebzeiten flüchtete sie aus ihrer Ehe in die Arme eines Jüngeren, zu Walter Gropius. Nun hat sich die Geschichte wiederholt, nach demselben unheilvollen Muster wie gut zehn Jahre zuvor.

Almas Lebensaufgabe sind Männer, ein männliches Genie als Ersatz für eigene künstlerische Betätigung. Schon früher war sie brennend eifersüchtig auf Sängerinnen gewesen, die mit Gustav Mahler zusammenarbeiten durften, bei ihrem Besuch in Weimar war sie, wenn sie ehrlich zu sich selbst ist, eifersüchtig auf die jungen Frauen, denen sie am Bauhaus begegnet ist und die etwas mit Walter teilten, wozu sie keinen Zugang fand. Die jungen, selbstständigen Dinger haben ihr vor Augen geführt, was sie für Gustav aufgegeben hat in ihrer Jugend, statt weiterhin eigene Stücke zu komponieren, hatte sie sich auf ihre innere Musik beschränkt.

Mit dem Schriftsteller, der nun an ihrer Seite geht, den Wanderweg hinauf auf die Rax, fühlt Alma sich sicher. Schriftsteller sind einsame Gesellen, wer schreibt, kommt ohne Sängerinnen und Studentinnen aus, Franz Werfel gehört ganz zu ihr, zu Alma allein. Außerdem spürt sie mit jeder Faser, dass aus ihm einmal ein ganz Großer werden wird, ein Jahrhundertdichter, gar ein Klassiker der Weltliteratur. »Ich habe die Liebe dieses ausgezeichneten wunderbaren Menschen, der durch mich wieder in seine Arbeit gekommen ist, und trotzdem fühle ich fortwährend: Etwas fehlt. Der Mensch darf eben nicht glücklich sein! Franz Werfel nannte die Welt einen ›Strafort‹, und wie recht hatte er! Wie behütet war ich doch als Kind, und wie fremd steht man später in der Welt. Der Sommer ging zu Ende. Es war 1919.«

September

*Paris füllt sich wieder mit Leben *** Caroline von Heydebrand beliebteste Lehrerin an neu eröffneter Waldorfschule *** Käthe Kollwitz zur Professorin ernannt *** Alma Mahler-Gropius sinniert über die Ehe*

Am 3. September, die langen französischen Sommerferien neigen sich mit Macht dem Ende zu, schreibt Marie Curie an ihre Töchter: »Oft denke ich an die Arbeit, die in diesem Jahr vor uns liegt. Ich denke an jede von Euch, an die Freuden und Sorgen. Ihr seid mir ein großer Reichtum und ich hoffe, dass das Leben für uns noch viele gute gemeinsame Jahre bereithält.«

Im Pariser Radium-Institut in der Rue des Nourrices ist Irène Curie schon wieder vollauf damit beschäftigt, das bevorstehende Semester vorzubereiten. Sie säubert Versuchsgeräte, überprüft die Bestände an Radium, tippt Lehrpläne ab. Wie nebenbei lernt die Studentin auch noch für Prüfungen, denn sie will nächstes Jahr ihre Licence in Mathematik und Physik an der Sorbonne machen. Anders als ihre jüngere Schwester Ève, die so gern Klavier spielt und sich schon wieder einen neuen modischen Modellhut für die kommende Herbstsaison gekauft hat, hat Irène keine Zeit und auch gar keinen Sinn für Eitelkeiten wie die neueste Mode, für Pianokonzerte oder die Programme in den Variétés. Auch Chanels Boutique an der Place Vendôme und die Vergnügungsstätten rund um die Grands Boulevards hat sie noch nie aufgesucht. Die ernste, disziplinierte Irène kommt mit ihren schmalen Lippen und der hohen Stirn auch äußerlich ganz nach der Mutter.

Nach der *rentrée*, der massenhaften Rückkehr der Pariser in ihre während des ganzen Monats August ausgestorbene Stadt, füllen sich die Straßen wieder mit Leben, die schweren Eisenjalousien vor den Schaufenstern werden mit Getöse hochgezogen, die Terrassen der Bistros auf den großen Boulevards sind wieder bis auf den letzten Platz besetzt, man tauscht Urlaubserlebnisse aus und macht sich schlau, was sich während der Sommerpause daheim in der Metropole und im Weltgeschehen ereignet hat – vor allem, dass das Baguette mal wieder einen ganzen Centime teurer geworden ist, erhitzt die Gemüter. In den Tageszeitungen kann man lesen, dass nun auch die italienische Abgeordnetenkammer in Rom die Vorlage über die Einführung des Frauenwahlrechts gebilligt hat; mit Ausnahme von Prostituierten erhalten alle Italienerinnen das aktive und passive Wahlrecht, endlich, doch viele Männer sind darüber bass erstaunt und bestellen noch einen Pastis. Von einem solchen Schritt sind die Franzosen immer noch weit entfernt, dabei ist eine Pionierin im Kampf für Frauenwahlrecht und Gleichberechtigung in allen gesellschaftlichen Bereichen sogar eine Französin, Olympe de Gouges, die schon 1791, im Zuge der Französischen Revolution, eine couragierte Kampfschrift veröffentlichte, die *Erklärung der Rechte der Frau und Bürgerin.* Ihren Löwenmut musste sie mit dem Leben bezahlen, sie wurde öffentlich mit der Guillotine auf der Place de la Concorde hingerichtet. »Die Frau hat das Recht, das Schafott zu besteigen. Gleichermaßen muss ihr das Recht zugestanden werden, eine Rednertribüne zu besteigen«, so hatte sie in ihrer Deklaration gefordert. Zwar gibt es jetzt 1919 auch in Frankreich eine Frauenrechtsbewegung, und seit 1914 wird in der Nationalversammlung auch in regelmäßigen Abständen über die Einführung des Frauenwahlrechts abgestimmt, doch die konservativen Herren Senatoren lehnen dies beharrlich mit vermeintlich charmanten Worten ab: »Frauenhände sind dazu da, geküsst zu werden, nicht um Stimmzettel in die Urne einzuwerfen.«

Die schlagfertige Coco Chanel hätte im Senat von Paris schon die entsprechende Antwort darauf parat: »Ein Mann kann anziehen, was er will – er bleibt immer nur ein Accessoire der Frau.«

***

Im September 1919 wird in Berlin der ›Bund entschiedener Schulreformer‹ aus der Taufe gehoben, von Paul Oestreich, einem aus Magnus Hirschfelds Heimatstadt Kolberg stammendem Pädagogen. Oestreich ist glühender Verfechter einer Einheitsschule, die bessere Bildung für sämtliche Gesellschaftsschichten anbietet. Zur selben Zeit bereitet man sich in Stuttgart auf die schon seit dem Mai projektierte Eröffnung der neuartigen Lehranstalt vor, die den Anspruch hat, eine Schule für alle Kinder zu sein, Mädchen und Arbeiterkinder eingeschlossen. Da sich die neue Schule auf dem Gelände der Stuttgarter Tabakfabrik Waldorf-Astoria befindet, hat man ihr kurzerhand den Namen Waldorfschule gegeben. Fabrikdirektor Emil Molt hat sie komplett aus seiner Privatschatulle finanziert, so wichtig ist ihm eine gute schulische Bildung der Kinder seiner Arbeiter. Zur Seite steht ihm weiterhin der Anthroposoph Rudolf Steiner, der die pädagogische Fachberatung übernommen und während der letzten Wochen ein koedukatives Konzept entwickelt hat. Seit Ende August finden in der Stuttgarter Landhausstraße täglich Lehrerkurse statt, darunter das Fach ›Allgemeine Menschenkunde‹, an denen von Steiner handverlesene Pädagogen teilnehmen. Sie werden in gelehrsamen Vorträgen auf den Geist eingeschworen, der künftig durch die Klassenräume wehen soll, und in euphorische Aufbruchsstimmung versetzt: »Die Waldorfschule muss eine wirkliche Kulturtat sein, um eine Erneuerung unseres Geisteslebens der Gegenwart zu erreichen. Die Schule wird republikanisch verwaltet werden. In dieser Lehrer-Republik wird jeder selbst voll verantwortlich sein. Wir dürfen nicht bloß Pädagogen sein, sondern wir werden Kulturmenschen im höchsten Sinne des Wortes sein müssen.«

Am 7. September 1919 ist es endlich so weit, die Klassenräume und das Lehrpersonal sind bestens präpariert, die feierliche Eröffnung der Freien Waldorfschule in Stuttgart kann stattfinden. Der Andrang ist selbst für die Initiatoren überraschend groß, rund tausend Menschen stürmen in den *Stadtgartensaal*, darunter voller Erwartung die Familien der 250 Schüler und Schülerinnen sowie Mitarbeiter der Waldorf-Astoria-Zigarettenfabrik und überzeugte Anthroposophen. Es geht recht diszipliniert zu, bald haben alle ihren Platz eingenommen, um Ruhe wird gebeten, der Pianist Paul Baumann, der demnächst als Musiklehrer das Kollegium bereichern wird, hebt zu spielen an, Bachs *Präludium C-Dur* aus dem *Wohltemperierten Klavier*.

Baumann spielt heute besonders beseelt, schließlich hat er erst gestern geheiratet, die Eurythmistin Elisabeth Dollfus, deren tänzerische Exerzitien er inbrünstig am Klavier begleitet.

Der letzte Ton ist verklungen, Beifallklatschen, Emil Molt tritt ans Pult und erhebt die Stimme: »Meine sehr verehrten Anwesenden! Diese Gründung der Waldorfschule ist nicht etwa entsprungen einer bloßen Marotte eines Einzelnen, sondern der Gedanke wurde geboren aus der Einsicht in die Notwendigkeiten unserer heutigen Zeit. Es war mir einfach Bedürfnis, in Wahrheit die erste sogenannte Einheitsschule ins Leben zu rufen und dadurch einem sozialen Bedürfnis wirklich abzuhelfen, sodass künftighin nicht nur der Sohn und die Tochter des Begüterten, sondern auch die Kinder der einfachen Arbeiter in die Lage versetzt werden, diejenige Bildung sich anzueignen, die heute notwendig ist zum Aufstieg zu einer höheren Kultur.« In seiner Rede erinnert er die Zuhörer daran, dass die meisten Vertreter, ja, vor allen Dingen die Vertreterinnen seiner Generation nicht in den Genuss ausreichender Bildung kommen konnten, ein Grund mehr, sie der heutigen Jugend großzügig zuteil werden zu lassen.

Applaus brandet auf, Molt verneigt sich, tritt vom Pult zurück und überlässt Rudolf Steiner das Wort, der Meister erhebt sich und beginnt seinerseits mit einer Festansprache. Viel ist darin wieder von Einswerdung des Menschen mit der Natur die Rede, von Religion und Ganzheitlichkeit, der große Lehrherr der Anthroposophie fasst sich nicht eben kurz, und unter den Zuhörern sind nicht wenige, die ein Gähnen unterdrücken müssen, da hilft auch die ganze Emphase des Redners nichts. Wenn man in die Gesichter der Kinder blickt, kann man sich schon ein wenig Sorgen machen, dass dieser schier endlose Vortrag Steiners die Schüler sogleich wieder abschrecken könnte. Doch niemand zeigt Unruhe, keiner erhebt sich und wagt es, die Weihe seiner Worte zu stören. Erst nach einer geschlagenen Stunde schließt Steiner seine Ansprache endlich, mit den Worten: »Einheitsschule – so sagt unsere Zeit! An keine andere als eine Einheitsschule wird herantreten diejenige Erziehungs- und Unterrichtskunst, die, so wie es angedeutet wurde, aus dem ganzen Menschenwesen heraus ihr Können schöpfen will. [...] Möge ein Kleines zu diesem großen Ziele die Waldorfschule beitragen können.«

Erneuter Beifall, dann ernste Stille, auf der Violine erklingt noch einmal Bach, das berühmte *Air*, eigentlich viel zu traurig und getragen für diesen erfreulichen, zukunftsweisenden pädagogischen Schritt, den man soeben getan hat.

Zu den Lehrern des künftigen Kollegiums, die den Ansprachen Molts und Steiners geduldig gelauscht haben, gehört auch die aus Breslau und einem alten schlesischen Adelsgeschlecht stammende Caroline von Heydebrand; über einer hohen Stirn ein strenger Mittelscheitel und neugierig geweitete Augen, die Zweiunddreißigjährige wirkt ein wenig wie die Unschuld vom Lande. Aber sie ist bestens gerüstet, hat sie doch von 1908 bis 1909 die renommierten Gymnasialkurse von Helene Lange in Berlin besucht, das Abitur dort abgelegt und 1910 in München das Studium aufgenommen – Germanistik, Geschichte und Philosophie. Heydebrand ist frisch promoviert, als sie ihren Dienst in der Waldorfschule antritt, erst im Juli hat sie an der Universität Greifswald die Prüfung zum Dr. phil. mit Auszeichnung bestanden. Thema ihrer Arbeit sind *Die Lehrlinge zu*

Sais von Novalis. Auf den unvollendeten Roman des Frühromantikers war Caroline von Heydebrand durch die Anregungen Rudolf Steiners gekommen, ihr Bruder Wilhelm hatte ihr den Anthroposophen vor einigen Jahren in München vorgestellt. Wilhelm hatte dieses Jahr zwei Bücher veröffentlicht, in denen er sich mit Steiners Ideen zur sozialen Frage und der Kunst im dreigegliederten sozialen Organismus befasst – in Freiheit, Gleichheit und Brüderlichkeit. Inzwischen hat Caroline von Heydebrand dem guten Steiner viel zu verdanken, da er sie stets ermutigt hatte, ihren Weg beharrlich weiterzugehen, sie von Anfang an für eine »geborene Pädagogin« gehalten und sie trotz fehlender Lehrerfahrung in sein Kollegium berufen hatte.

Der erste Unterricht nach Eröffnung der Waldorfschule findet am 16. September statt. Allerdings sind die Bauarbeiten noch immer nicht ganz beendet, und als Ausstattung der Klassenzimmer muss das Mobiliar des Cafés *Zur Uhlandshöhe* herhalten, ausreichend Stühle sind da, jedoch nur wenige Tische, an denen sich die Kinder eng gedrängt versammeln. In den acht Klassen sitzen insgesamt 256 Schüler, 191 davon sind Arbeiterkinder, die übrigen Schüler stammen aus besser gestellten, anthroposophischen Familien. Caroline von Heydebrand wird die größte Klasse der Schule anvertraut, als sie den Raum betritt, steht sie fast 50 Fünftklässlern gegenüber, die sie aus großen Augen neugierig anschauen.

Sie verspürt ein wenig Lampenfieber, als sie nun das allererste Mal unterrichten soll, so wie vor einigen Jahren, als sie in einem Steiner'schen Mysteriendrama einen kauzigen Gnom dargestellt hatte. Doch als sie mit ihrer allerersten Unterrichtsstunde beginnt, läuft alles reibungslos und wie von selbst. Die Arbeiterkinder sind dankbar, als sie ihnen mit ihrer hohen und zarten Stimme zunächst von sich selbst erzählt. Dass sie als Zweitälteste von neun Geschwistern genau wisse, wie es sich anfühle, Verantwortung für Jüngere zu übernehmen, und dass sie sich als Tochter eines Landrats in Breslau eher unwohl in den feinen Kreisen gefühlt hatte, in denen ihre Eltern verkehrten. Dass sie, statt im Sonntagsstaat mit Schleife im Haar brav an einer Kaffeetafel zu sitzen, viel lieber barfuß in die Natur hinausgegangen sei, von der man so viel lernen könne, wenn man nur genau hinschaue, wie aus einer Raupe ein Schmetterling wird, wie sich die Blütenkelche im Morgenlicht öffnen und dem Betrachter entgegenrecken und die Grillen zirpen in der Abenddämmerung, lauter Wunder der Schöpfung. Caroline von Heydebrand braucht nur ihre eigenen Erfahrungen weiterzugeben, und schon hat sie die Kinder für sich gewonnen. Nicht lange, und die Kleinen hängen ihr an den Lippen und am Zipfel ihres langen, dezenten Gewandes, in dem sie die Unterrichtsstunden meistens abhält. Steiner behielt vollkommen recht, von Heydebrand war als Didaktikerin ein wahres Naturtalent und trat mit den Jahren und auch nach seinem Tod 1925 immer sicherer in seine Fußstapfen.

* * *

Ab jetzt darf Käthe Kollwitz als erste Frau auch ganz offiziell den ihr von der Akademie der Künste zuerkannten Titel tragen. Ein wenig fremd klingt es in ihren Ohren noch immer, wenn sie respektvoll mit dem neuen Namenszusatz angesprochen wird: Frau Professor Kollwitz. Die Malerin schlägt noch einmal das *Berliner Tageblatt* vom 9. September auf und weiß nicht recht, ob sie sich ärgern oder doch lieber freuen soll über einen Artikel, in dem es doppelzüngig heißt: »Eine Ehre für den Titel! Das preußische Kultusministerium hat Käthe Kollwitz, die Berliner Meisterin der Radierung, die wahrlich keiner Titel-Ehrung bedarf, zum Professor ernannt.«

Auch der verstorbene Sohn Peter hatte immer so gern gezeichnet und gemalt. Schweren Herzens macht sich Käthe Kollwitz in diesen Frühherbsttagen daran, sein seit fünf Jahren ausgestorbenes Jungenzimmer auszuräumen. Sie berührt wieder und wieder seine Pinsel, Malblöcke und Skizzenbücher mit unvollendet gebliebenen Zeichnungen, lässt noch einmal schwermütig und immer noch voller Selbstvorwürfe all die Dinge durch ihre Hände gleiten, die ihrem Sohn gehört haben, bevor sie alles in eine Kiste packt und in den dunklen Keller hinunterbringt. Etwas davon wegzuwerfen, das bringt die leidende Mutter nicht über sich. Eigentlich wollte sie Peters unbewohntes Zimmer zu seinem Andenken so erhalten, wie er es zum letzten Mal verlassen hatte, doch nun wird es benötigt, denn Käthes alte, kranke Mutter Anna wird demnächst hier einziehen. Natürlich lässt man die eigene Mutter nicht im Stich, auch wenn es der Künstlerin schon mächtig zu schaffen macht, dass sie gerade jetzt, durch diesen Schritt, verstärkt an ihr eigenes Alter denken muss. Im Juli ist sie immerhin schon zweiundfünfzig geworden, der Zenit ist längst überschritten, bei allem Ruhm und allen Ehrungen, die ihr zuteil werden, befällt sie allzu oft die Schwermut und der Gedanke an den eigenen Tod. Hier in Peterchens Zimmer schaut sie in einen Spiegel an der Wand und blickt in ein strenges, müdes Gesicht, das von grauen Strähnen umspielt wird, die sich aus dem Haarknoten am Hinterkopf gelöst haben. Wie kommt es bloß, fragt sie sich, dass sie ständig von diesen nagenden Zweifeln heimgesucht wird, während ihre männlichen Kollegen zumeist mit unverdrossener Fraglosigkeit drauflosgehen? Freilich, Max Liebermann ist eine nachdenkliche Persönlichkeit, aber scheint in seinen Bildern nicht immer auch eine heitere Grundstimmung auf, die sie in ihren eigenen Arbeiten, die einem sozialen Gewissen folgen, so oft vermisst? Natürlich gibt es auch Ausnahmen unter den männlichen Künstlerfreunden. Sie denkt an den armen Wilhelm Lehmbruck, der seinem Leben im März gewaltsam ein Ende gesetzt hat, obwohl er überaus talentiert und erfolgreich war, sodass er seine Arbeiten sogar im Pariser Herbstsalon ausstellen durfte. Wer weiß, vielleicht litt Lehmbruck ja unter gebrochenem Herzen und wählte deshalb den Tod; es ist ein offenes Geheimnis, dass die gefeierte Schauspielerin Elisabeth Bergner die Liebe des sensiblen Künstlers nicht dauerhaft erwidert hatte und den Sehnsüchtigen am ausgestreckten Arm verhungern ließ. Wie gut, dass Käthe Kollwitz ihren liebevollen Mann zur Seite hat, der ihr über ihre Depressionen hinweghilft und ihr in diesen schweren Zeiten den Rücken stärkt, Karl, mit dem sie all das Leid, die tiefe Trauer um den gefallenen Sohn durchlebt hat. Selbst Peters tragischer Tod hat sie nicht auseinanderbringen können, sondern vielleicht noch stärker zusammengeschweißt, das ist ein kleiner Trost.

* * *

»Was!«, schreit es empört aus Almas Tagebuch, »bis ans Ende meiner Tage mit Walter Gropius in Weimar dahinvegetieren?«

Wahrscheinlich gibt es keinen anderen Ausweg als die schändliche Scheidung, sie wird das kleinere Übel sein, denn seit der Abreise aus dem thüringischen Städtchen im Juni hat Alma keinen einzigen Gedanken mehr an Rückkehr verschwendet. Weimar, das der neuen Republik seinen Namen gegeben hat, ist zwar recht hübsch, doch kein Vergleich mit Wien. Das Nationaltheater ist keine Konkurrenz zur Hofoper, keine Kirche so imposant wie der Stephansdom. Und nirgends findet man hier zünftige Kaffeehäuser vom Format des *Griensteidl.* Wiener Melange und Sachertorte, Fehlanzeige, nur ordinäre Thüringer Klöße und Würste. Freilich hat Weimar auch einiges zu bieten, die Villa Silberblick, den Geist von Goethe und Schiller, die bunten Gebäude aus der Blütezeit der Renaissance am Marktplatz, aber alles so bescheiden. Alma würde in Weimar auf Dauer auch die vornehmen Geschäfte der Wiener Innenstadt vermissen, die opulenten Roben, die es im Konfektionshaus *Braun & Co.* am Graben gibt. Schlimm genug, im Vertrag von Saint-Germain vom 10. September 1919 ist das Habsburgerreich aufgeteilt worden wie ein saftiger Braten, Österreich ist nur noch ein kleines Land in einem Flickenteppich.

Gut, dass sie Franz hat, der ihre Welt wieder ins rechte Licht rückt. Der will von seiner Geliebten genau wissen, wie er sie glücklich machen kann. Was er besser machen kann als Gustav und Walter. Auf der Suche nach einer Antwort schweifen Almas Erinnerungen immer wieder zu ihrem ersten Gatten, der Fluch und Segen zugleich für sie gewesen ist. Auf immer und ewig wird sie stolz darauf sein, an der Seite des gefeierten Komponisten gelebt zu haben, doch sie habe nicht nur aufs Komponieren und muntere Gesellschaft verzichten müssen. Sie sei, erzählt Alma erregt mit halb erstickter Stimme, auch sexuell vollkommen unerfüllt mit dem herzkranken Mahler gewesen: »Diese sonderbare Ehe mit Gustav Mahler, diesem Abstraktum, hatte mich die ersten zehn Jahre meines bewussten Lebens innerlich jungfräulich erhalten. Ich liebte Mahlers Geist, sein Körper war mir schemenhaft.«

Mit Werfel ist das freilich anders, der junge Liebhaber ist unersättlich. Kein bloßer Schemen, sondern ein Mann aus Fleisch und Blut. Nur manchmal keimt in Alma der Gedanke auf, ob sie nicht schon wieder an einen Mann geraten ist, dem sie dabei behilflich ist, seinen Mutterkomplex zu pflegen. »Du könntest mein Sohn sein«, sagt sie leicht spöttisch zu Werfel.

Der will das gar nicht hören, aber Alma ist ein gebranntes Kind. Gustav Mahler hatte 1910, nachdem er von ihrer Affäre mit Gropius erfahren hatte, in seiner Verzweiflung den psychologischen Rat Sigmund Freuds eingeholt. Die Koryphäe bescheinigte ihm, dass er in Alma vermutlich seine Mutter Marie sehe. Bei der handelte es sich leider um eine verhärmte, dauerhaft unzufriedene Frau, und Freud erklärte dem staunenden Mahler, dass er die lebenslustige Alma durch seine Forderungen und Verbote in ein ebenso leidendes Geschöpf verwandeln wollte, wenn auch unbewusst. Alma erinnert sich nur ungern an ihren Vorsatz gleich nach der Hochzeit mit Mahler: »Wenn ich weiß, dass ich ihm durch mein Leiden Impulse gebe, wie kann ich da nur einen Moment verzagen! […] Ich bin tief erfüllt von meiner Mission, diesem Genie die Steine aus dem Weg zu räumen!« Was für ein Wahnsinn. Durch ihre Selbstaufgabe war die Ehe von vornherein zum Scheitern verurteilt gewesen, nur eine Frage der Zeit! Und jetzt darf sie den gleichen Fehler nicht noch einmal machen, widerwillig fort aus Wien und nach Weimar zu Gropius zu gehen, käme abermals der reinsten Selbstverleugnung gleich, das kann nicht gut gehen. Ja, ich gehöre nach Wien, davon ist Alma nun endgültig überzeugt, nach Wien zu Franz Werfel!

Hin und wieder besucht Alma Gustav Mahlers Grab auf dem Friedhof in Grinzing, wo er am 22. Mai 1911 neben der so früh an Diphterie verstorbenen gemeinsamen Tochter Maria beigesetzt worden war. Den Namen Mahler wird Alma ihr Leben lang tragen, er ist unauslöschlich, aber auf den von Gropius kann sie gern wieder verzichten. Es ist auch noch gar nicht abzusehen, ob Walter als Architekt jemals den Rang einnehmen wird, den Gustav Mahler bereits zu Lebzeiten hatte, und mit Gropius' gläserner Fabrik und seinen sozialistischen Visionen, wie er sie im Arbeitsrat für Kunst pflegt, kann sie auch nichts anfangen. Ach, Gustav! Alma ist beim Anblick des geschmückten Grabes jedes Mal gerührt, nur eines entrüstet sie immer noch: Sigmund Freud hatte tatsächlich die Frechheit besessen, ihr nach Gustavs Tod eine saftige Rechnung für die Konsultation zuzuschicken, eine einzige Sitzung von vier Stunden, die rein gar nichts geholfen hatte. Freud ist sein Ruhm inzwischen zu Kopfe gestiegen, findet Alma, kein Wunder, mittlerweile pilgern sogar Amerikaner nach Wien in die Berggasse und finden es schick, sich auf der Chaiselongue des Psychoanalytikers durchleuchten zu lassen.

Alma hat immer noch nichts in Sachen Scheidung entschieden, obwohl sie eines sicher weiß: »Das Leben ohne Franz Werfel hat keinen Sinn.« Neben der Angst, dass sie Manon an Walter verlieren wird, fürchtet sie die Schmach, für immer als skrupellose Ehebrecherin gebrandmarkt zu sein. Walter Gropius ist es nun jedoch leid, weiterhin einer Frau treu zu bleiben, die sich längst von ihm losgesagt hat, und fühlt sich innerlich als freier Mann. Er hat vor Kurzem eine junge Malerin aus Stuttgart kennengelernt, die einunddreißigjährige Lily Hildebrandt. Wie er brennt sie für fortschrittliche Ideen, für die von akademischen Zwängen befreiten Ausdrucksformen als Bausteinen einer neuen Gesellschaft. Dass die beiden seit diesem Herbst ein Liebespaar sind, muss jedoch ein Geheimnis bleiben, denn auch Lily Hildebrandt ist verheiratet, mit dem Kunsthistoriker Hans Hildebrandt. Viel zu selten sind die konspirativ-leidenschaftlichen Treffen in Hotels, Lily Hildebrandt lebt in Stuttgart, vor allem schreiben die Geliebten sich regelmäßig Briefe und führen lange, teure Telefongespräche. Gropius vertraut Lily seine Sorgen an, spricht von Almas Launen und beklagt zwischen zwei in die Leitung geseufzten Liebesschwüren die feindselige Stimmung in der Weimarer Bevölkerung, die sich über die losen Sitten am Bauhaus echauffiert. Die Schüler und Schülerinnen des Bauhauses fallen durchaus auf in dem thüringischen Städtchen, und das nicht besonders angenehm, denn ihr respektlos-bohemehaftes Gebaren ist den braven Bürgern in der Provinz ein Dorn im Auge. Und Walter Gropius treiben zudem große finanzielle Sorgen um, die Improvisation am Bauhaus ist durchaus nicht bloß künstlerisches Programm: »Nur Geld fehlt, um die entsetzliche Existenzdürftigkeit der Schüler zu mildern. Überall versuche ich Geld zu kriegen, aber ich habe dafür wenig Talent. Kannst Du nicht für mich Kapitalisten suchen helfen. Ich umarme Dich, mein Liebes. Dein Wanderstern berührt Dich.«

Oktober

*Gunta Stölzl und Gertrud Grunow neu am Bauhaus *** Sylvia Beach auf Büchersuche *** Hannah Höch führt Reichspräsident Ebert in Badehosen vor *** Anita Augspurg warnt vor Hitler*

Alma mit ihren zahlreichen Kontakten ist es immerhin zu verdanken, dass zu Beginn des Wintersemesters am 1. Oktober eine eigenwillige Gestalt, der Schweizer Maler und Kunstpädagoge Johannes Itten, seinen Unterricht am Bauhaus Weimar aufnimmt. Noch in Wien hatte sie Gropius vor einiger Zeit mit Itten bekannt gemacht, der dort eine private Kunstschule leitete. Gropius gefiel diese illustre Erscheinung, die nun am Bauhaus sogenannte Vorkurse gibt, in denen die Studenten zu Rhythmus- und Atemübungen aufgefordert werden, bevor sie anhand von Gemälden alter Meister und eigenen Aktstudien über Form und Farbe diskutieren. Spektakulär ist allein schon Ittens Aufzug, mit dem er vor der Klasse erscheint, in oben weiter, an den Fesseln enger weinroter Hose und einer gegürteten Kutte mit Stehkragen. Dieser vom Geist der Avantgarde beseelte Glatzkopf steht als todernster Prediger vor der ehrfürchtigen Klasse und kündet weihevoll von der Ganzheitlichkeit des Schöpferischen. Es geht ihm dabei nicht nur um die schönen Künste, sondern auch um eine vegetarische, ja, asketische Ernährungsweise. In der Mensa versucht er seinen Schützlingen sogar gebratene Kartoffelschalen als gesunde, vitaminreiche Delikatesse schmackhaft zu machen. Nicht jedem mundet das, schließlich hat man gerade erst die kriegsbedingten Einschränkungen hinnehmen müssen, einen Steckrübenwinter überstanden. Dass Itten mit seiner Diät einen konzeptuellen Grund liefert, den Gürtel enger zu schnallen, kommt immerhin Gropius' Sparkonzept entgegen.

»Geheimnisse, große Zusammenhänge werden sichtbar. Erst muss man seine Hand ausbilden, ebenso wie der Klavierspieler Fingerübungen macht, machen auch wir Fingerübungen. Zeichnen ist nicht Gesehenes wiedergeben, sondern das, was man spürt durch äußere Anregung, durch den ganzen Körper strömen lassen, dann kommt es als etwas unbedingt Eigenes wieder heraus.« Das findet die junge Münchnerin Adelgunde Stölzl, die alle nur Gunta nennen. Sie gehört zu den Bauhaus-Schülerinnen der allerersten Stunde. Gleich nachdem sie das druckfrische Bauhaus-Manifest in die Hände bekommen hat, bewirbt sie sich im Oktober 1919 direkt bei Walter Gropius mit einer Mappe, die auch Zeichnungen vor allem aus der Zeit ihres Einsatzes als Rotkreuzschwester im Ersten Weltkrieg enthalten, im Friaul, in Flandern, im nordfranzösischen Städtchen Cambrai. »[U]nd dann plötzlich in all den Frieden hinein die Glocken – Flieger – und der Krieg steht wieder da, unerbittlich hart und grausam, und ich komme und komme nicht auf die Höhe, ich kann nicht darüberschauen über das Elend, ich glaube, dass der Erfolg unserer Kriegstaten den Einsatz nicht mehr wert ist.« Gropius begutachtet die Blätter, die eine ungemeine

Präsenz und Ausdrucksstärke haben, und nimmt die junge Münchnerin sofort auf.

Gunta Stölzls Eltern nehmen den nahenden Abschied ihres Kindes nicht besonders glücklich zur Kenntnis. Der Vater, Franz Seraph Stölzl, ist als liberaler Schuldirektor durchaus ein Freund reformerischer Ideen, der seiner Tochter den Besuch des neu gegründeten Münchner Mädchengymnasiums und die Mitgliedschaft in der Wandervogel-Bewegung erlaubt hatte. Doch ob er auch die sozialistische Grundidee und die libertären Umgangsformen, die sie nun am Bauhaus erwarteten, gutgeheißen hätte? Da war von Seiten Gunta Stölzls einige Diplomatie den Eltern gegenüber gefordert: »Wir dürfen eben nur das allen Gemeinsame ihnen zeigen und das Trennende müssten wir ihnen verschweigen.«

Bevor Gunta Stölzl im Oktober 1919 ans Weimarer Bauhaus kommt, hat sie bereits eine solide Ausbildung zur Malerin an der Münchner Kunstgewerbeschule genossen. Dort war sie seit 1914 eingeschrieben gewesen, ursprünglich schwebte ihr vor, sich auf Freskenmalerei zu spezialisieren, sie nahm jedoch bald Abstand von diesem Plan, weil sie nicht an ihr Talent dafür glaubte. Ihr Lehrer, der Jugendstilkünstler Richard Riemerschmidt war es, der sie auf das Manifest des Bauhauses aufmerksam machte, und das eröffnete ihr die neue Perspektive. Gunta Stölzl war schon bei den ersten Sätzen Walter Gropius', die sie im Manifest lesen konnte, beflügelt von der Idee, das Studium in Thüringen fortzusetzen. Sie war überzeugt davon, dort besser aufgehoben zu sein als in München, vor allem, weil sie mit den sozialistischen Ideen des Bauhauses sympathisierte: »Ich stelle mich so oft [...]

außerhalb der bürgerlichen Welt.« Vor allem empfand sie sich als Außenseiterin im obligatorischen Tanzkurs, wo ihr die anderen Mädchen vorkamen wie fremde Wesen, wie »hübsch angezogene Puppen, mit denen man den Abend ganz gern verplaudert.« Da die Tanzstunden als Eheanbahnungsveranstaltung dienen, ist der weibliche Augenaufschlag, der männliche Kratzfuß hier besonders perfekt, und Gunta Stölzl fühlt sich völlig fehl am Platz, so wie in einer schlechten Operette oder in einem kitschigen Hedwig-Courths-Mahler-Roman. Nichts wie weg aus dieser angepassten Welt, auf nach Weimar, dort würde sie unter ihresgleichen sein, unter Menschen, die sich für eine neue, ehrlichere Lebenswelt einsetzen.

Ein geschichtsträchtiger Tag ist es für Gunta Stölzl, an dem sie sich am Weimarer Bauhaus immatrikuliert. Das Gebäude der ehemaligen Großherzoglich-Sächsischen Kunstgewerbeschule strahlt die Kraft eines neuen Gestaltungswillens aus, der schöne Jugendstilbau von Gropius' Vorgänger Henry van de Velde mit den hohen Atelierfenstern im Dach. Im Oktober 1919 notiert Stölzl in ihr Tagebuch: »Nichts Hemmendes ist an meinem äußeren Leben, ich kann mir's gestalten wie ich will. [...] Ein neuer Anfang. Ein neues Leben beginnt.« In den Seminarräumen und in den Ateliers herrscht eine helle, nüchterne Atmosphäre, fast wie in einer Fertigungshalle der Industrie. Kein überflüssiger Schnörkel, kein Stuckornament und keine Zierleiste lenken die Schüler vom Wesentlichen ab. Mit anderen Bauhaus-Studenten sitzt sie häufig leger auf Treppenstufen, nicht in Reih und Glied auf Bänken, während die engagierten Gespräche um die neuesten politischen Entwicklungen kreisen. Darum, wie kritisch die neue Schule von den Einheimischen angenommen wird. Es kann passieren, dass

Gunta Stölzl mit ihren Kommilitoninnen durch die Stadt spaziert und die Leute sich nach ihnen umdrehen, dass sie die Köpfe schütteln und ihnen ein ›Unerhört!‹ zugerufen wird, wenn sie diskutierend in einem Café am Frauenplan sitzen.

Förderung des Gemeinschaftslebens, so lautet die offizielle Begründung dafür, dass gern kräftig gefeiert wird am Bauhaus. Kaum zu glauben, dass das Gebäude noch vor Kurzem, zu Kriegszeiten, als Soldatenheim genutzt worden war. Jetzt wird hier im Rausch des Aufbruchs gesungen und getanzt, geraucht und gezecht, man denkt sich Konzepte für Drachen- oder Lichterfeste aus. Am 8. Oktober 1919 notiert Gunta Stölzl in ihr Tagebuch: »Am ersten Abend ein wundervolles Fest, man spürte gleich, was für ein Geist da weht, Eröffnungsfeier des Speisehauses. Eine große Halle mit weißgedeckten Tischen, grüne Wände, Musik, fröhliches Spielen dringt uns entgegen, die Menschen die alle hergekommen sind, hier ernst zu schaffen, sind sich noch ganz fremd, sie wollen sich aber näher treten, gibt es da eine bessere Idee als bei fröhlichem zwecklosen Zusammensein, Tanz und Spiel?« Wer nicht selbstständig und tatkräftig mitwirkt, ist in Weimar fehl am Platz. Die Schüler gestalten ihre Ateliers selbst, Kisten ersetzen die Stühle, aus der Not wird eine Tugend gemacht. »So ein Atelier ist schon gestaltet: Das Bett ultrablau gestrichen, der Tisch zinnoberrot, die unmöglichen Stühle verbrannt, wir sitzen auf Kisten, farbig gestrichen, an den Wänden hängen Radierungen, Holz- und Linolschnitte, Aquarelle, am Atelierfenster ein Gebilde aus farbigem Glas, Flaschenböden und Scherben verbleit, ganz abstrakt.«

Leider herrscht im Bauhaus-Alltag nur auf den ersten Blick die viel beschworene Gleichberechtigung. Schon nach wenigen Wochen müssen die Schülerinnen erfahren, dass Frauenemanzipation vor allem unter den Lehrmeistern oft nur ein müdes Lippenbekenntnis ist. Allen voran Walter Gropius, der es ganz entgegen seiner eigenen Satzung nicht gern sieht, wenn die jungen Frauen an seinem Institut den Männern Konkurrenz zu machen drohen. Die Geister, die Gropius rief und die nun in großer Zahl erscheinen, sind ihm schon nach kurzer Zeit unheimlich geworden. Er plädiert neuerdings gegen »unnötige Experimente« und für eine »scharfe Aussonderung gleich nach der Aufnahme, vor allem bei dem der Zahl nach zu stark vertretenen weiblichen Geschlecht.« Am liebsten verbannt man dieses deshalb in die Textilklasse, wo die Schülerinnen verschiedenartige Knüpftechniken erlernen und mit Wollfäden innovative geometrische Muster entwerfen können. Die Weberei ist traditionell Weiberkram, da kennen sich die Mädchen aus; sollen sie sich doch weiterhin beim Handarbeiten austoben, Architektur und Malerei den Männern überlassen wie gehabt, immer getreu nach dem Motto: ›Wo Wolle ist, ist auch ein Weib, das webt, und sei es nur zum Zeitvertreib.‹

Die Verbannung der Frauen an die Webstühle findet Gunta Stölzl zwar nicht besonders zeitgemäß und auch nicht sehr charmant; zunächst ist sie enttäuscht, aber wenn sie genauer über die Weberei nachdenkt, kommt sie auf den Geschmack. Schließlich ist ihr Urgroßvater Webermeister gewesen, eine schöne Familientradition, die sich würdig fortsetzen ließe. Ein Traum wäre es, die Bauhaus-Stoffe zu einem Markenzeichen zu machen für die gesamte Schule. Denn ist es nicht ganz und gar zeitgemäß und den Forderungen des Arbeitsrates für Kunst entsprechend, das alte Handwerk zur Kunstform zu erheben, im Sinne eines modernen Industriedesigns? Die Weberei als Gestaltungschance zu begreifen und eines Tages, wenn sie mit dem Studium hier fertig und selbst Bauhaus-Meisterin ist, eine eigene Textilklasse zu leiten? Oder wie hatte die Dadaistin Hannah Höch sich kürzlich an die Leserinnen der Ullstein-Handarbeitszeitschriften gewandt: »... wenigstens i-h-r müsst wissen, dass ihr mit euren Stickereien eure Zeit dokumentiert.«

Ebenfalls im Herbst 1919 trifft die Opernsängerin Gertrud Grunow in Weimar ein, sie folgt damit der Einladung Johannes Ittens. Mit Itten versteht Grunow sich bestens, vor allem auf esoterischer Ebene. Aus dem Einzelvortrag, den sie bereits im Juni dieses Jahres am Bauhaus gehalten hat, wird nun eine feste Anstellung als Lehrerin und Bauhaus-Meisterin. Grunows Harmonisierungslehre passt bestens ins Ganzheitskonzept der neuen Schule. In den Kursen der Sängerin finden sich zahlreich Studenten und Studentinnen ein und lauschen aufmerksam den Ausführungen der knapp fünfzigjährigen Berlinerin mit der strengen Hochsteckfrisur. Sogar Kollegen aus dem Lehrkörper werden unter Grunows Zuhörern gesichtet. Lily Klee, Gattin des Bauhaus-Lehrers Paul Klee, hält Gertrud Grunow für »eine der wenigen schöpferischen Frauen, die mir im Leben begegnet sind.«

»Unser Ziel soll es sein«, doziert Grunow, »dass jeder Einzelne für sich persönlich herausfindet, auf welchem Wege die eigene Kreativität am besten stimuliert wird. Welcher unserer sechs Sinne ist am empfänglichsten für die Weiterentwicklung der Kunst und der eigenen Persönlichkeit? Ist es das Sehen, das Hören, das haptische Erleben?«

Während sie spricht, hantiert Grunow wie ein Jongleur mit verschiedenen Farbkreisen, die an Arnold Schönbergs

Zwölftonmusik orientiert sind, von der man neuerdings in Komponisten-Fachkreisen läuten hört. Ziel ist es, die Töne auf diese Weise zu visualisieren. Alles gehört mit allem zusammen, Form und Farbe, Klang und Form, Klang und Farbe, überaus synästhetisch geht es zu, beim Zusehen könnte einem ganz schwindelig werden.

Gertrud Grunow fordert die Schülerinnen auf, sich in Konzentrationsübungen zu den Tönen, die auf einem Flügel angestimmt werden, zu bewegen. Die Mädchen heben die Röcke an und beginnen zu tänzeln. Wie Tempeltänzerinnen schweben sie über den Boden, Rudolf Steiner wäre begeistert, die Choreografie erinnert an ein anthroposophisch-eurhythmisches Mysterienspiel und hat für den Zuschauer gar leicht okkulte Züge. Die Nähe zur Waldorfpädagogik ist durchaus gegeben, denn Gertrud Grunow hält sich eng an die anthroposophisch geprägten Maximen der rhythmischen Erziehung des in Dresden-Hellerau und in Genf wirkenden Musikpädagogen Émile Jacques-Dalcroze, was sich schon während ihrer Zeit als Gesangslehrerin in Remscheid bewährt hatte, wo sie zwischen 1898 und 1916 wirkte. Grunow ist auch Mitglied der Genfer ›Societé de gymnastique rythmique‹, die die rhythmische Erziehung nach Jacques-Dalcrozes Methode für den Schulunterricht erst hoffähig machte. Nicht die starren Pirouetten und Positionen des klassischen Balletts sind bei Grunow Pflicht, sondern stark emotional geleitetes Tanzen, das Körper und Geist gleichermaßen beansprucht und zusammenführt, nicht der auf Pas de Deux dressierte Spitzentanz, sondern fließende Bewegungen, die mit veränderter Musik auch in unterschiedliche Richtungen streben. Am Ende jedes Kurses verfasst Grunow für jeden Kursteilnehmer individuelle Expertisen, in denen sie eine detaillierte Empfehlung ausspricht, welche Kunstrichtung sie für jeden einzelnen Schüler am geeignetsten hält.

***

In Wien frönt man anderen Tönen. Am 10. Oktober 1919 wird Richard Strauss' Oper *Die Frau ohne Schatten* nach einem Libretto von Hugo von Hofmannsthal an der Staatsoper uraufgeführt. Alma wohnt dem gesellschaftlichen Ereignis bei. Sie ist hin und weg. Auf ihrem Landsitz im Semmering entspannt sie sich während eines Herbsturlaubs beim Sortieren von Fallobst und beim Ausbuddeln von Kartoffeln. Erdäpfelsalat zum Wiener Schnitzel, ja, aber Kartoffelschalen wie auf Ittens kargem Bauhaus-Speiseplan kommen bei Alma nicht auf den Tisch.

Walter Gropius isst auch nicht alles, bloß weil das Bauhaus es predigt. Er verkehrt in vornehmen Häusern, wo für die Gäste fein gekocht wird. Weimar, das sich im Geist von Dichtern und Denkern, von Goethe und Schiller sieht, ist zu dieser Zeit nicht nur die Wiege der Republik und des Bauhauses, hier lebt auch das Andenken an Friedrich Nietzsche weiter, in Gestalt seiner Schwester. Elisabeth Förster-Nietzsche wacht streng über das Erbe ihres 1900 verstorbenen Bruders Friedrich. Am 15. Oktober ist Walter Gropius zu einer Geburtstagsfeier geladen, Nietzsche wäre in diesem Jahr fünfundsiebzig geworden, für die Schwester ein Anlass, illustre Gäste in die Villa Silberblick zu bitten, wo sich das Nietzsche-Archiv befindet. Die Gastgeberin hatte Gropius bereits nach der Eröffnung des Bauhauses gratuliert: »Mit dem wärmsten Interesse habe ich die Umwandlung der Kunstschule in das Staatliche Bauhaus verfolgt und Ihr ausgezeichnetes Programm gelesen.

Alles scheint mir vortrefflich, besonders dass der Accent auf eine wirkliche Lehre und Arbeit gelegt wird und das dilettantenhafte Beschäftigen mit der Kunst von der Kunsthochschule fern bleibt«, schreibt Elisabeth Förster-Nietzsche an Walter Gropius.

Die Sympathie beruht durchaus auf Gegenseitigkeit, denn Friedrich Nietzsche ist für viele der Bauhäusler ein leuchtendes Vorbild. Der Philosoph, dessen in alle Richtungen ausgreifende Gedanken sich nicht einfach in eine Schublade packen lassen, plädierte stets für eine lebendige, eine fröhliche Wissenschaft anstelle von starren Denkmodellen. Für Oskar Schlemmer, einen der Bauhaus-Meister, ist Nietzsche gar der »Philosoph meiner Jugend«. Zweifelhaft, dass auch moderne Frauen mit dem Philosophen immer noch einverstanden sind, wenn sie einen tieferen Blick in Nietzsches *Zarathustra* werfen, wo sie lesen können: »Oberfläche ist des Weibes Gemüt, eine bewegliche stürmische Haut auf einem seichten Gewässer.«

* * *

Marie Curie nimmt am 1. Oktober überrascht zur Kenntnis, dass schon so kurze Zeit nach dem schändlichen Krieg zwei deutschen Wissenschaftlern die begehrten Nobelpreise verliehen werden, Max Planck für Physik, Fritz Haber für Chemie. Nur ein paar Pariser Straßen weiter freut sich Sylvia Beach, als bekanntgegeben wird, dass der diesjährige Friedensnobelpreis Woodrow Wilson, dem einstigen Gemeindemitglied ihres Vaters, zuerkannt wird. Sie sieht in der Rue Dupuytren nach dem Rechten, es ist Punkt zwölf, schon wieder sitzen die Handwerker mit Baguette und Wein auf Farbeimern herum, die Mittagspausen in Frankreich können sehr lang sein, vor allem für die ungeduldige Buchhändlerin in spe. Schon Ende Oktober, im nahen Jardin du Luxembourg fallen letzte Blätter von den Kastanienbäumen, die sportlichen Frauen haben das Tennisspielen auf den Kieswegen inzwischen aufgegeben, die Hände werden kalt dabei, mit dem Schläger in der Hand. Als Sylvia Beach den Park durchquert, hört sie, wie die Gärtner mit ihren Harken über die Kieswege kratzen, ein paar Kinder verlassen kichernd das Marionettentheater. Sylvia fragt sich, ob sie nicht selbst auf die Leiter steigen und den Pinsel schwingen muss. Nein, denkt sie, ich muss mich erst mal um Bücher kümmern, schließlich sind die Regale noch leer!

Sylvia setzt sich in ein Bistro am Boulevard du Montparnasse, bestellt einen Grand Crème, steckt sich eine Zigarette an und schreibt ihrer Schwester Cyprian in den USA: »Ich möchte Dich darum bitten, mir so rasch wie möglich die aktuellen Neuerscheinungen aus Amerika zu schicken. Der Transport wird nicht billig sein, vielleicht kann Mama helfen?«

Sylvia klappert indessen etliche Pariser Buchläden ab. Die Buchhandlung *Boiveau et Chevillet* in der Nähe der Börse erweist sich als wahre Schatzkammer.

»Wollen wir mal sehen«, sagt der freundliche Inhaber Monsieur Chevillet und bittet seine junge Besucherin, ihm in seinen Keller zu folgen. Sylvia Beach ist nicht ganz wohl dabei, als sie hinter ihm die steile Kellertreppe hinuntersteigt in die Unterwelt des Ladens, denn Chevillet balanciert in seinen Händen einen Kerzenhalter, das Feuer flackert mit dem kleinsten Lufthauch. Im Schein der Flamme, als ihre Augen sich an die Finsternis gewöhnt haben, erblickt sie an den Wänden hoch aufgestapelte Berge von Büchern.

»Suchen Sie sich aus, was Sie brauchen, Mademoiselle«, fordert der ältere Herr sie auf. Sylvia Beach beginnt zu stöbern. Die Bücher müssen schon lange hier im Dornröschenschlaf liegen, sie riechen moderig und sind mit einer dicken Staubschicht überzogen. Schwer beladen mit zwei vollen Koffern macht sich Sylvia auf den Weg zurück in die Rue Dupuytren. Dort kommt gerade ächzend der Briefträger an, einen schweren Postsack hinter sich her schleifend. »Für sie«, ruft er, »aus Amerika.« Natürlich sind es wieder Bücher. Cyprian hat umgehend die neuesten amerikanischen Romane geschickt. Der Briefträger bekommt ein ordentliches Trinkgeld.

Sylvia hockt auf dem Boden ihres Ladens und wischt Buch um Buch mit einem Staubtuch ab, legt eins neben das andere, ein Bücherteppich wächst, reicht das, um alle Regale zu füllen? Die Ladenräume sind groß, sie braucht immer noch Nachschub. Eines Herbstmorgens macht sich Sylvia auf die Reise nach Calais. Von dort geht die Fähre nach Dover, von da der Zug weiter nach London. Dort besucht sie Verleger, die ihr Projekt loben und Unterstützung versprechen. Sylvia Beach ist einigermaßen erstaunt, schließlich ist sie jung und unerfahren, trotzdem schenken ihr alle Kollegen Vertrauen und Bücher. Ihr kommt der Gedanke, dass London eine Alternative als Standort für einen Buchladen wäre, doch längst ist sie in die Pariser Literatenszene verliebt – und ein wenig auch in Adrienne Monnier. Die wacht als guter Schutzengel über sie.

Die Wände des Ladens in der Rue Dupuytren sind zwei Wochen später endlich gestrichen. Dass hier eine Bücherei entsteht, hat sich inzwischen offenbar an der Rive Gauche herumgesprochen, immer wieder stecken Leute ihre Nase zur Tür herein und fragen, wann Eröffnung sein soll. Sylvia Beach bleibt ihnen eine Antwort schuldig; sie hat noch immer keinen passenden Namen für ihr Unternehmen gefunden. *American Bookshop? English Books? The Little Book Club?*

»Alles viel zu beliebig«, findet Adrienne Monnier, »du brauchst einen einprägsamen Namen, so wie *Au Sans Pareil*, die im vergangenen Mai eröffnete Verlagsbuchhandlung ›Ohnegleichen‹ in der nahen Rue du Cherche-Midi, wo die Freunde um André Breton ihre Zeitschrift *Littérature* vertreiben.«

In einer schlaflosen Nacht kommt Sylvia Beach auf die Idee, dass der Name ihrer Bücherei der Galionsfigur der englischsprachigen Literatur gewidmet sein sollte, William Shakespeare. Den kennt jedes Kind, das ist gut fürs Geschäft. Und der Dichter aus der Renaissance gibt weiterhin Rätsel auf; immer wieder wuchern wilde Spekulationen über die wahre Identität des Meisters aus Stratford-upon-Avon. Gerüchte kursieren seit je, dass der Dramatiker nur eine Kunstfigur war und sich hinter dem klangvollen Pseudonym ein anderer Dichter verbarg, Christopher Marlowe oder irgendein poesiebegabter britischer Aristokrat. Vielleicht war Shakespeare ja sogar eine Frau, warum nicht, oder vielleicht hatte seine Gattin Anne Hathaway den *Sommernachtstraum* geschrieben.

Ja, *Shakespeare and Company*, so muss die Bücherei heißen, der Geistesblitz jener Nacht. Sylvia Beach sieht mit wachsender Begeisterung dabei zu, wie ein Fassadenmaler diese drei Worte auf die Fläche überm Schaufenster pinselt. Aber etwas fehlt noch, findet sie, eine Art Wappen, ein Signet an einer Stange über der Ladentür, so wie in England üblich. Ein mit Adrienne Monnier befreundeter Maler wird sogleich beauftragt, für ein solches Ladenschild zu sorgen, ein markantes Porträt des Meisters aus Stratford-upon-Avon. Unter den Blicken neugieriger Passanten wird Shakespeares Konterfei in der Rue Dupuytren gehisst. Was passiert hier, wird hier ein Theater eröffnet? Oder ist das eine Dada-Aktion? Man ist einiges gewöhnt in diesen Zeiten.

* * *

Als Hannah Höch an einem jener Oktobermorgen die Tageszeitungen der letzten Wochen sichtet, schaut auch sie der amerikanische Präsident aus allen Blättern an. Um den Vater des Völkerbundes, als der er allseits gefeiert wird, kommt man dieser Tage nicht herum. Ebenfalls unumgänglich sind derzeit der neue Präsident der jungen Republik Friedrich Ebert und Reichswehrminister Gustav Noske. Gleich nach Erscheinen des Badehosen-Bildes im August haben sich die Wogen mitnichten geglättet, wie von den Herren erhofft; ein wahrer Skandal wurde seither losgetreten, womöglich von der Opposition, um Ebert zu stürzen. Für die Kaisertreuen, die der Monarchie hinterhertrauern, war das peinliche Foto ohnehin ein Glücksfall, ein schlagendes Argument für die Verlottertheit der neuen Republik, die schleunigst wieder abgeschafft werden muss. Das Badehosen-Stigma wird Friedrich Ebert bis zu seinem Tod im Jahre 1925 nicht mehr loswerden. Hannah Höch hatte genau den richtigen Riecher gehabt. Sie verwandelt die Meldung in der Tagespresse in Kunst, ein Bild, das vielleicht einmal im Museum zu sehen sein wird, montierte Zeitgeschichte.

Das Foto aus der *Berliner Illustrirten Zeitung*, das die beiden Männer zeigt und das Hannah Höch ein paar Wochen zuvor im August ausgeschnitten hat, kommt jetzt endlich zum Einsatz. Sie klebt es auf einen Bogen bemaltes Papier, garniert die schlabberigen Badehosen der leger posierenden Herren mit Gänseblümchen, im Hintergrund tummelt sich bald eine mit feinem Strich gezeichnete Badenixe, flattert ein wie von Kinderhand gemalter Schmetterling. Hannah Höch steckt den neuen Reichspräsidenten wie eine Anziehpuppe in schwarze Soldatenstiefel. Das robuste militärische Schuhwerk scheint von der Werbung sogar empfohlen zu werden, nämlich ›gegen feuchte Füße‹. Diese Zeile aus den Reklameanzeigen passt ins Bild. Das freizügige Foto aus der *Berliner Illustrirten* erregte an sich schon Anstoß genug; Höchs Parodie auf den ›gigantischen Weltunsinn‹ für die *Dada-Rundschau*, das ahnt sie, wird erst recht als grandiose Provokation empfunden werden. Über den deutschen Politikern schwebt Präsident Wilson passend zu seinem Nobelpreis mit flügelartig ausgebreiteten Armen wie ein Friedensengel, oben links im Bild klebt das I-Tüpfelchen: ›Deutsche Frauen Nationalversammlung‹. Zu einem wahren Flugblatt wird die neue Collage: ›Lesen und an Männer und Frauen weitergeben!‹ Unterzeichnet: ›Schrankenlose Freiheit für Hannah Höch‹.

Inzwischen machen es ihr alle nach, George Grosz und John Heartfield montieren Fotos aus Zeitungen, selbst Kurt Schwitters in Hannover bastelt wie besessen an eigenen Collagen. Am Ende werden die Herren sich noch untereinander darum streiten, wer von ihnen als Erster eine Collage geklebt hat, und von ihr wird niemand mehr sprechen, Hannah Höch sieht es schon kommen. Sie würde unverzüglich einen Artikel der jüngst verstorbenen Frauenrechtlerin Hedwig Dohm unterschreiben, auf den sie neulich bei ihrer Zeitungslektüre gestoßen ist: »Dass die Frage der Concurrenz, die *Furcht vor Concurrenz* bei der Einschränkung der Frau bewusst oder unbewusst eine große Rolle spielt, ist für mich zweifellos. Die Majorität der Menschen urtheilt nicht mit dem Kopf, sondern mit dem Magen. Ein Beweis dafür ist der Umstand, dass jeder Mann das unermesslich wichtige Geschäft, das er gerade betreibt, für denjenigen Beruf hält, den auszufüllen Gott und die Natur der Frau versagt habe.«

* * *

Kaum Mitglied in der neuen, völkisch orientierten Deutschen Arbeiterpartei, hält ein gewisser Adolf Hitler am 16. Oktober 1919 im Münchner Hofbräukeller eine geifernde parteipolitische Rede. Das weltoffene, der Kunst geweihte München wird von ihm und seinen Anhängern kurzerhand zur ›Hauptstadt der Bewegung‹ ausgerufen, die alle nationalistischen Kräfte bündeln will und gegen alles Fremde hetzt, vor allem gegen die Juden, die allein schuld sein sollen am Niedergang preußischer Herrlichkeit. Anita Augspurg und Lida Gustava Heymann ahnen die heraufziehende Gefahr, die von diesen polternden Mannen ausgeht in den derzeit so krisenhaften Nachkriegszeiten, in denen die Sozialdemokraten gespalten sind, die Armut nicht geringer wird und militaristische Kräfte weiterhin walten. Die beiden Frauen werden 1923 die Ausweisung des Volksverhetzers aus Deutschland fordern, freilich ohne Erfolg.

* * *

Derweil wird in Paris ein Bauwerk fertiggestellt, dessen Errichtung geschlagene 44 Jahre in Anspruch genommen hat, die Kirche Sacré-Cœur hoch oben auf der Butte Montmartre. Die Pariser Bevölkerung ist sich uneins, ob sie das weiße, orientalisch anmutende Juwel schön, originell oder einfach nur kitschig finden soll. Sylvia Beach hat keine Zeit, sich darüber Gedanken zu machen; die Leute werden sich schon an das exotische Bauwerk gewöhnen, so wie sie sich an den Eiffelturm gewöhnt haben, der ihnen anfangs ein Dorn im Auge gewesen ist und der in diesem Jahr seinen dreißigsten Geburtstag feiern darf. Abreißen wollte man das Eisenkonstrukt, aber inzwischen ist es aus dem Stadtbild nicht mehr wegzudenken und ein heiß begehrtes Motiv für Fotografen und Maler wie Maurice Utrillo oder Robert Delaunay.

November

*Novemberstimmung allerorten *** Mary Wigman lädt zum Hexentanz *** Sylvia Beach eröffnet ihre Leihbücherei Shakespeare and Company *** Dada-Klamauk wird fortgesetzt*

Im November fühlt sich Marie Curie seit je besonders wohl. Der Himmel grau und regnerisch, schönes Wetter zum Arbeiten im Laboratorium. »Der November ist ein guter Monat zum Lesen, Lernen, Schreiben. Kein Sonnenstrahl lenkt ab. Ich kann mich einigeln, alles um mich herum vergessen. Mein Lieblingsmonat. Ich bin ein Novemberkind.«

Am 1. November trifft ein bildschönes Liebespaar in Paris ein, Yvan Goll und Claire Studer, beide schreiben einander schmachtende Liebesverse, worauf Else Lasker-Schüler ein wenig neidisch blickt, weil ihr das poetische Echo eines Benn, eines Werfel versagt bleibt. Yvan Goll ist neben Lasker-Schüler, Werfel und Benn auch in Pinthus' neuer Anthologie *Menschheitsdämmerung* vertreten und hat expressionistische Gedichte ins Französische übersetzt. Seine Anthologie mit Werken Johannes R. Bechers, Franz Werfels oder Georg Trakls ist unter dem Titel *Le Cœur de l'Ennemi* in gut sortierten Pariser Buchhandlungen zu haben. Dieses ›Herz des Feindes‹ schlägt auf den Buchseiten der Anthologie des zweisprachigen, aus Elsass-Lothringen stammenden Yvan Goll für Frankreich sowie für Deutschland. Seine *Ode an Berlin* gipfelt in vier Zeilen:

»Hymnen schreibt der rote Redakteur!
Und die Orgeln brausen: O Susanne!
Heilige Rosen blühen im Landwehrkanal.
Letzte Rose von Deutschland.«

Derzeit sitzt Yvan Goll an neuen Übersetzungen, diesmal hat er sich Gedichte von Else Lasker-Schüler vorgenommen. Europa, das ist doch ein Anfang!

Im Pariser Grand Palais eröffnet an diesem Tag erstmals nach vier Jahren kriegsbedingter Pause der ›Salon d'Automne‹. Zu sehen sind dort Werke zeitgenössischer Künstler wie Modigliani, Matisse und Bonnard. Zeitgleich findet in den Räumen des renommierten Kölnischen Kunstvereins eine Ausstellung der Kölner Dadaisten um Max Ernst statt. Während der Herbstsalon wie geplant bis in den Dezember hinein geöffnet bleibt, schließt die britische Militärregierung, der das Rheinland weiterhin untersteht, die dadaistische Schau umgehend wieder. Was dort ausgestellt ist, wirkt allzu subversiv, schlichte Kinderzeichnungen und technische Gerätschaften wie ein Klavierhammer als ›vollkommenste Plastik‹. Die ›genialsten Zeichnungen in Pissoirs‹ werden zur hohen Kunst erhoben, während jeglicher Kunsttradition und sogar dem Expressionismus der Garaus gemacht wird. Eines von Max Ernsts Kunstwerken stellt eine aus einem Flaschenhals aufragende Hand dar, deren Daumen mit einer Garnrolle beringt ist, Titel: *Armada von Duldgedalzen, genannt die dadaistische Rosa Bonheur, die rechte Hand der Zentrale Dada*. Das eigenwillige Objekt ist eine zweifache Hommage, nicht nur an seine Frau Luise Straus-Ernst, sondern auch an Rosa Bonheur, denn die gab es wirklich, eine französische Malerin des 19. Jahrhunderts, die sich auf Tierdarstellungen spezialisiert hatte und ihre Motive im Zirkus und auf Schlachthöfen fand, wohin sich die bekennende Lesbe in Männerkleidung begab.

* * *

Schon jetzt wirbt das *Berliner Tageblatt* mit allerhand Tanzvergnügen und Revueveranstaltungen zu Silvester. Nicht nur in den Berliner Ballhäusern wird auch an diesem 31. Dezember wieder das Tanzbein geschwungen werden. Alles scheint Tanz zu sein im ersten Friedensjahr, Tanz auf dem Vulkan, Beziehungsreigen, Tanz um den heißen Brei, Danse Macabre. Überall dort wird getanzt, mit zuckenden Gliedmaßen, wirbelnder Mähne, stampfenden Füßen und furchterregenden Grimassen, wo die Worte fehlen in dieser immer noch ungewissen Zukunft der jungen Republik. Rauschhafter Ausdruckstanz, mit und ohne Kleider, zu melodiösen Rhythmen und zu Katzenmusik, mit oder ohne Radium, alles ist erlaubt. Die entfesselten Kräfte des expressionistischen Tanzes treten vornehmlich in Gestalt von Frauen auf, wahren Urgewalten. Anita Berber sorgt für einen Skandal, als sie vollkommen hüllenlos auftritt, und die Berlinerin Valeska Gert tingelt mit einem Tanz, den sie *Canaille* nennt, durch Deutschland. Das, was sie da ungeniert bei Auftritten in Hamburg, Augsburg und Berlin zum Besten gibt, ist ein zur Musik gekreischter, geröchelter, gestöhnter Orgasmus vor Publikum. Geradezu harmlos nimmt sich dagegen der *Hexentanz* von Mary Wigman aus, die mit bürgerlichem Namen Marie Wiegmann heißt und aus Hannover stammt. Nach einer erfolgreichen Tournee durch mehrere Schweizer Städte, auch in Davos hat sie die Sanatoriumsgäste unterhalten, tritt die Dreiunddreißigjährige im September 1919 in München auf, der ersten Station einer längeren Deutschlandtour. Wigman hat ein Faible für düstere Klänge, mit *Totentanz*, *Teufelswalzer* und einer Nummer namens *Dunkle Rhythmen* versucht sie, das Publikum zu betören. Doch das zeigt fast überall Unverständnis, moderner Ausdruckstanz ist eben nicht das allfällige Getrippel von *Schwanensee*, das die Theaterbesucher sich vorgestellt haben. Wigman erntet Pfiffe und Buhrufe, bloß keine Zugabe, aufhören! »Und jedes Mal das Gleiche«, seufzt Mary Wigman, als sie die Kritiken liest: »Einige Begeisterte, Ergriffene, einige Erstaunte, Überwältigte, und der größte Teil höhnend und spottend. Tanz? – Ohne Musik? Zur Trommel! – Der reine Wahnsinn! Wo bleibt die Grazie, die Liebenswürdigkeit – anstatt zu erheitern, bedrückt uns diese Frau.«

Ausgerechnet das hanseatisch vornehme Hamburger Publikum zeigt Interesse an Wigmans gänzlich unakademischer Art zu tanzen, Pfiffe und Buhrufe bleiben erstmals aus. Die nächste Station der Ausdruckstänzerin ist Berlin, und Mary Wigman ist zuversichtlich, denn das abgehärtete Berliner Publikum ist gewöhnt an unkonventionelle Auftritte und verspricht an jenem Abend weiteren Applaus, doch diesmal verpatzt der Pianist die Vorstellung. Die Wigman hüpft und stampft über die Bühnenbretter, aber das Geklimper auf dem Klavier klingt schräg und will partout nicht mit ihren Bewegungen harmonieren.

Der arme Mann ist vollkommen durcheinander bei den Sprüngen der Tänzerin und stolpert verwirrt durch die Noten. Die Zuschauer wissen nicht, was sie davon halten sollen, ist die Kakophonie aus schiefen Tönen und wilden Sprüngen künstlerische Absicht oder nur Stümperei? Wie so oft schon wird die Wigman nach der Aufführung auf dem Weg zur Garderobe von Pfiffen und Buhrufen begleitet. Umso überraschter ist sie, als sie hinter den Kulissen von zwei durchaus angetanen Männern angesprochen wird, herzlichen Glückwunsch, Kompliment! Sie stellen sich vor: Lasar Segall und Will Grohmann aus Dresden, der eine Maler, der andere Kunstmäzen. Ob Frau Wigman Lust hätte, bei ihnen in Dresden aufzutreten, die sächsische Stadt sei ein ideales Pflaster für solch innovative Darbietungen. Etwa sei hier dieses Jahr eine Secessionistengruppe gegründet worden, deren Mitglieder sich stark an den Brücke-Malern orientierten, an Emil Nolde und Karl Schmidt-Rottluff.

Mary Wigman geht auf das überraschende Angebot der beiden Herren ein, nichts lieber als das. Am 7. November tritt sie im großen Saal der Kaufmannschaft in Dresden auf. *Die Ungarischen Tänze* von Johannes Brahms erklingen und ein populärer Walzer von Johann Strauß, Mary Wigman ist in ihrem Element, und das Publikum ganz Ohr und Auge. Sicher war es klug, bei der Programmzusammenstellung nicht auf die düsteren Stücke bestanden zu haben. Diesmal wird sogar eine Zugabe verlangt, und auf dem Weg zur Garderobe ebbt der Applaus immer noch nicht ab.

Im Dresdner Publikum sitzt auch eine Siebzehnjährige aus München. Sie sieht der exaltierten Tänzerin auf der Bühne gebannt zu und ist schon nach ihren ersten Schritten und Sprüngen, den ersten Klängen der Musik Feuer und

Flamme. So befreit will sie auch tanzen, eine Ausdruckstänzerin werden. »Es war stets etwas so unerhört Neues, etwas so Elementares, dass mir sofort klar wurde: Entweder lerne ich bei ihr tanzen, oder ich lerne es nie! Hier war der neue Tanz, der meinem Ideal entsprach – hier war der Mensch und Führer, den ich brauchte.« Die Begeisterte heißt Margarethe Paluka, sie denkt für ihre Karriere schon mal über einen künstlerischeren Namen nach, wie wäre es einfach mit Gret Palucca? Und warum nicht nach den Sternen greifen und eines Tages sogar eine eigene Schule einrichten, wo der Tanz auf fruchtbarem Boden stattfinden kann, hier in Dresden?

* * *

Morgen ist es so weit, beschließt Sylvia Beach, morgen mache ich endlich auf. Inzwischen hat der Tischler die maßgefertigten Regale für die Bücherei geliefert. Darin machen sich die alten Schinken, die Sylvia beschafft und von Spinnweben befreit hat, sehr gut. Der Kellergeruch, der ihnen immer noch anhaftet, wird sich mit der Zeit schon verziehen, denkt sie und öffnet die Ladentür, um zu lüften. Aber immer noch stehen überall Farbeimer und Leitern herum, zusammen mit Adrienne macht sie sich ans Aufräumen, bis zur Eröffnung muss der ganze Kram verschwunden sein, sie kratzen Spritzer von den Fensterscheiben und rücken Stühle zurecht. An die Wände hängen sie Zeichnungen von William Blake sowie gerahmte Fotos von Walt Whitman, Edgar Alan Poe und Oscar Wilde in Samthosen. Ins Schaufenster kommen bibliophile Shakespeare-Ausgaben und andere Klassiker, darunter Geoffrey Chaucer, dessen *Canterbury Tales* zum Kanon der englischen Literatur zählen. Da es Sylvia aber vor allem darum geht, unbekanntere Autoren ins Spiel zu bringen, hat sie T.S. Eliots Langgedicht *Prufrock* in den Auslagen plaziert, ebenso wie die Bücher eines irischen Autors, den sie besonders verehrt. Seit James Joyces Kurzgeschichten unter dem Titel *Dubliners* 1914 erschienen waren, verfolgt sie mit Interesse, was dieser Autor noch schreibt. Vor drei Jahren hatte er *A Portrait of the Artist as a Young Man* veröffentlicht, ein unverhohlen autobiografisches Werk. Kaum einen Schriftsteller würde sie so gern kennenlernen wie den intellektuellen Iren, der bestimmt schon wieder etwas Neues in petto hat; jedenfalls waren in der amerikanischen Literaturzeitschrift *Little Review* Auszüge aus einem umfangreicheren Manuskript erschienen, woraufhin die Nummer wegen der obszönen Inhalte beschlagnahmt worden war, unverhüllt drastische Liebesszenen, pfui! Man darf gespannt sein, was sich hinter diesem *Ulysses* von James Joyce sonst noch verbirgt. Sylvia muss Adrienne von ihm erzählen. Die hält gerade den bekanntesten Roman des Briten Jerôme K. Jerôme in der Hand. *Three Men in a Boat* darf natürlich nicht im Schaufenster fehlen, Adriennes derzeitiger Lieblingsroman.

Nach getaner Arbeit raucht Sylvia eine Zigarette und nickt zufrieden. Doch sie schläft unruhig in dieser Nacht, so groß ist das Lampenfieber. Wie konnte sie bloß vergessen, Werbung für ihren Laden zu machen? Sie hat weder Handzettel verteilt noch die Presse informiert, sich allein auf Adriennes Kontakte verlassen. Wird überhaupt jemand kommen?

Der 19. November 1919 ist ein Mittwoch, schon jetzt ist die Rede von einem Jahrhundertwinter. Überm Pariser

Häusermeer tanzen weiße Flocken, die Kinder im Jardin du Luxembourg kreischen vor Aufregung und greifen mit den Händen in den Schnee wie in himmlisches Manna. Das seltene Wetterereignis ist vielleicht ein gutes Zeichen von oben, letztes Mal hat es hier im November 1887 geschneit, im Jahr meiner Geburt, beruhigt sich Sylvia Beach.

Sie steht im Halbdunkel ihrer Bücherei, nimmt noch einen tiefen Zug aus der Zigarette, bevor sie die Rollläden hochzieht und die Tür aufsperrt, vor Nervosität nun fast hoffend, dass niemand erscheint. Doch als Tageslicht in den Laden fällt, blickt sie in erwartungsvolle Gesichter. Vielleicht ist es dem Schnee zu verdanken, dass sich so viele Menschen bei Sylvia einfinden, schön warm ist es hier im Raum mit Kamin und Wollteppichen, die eine gemütliche Atmosphäre schaffen.

»Na endlich«, bekommt sie zu hören, »du hast es ja spannend gemacht.«

Freunde sind gekommen, Adrienne Monniers Habitués, die tennisbegeisterte Medizinstudentin Thérèse Bertrand und viele junge Frauen, Studentinnen, unter denen sich die neue Adresse bereits herumgesprochen hat. Die Literaten der Rive Gauche geben sich die Klinke in die Hand. Léon-Paul Fargue zeigt sich als glänzender Unterhalter, der mit zuweilen schlüpfrigen Wortspielen verblüfft. Georges Duhamel, Luc Durtain, André Maurois und Jules Romains erweisen sich als Förderer der ersten Stunde, sie stiften Sylvia wertvolle Widmungsexemplare. Stolz berichtet sie Romains, seine Werke bereits 1914 in der *New York Public Library* gelesen zu haben.

Adrienne schenkt Tee aus, reicht Biskuits, steht Rede und Antwort. Die beiden Buchhändlerinnen sind keine Konkurrentinnen, sie spielen sich die Bälle zu. Sylvia kann sich sogar vorstellen, mit der Französin zusammenzuziehen, das weitere Leben mit ihr zu teilen. Wozu braucht sie einen Mann? Gerade hier am Montparnasse sieht man viele eigenwillige Frauen, die nicht im Sinn haben, sich gewonnene Freiheiten durch einen Mann wieder nehmen zu lassen.

In dieser Nacht schläft Sylvia Beach zufrieden, tief und fest. Am Morgen erinnert sie sich deutlich an einen Traum: James Joyce ist mit seinem Gehstock in ihren Laden hineinspaziert und hat ihr einen dicken Papierstapel in den Schoß gelegt, das ganze umfangreiche Manuskript seines *Ulysses.*

Kaum nach Eröffnung von *Shakespeare and Company* betreten zwei Damen Sylvias Laden, ein schrilles Gespann, die eine groß und korpulent, eine Walküre in wallendem, bodenlangem Gewand mit einer Art Strohkorb auf der Kurzhaarfrisur, die andere klein und in gouvernantenhaftem Schneiderkostüm.

»Gestatten, mein Name ist Gertrude Stein«, stellt die Walküre sich mit Stentorstimme vor, »und das ist meine Freundin, Alice Toklas.« Die schaut sich mit dunklen, forschenden Augen im Laden um.

Die beiden Frauen sind gerade erst wieder zurück in ihrer Pariser Wahlheimat, die sie verlassen hatten, um auf Mallorca dem Krieg zu entgehen. Gertrude Steins forschender Blick auf die Bücherregale geht ins Leere. Wo denn die lustige englischsprachige Literatur sei, hier fehle humoristische Lektüre, alles so ernst! Sylvia Beach sind die Eitelkeiten der Schriftsteller inzwischen vertraut. Sie zieht gleich zwei Exemplare von *Tender Buttons* aus dem Regal, Steins 1914 erschienene Textminiaturen. Kritische

Fragen bleiben der spöttischen Gertrude im Halse stecken, jedenfalls für heute.

Schnell kommen die Frauen auf ihre gemeinsame amerikanische Herkunft zu sprechen. Gertrude Stein hat in Sylvias Geburtsstadt Baltimore studiert, eigentlich wollte sie Ärztin werden, erzählt sie, aber abgeschlossen hat sie das Studium nie. Stattdessen war sie ihrem Bruder Leo 1903 nach Paris gefolgt und hatte zu schreiben begonnen. Ein umfangreiches Manuskriptkonvolut, eine epische Familiensaga mit dem Titel *The Making of Americans*, lag noch immer bei Gertrude Stein in der Schublade, denn an die rund tausend Seiten einer unbekannten, etwas schrullig wirkenden amerikanischen Schriftstellerin traute sich kein Verleger heran.

Adrienne zeigt Sylvia auch die ersten Exemplare von *Der Dada*, die sie sich aus Zürich hat schicken lassen. André Breton und seine Freunde Louis Aragon und Philippe Soupault sind begeistert vom Dadaismus und zelebrieren ihn jetzt auch hier in Paris. Bereits seit März 1919 erscheint *Littérature*, die von den ›drei Musketieren‹ Breton, Aragon und Soupault herausgegebene Monatspostille, die in der *Maison des Amis du Livre* ausliegt. Neugierig stecken die Kunden ihre Nasen in das Blatt, in dem sich die Neulinge auf der Dada-Bühne mit ihren Texten präsentieren, neben Beiträgen von André Gide, Paul Valéry, Léon-Paul Fargue. In *Littérature* sollen demnächst erste Teile eines experimentellen Textes erscheinen, den Breton und Soupault derzeit gemeinsam komponieren, mit halb geschlossenen Augen. Er heißt *Die magnetischen Felder* und soll den Beweis erbringen, dass nicht die ordnende Kraft der Vernunft, sondern die faszinierende

Logik des Unbewussten, das von diesem Nervenarzt aus Wien durchleuchtet wird, zur Hervorbringung literarisch wertvoller Texte in der Lage ist. Adrienne hat schon Kostproben zu lesen bekommen: »Gefangene der Wassertropfen, wir sind nur ewige Tiere. Wir laufen durch die lautlosen Städte und die Zauberplakate berühren uns nicht mehr ... Unser Mund ist trockener als die verlorenen Strände ... Da sind nur noch die Cafés, wo wir uns treffen, um kühle Getränke ... zu trinken, und die Tische sind schmieriger als die Bürgersteige«, schreibt Soupault. Und die ersten Sätze Bretons lauten: »Die Geschichte kehrt mit Stichen in das silberne Handbuch zurück, und die brillantesten Schauspieler bereiten ihren Auftritt vor. Es sind Pflanzen von größter Schönheit, eher männliche als weibliche und oft beides ...«

Die magnetischen Felder sind das erstaunliche Diktat des ungefilterten Denkstromes, weiß Adrienne Monnier, ein Manifest der unsichtbaren Quellen des Schöpferischen, Breton und Soupault nennen es ›écriture automatique‹, das automatische Schreiben.

»Aber ist Kunst nicht gerade das Geformte, das vom ordnenden Verstand Bearbeitete«, wendet Sylvia Beach ein, »sonst könnte ja jeder Irre zufällige Kritzeleien als Kunst verkaufen.«

»Gerade das wollen die Dadaisten ja – die Negation hoher Literatur im akademischen Sinne«, sagt Adrienne.

Sylvia Beach hat Gelegenheit, einen der Dada-Musketiere persönlich kennenzulernen: Bald nach Eröffnung von *Shakespeare and Company* betritt ein hübscher junger Bursche den Laden. Er wirkt etwas schüchtern, trägt einen eleganten Anzug, den er eben erst gegen die Soldatenuniform eingetauscht hat. Louis Aragon schreibt an einem

Roman, *Anicet ou le Panorama* soll er heißen und den Leser in die magische Welt der Pariser Passagen entführen. Keine experimentelle ›écriture automatique‹, sondern ein Entwicklungsroman, in dem der Held Anicet ein literarisches Erweckungserlebnis durch die Begegnung mit Baptiste Ajamais hat; hinter dieser fiktiven Figur verbirgt sich niemand anderes als Aragons Freund André Breton.

»Im Leben zählt allein die Liebe«, zitiert Aragon aus seinem Roman und verrät Sylvia Beach in nahezu akzentfreiem Englisch, er sei ein glühender Verehrer ihrer bildschönen Schwester Cyprian, der er einmal heimlich zum Vogelmarkt gefolgt ist. Unumwunden erkundigt er sich, wo die attraktive Schwester denn stecke?

»Cyprian ist längst wieder zu Hause in Amerika, in New York«, klärt Sylvia ihn auf.

»Welch Unglück«, jammert Aragon. Er zieht einen Zettel aus seiner Hosentasche und tröstet sich damit, Sylvia seine Gedichte vorzulesen. »La Table«, hebt er feierlich an. Das Gedicht besteht aus nichts als dieser einen Vokabel: la table – der Tisch. Sylvia ahnt, was kommt, als er das Gedicht *Das Alphabet* ankündigt: »A B C D E F G …«

So klingt er also, der Dadaismus, von dem momentan alle Welt zu reden scheint. Doch man kann ihn finden, wie man will, eins muss man den Dadaisten lassen. Junge Männer, die gestern noch aufeinander geschossen haben, stimmen gemeinsam in einen großen Chor ein, in eine Internationale der Kunst.

***

Hannah Höch notiert auf den Seiten ihres Taschenkalenders: »Ich durfte mit. Dada-Tribüne.« Musste sie Raoul

Hausmann und seine Kumpane etwa erst um Erlaubnis fragen?

Der Dadaismus hat in der Kunstszene Berlins Fuß gefasst. Am 30. November findet im kurz zuvor eröffneten Theater *Die Tribüne* in Charlottenburg eine Dada-Matinee statt, es herrscht großer Zulauf, längst hat sich herumgesprochen, dass bei dieser Truppe Unterhaltung garantiert ist. Als der Vorhang sich hebt, sehen die Zuschauer ein Gruppenbild mit Dame, die Dada-Männer – darunter Huelsenbeck selbst, Walter Mehring, George Grosz, Wieland Herzfelde, Johannes Baader und Raoul Hausmann – bringen ein Simultangedicht Richard Huelsenbecks, *Die Schweinsblase als Rettungsgürtel*, zum Vortrag, inmitten der Gruppe steht Hannah Höch und versucht, die Mitstreiter im Chor mit ihrem Sopran zu übertönen:

»Ich bin der Stern vom Nordseebad
Das sieht man mir wohl an
hoho.
Er frisst seit Tagen Wurstsalat
Brüllt in die Kaffeekann
hihi.
Dies Leben macht mich desperat
Ist er ein großer Mann?
huhu.
Wir leben in dem schönsten Staat
Man schießt hier dann und wann.
Der Dada lebt, wächst und gedeiht,
Seht Euch den Dada an
So leben wir, so leben wir
Und sterben eines Tags
bum bum dada.

Die Kesselpauke ist kein Tier
Dies Haus ist nicht von Glas … dido
Ja zwei mal zwei ist meistens vier
Die Republike ist mir Spaß … doda.
So leben wir, so leben wir
Aus Liebe wird zuweilen Hass
bum bum du du …«

Das außergewöhnliche Spektakel zieht so viele Schaulustige an, dass es sogar wiederholt werden muss:

»Ich saufe aus der Sonnenuhr.
Ich bin allein auf weiter Flur dadadada
Zehn Pennge kost das Mädchen nur […]
Wir sind Duda, wir sind Dada,
Wir sind die Dadaisten.
Heinerle, was machst du da?
Niemand kennt der Liebe Wehmut.
Kommt im Triumph der Perserschah
Ach ich schwärme für die Sehnsucht
Zuweilen ist ein Gretchen da
Alles gäb' ich für die Schönheit.«

Kein Geringerer als der überaus gefürchtete Theaterkritiker Alfred Kerr schreibt fürs *Berliner Tageblatt* des 1. Dezember eine Kritik: »Das Ziel der Dadaisten ist gut: Ulk mit Weltanschauung. Aber die Weltanschauung allein darf die mangelnde Kraft zum Ulk nicht vertuschen. Geht auf das Märtyrergebirg (obschon Frankreich unsere Gefangenen immer noch zurückhält). […] Kulturlosigkeit, meine Lieben, wird nicht mit Kulturlosigkeit bekämpft. Können muss man auch was. Um unsere tolle Gegenwart zu zeichnen, sind ... ich will nicht sagen: andere Kerle nötig; man könnte sogar von diesen hier den einen oder anderen fast brauchen.«

Sind die »anderen Kerle« vielleicht Frauen? Kerr erwähnt die Anwesenheit Hannah Höchs mit keinem Wort. Sein Fazit: An den Dada-Klamauk hat sich das Berliner Publikum längst gewöhnt – nun gilt es, aus der ganzen Bewegung eine ernst zu nehmende Anschauung zu machen; etwas Konstruktives, das aus der Zerschlagung der alten Formen hervorgeht. Und dazu, das meint jedenfalls Kerr, brauche es den Genius ... und den »Ethos des Künstlerischen«.

Auch auf dem Programmzettel der *Tribüne* sucht man Hannah Höchs Namen vergeblich.

Dezember

*Kabarett Schall und Rauch wieder eröffnet *** Walter Gropius in flagranti erwischt *** Marie Juchacz gründet Arbeiterwohlfahrt *** Bürgerliches Brautpaar von 1919 *** Dada leugnet Relativitätstheorie *** James Joyce sehnlichst erwartet *** Weihnachtsfeiern *** Coco Chanel unter Schock *** Blick zurück auf 1919*

Soeben hat in Berlins Mitte ein spektakulärer Theaterbau den Betrieb aufgenommen. Der Architekt Hans Poelzig hat den alten Zirkus Schumann am Schiffbauerdamm in ein expressionistisches Schauspielhaus verwandelt, im großen Saal kann sich der Zuschauer fühlen wie in einer gigantischen Tropfsteinhöhle. Am 8. Dezember macht Max Reinhardt dort im Untergeschoss das Kabarett *Schall und Rauch* wieder auf. Man applaudiert der zwanzigjährigen Blandine Ebinger, eine überraschende Neuentdeckung und Hoffnung für die nach einer Pause neu eröffnete Chansonbühne. Für Alfred Polgar ist sie die »unübertreffliche Darstellerin durchsichtiger Proletenkinder«. Sie ist seit Kurzem verheiratet mit Friedrich Hollaender, der ihr die *Lieder eines armen Mädchens* auf den Leib schreibt und selbst am Flügel sitzt. Zur Eröffnung singen Paul Graetz und die beliebte Diseuse Gussy Holl ein Chanson von Kurt Tucholsky, der für 800 Mark monatlich als Textdichter für *Schall und Rauch* engagiert worden ist:

»Wenn der alte Motor wieder tackt,
Wenn die Räder rolln, die Weiche knackt,
Wenn der Dreher in die Hände spuckt,
Wenn der Strom den Dynamo durchzuckt,
Wenn man Autobus fürn Sechser fährt,
Wenn das Grünkramfräulein uns beehrt,
Wenn die olle gute Rolle wieder wie gewöhnlich
schnurrt,
Sitzt die Neese wieder vorne! Marke: Neugeburt!«

***

Am 12. Dezember findet in Weimar die »große Bauhausschlacht« statt, als die Walter Gropius die Meinungsverschiedenheiten um seine Schule erlebt. Auf einer Versammlung der ›Freien Vereinigung für städtische Interessen‹ wird heftigst über die neuen Tendenzen in der Stadt diskutiert, die von vielen Einheimischen nicht erwünscht sind. Die Veranstaltung entwickelt sich für den Architekten zum »Sturmblasen gegen mich und das Bauhaus«. Im Saal ist kein einziger Platz mehr frei, die gesamte Belegschaft des Bauhauses ist anwesend und hört sich die bornierten Reden der konservativen Weimarer an, die aufgebracht gegen Gropius schießen. Als der selbst ans Rednerpult tritt, macht er sich ein wenig lustig über die braven Bürger, widerlegt ihre Einwände, und am Ende tost der Applaus, natürlich klatschen seine eigenen Schüler am lautesten. »Es war beste Reklame fürs Bauhaus und die Solidarität meiner Schüler für mich hat in der Stadt Eindruck gemacht«, teilt Gropius Lily Hildebrandt erfreut mit. Doch der Widerstand der konservativen Weimarer hat sich noch lange nicht gelegt. Am 30. Dezember reichen sie eine Eingabe beim

Staatsministerium in Weimar ein, in der sie sich gegen die Weiterführung des Bauhaus-Betriebs aussprechen. »Die Stadt hat mir den Fehdehandschuh hingeworfen«, schreibt Gropius an Lily Hildebrandt. Der Geist, der durchs Bauhaus weht, wird sich erst allmählich durchsetzen. Es braucht eine Weile, bis sich die an akademischen Vorgaben festhaltenden Leute an die neue Mündigkeit gewöhnt haben werden, an aufklärerische Ideen und vor allem ans forsche Auftreten der Jugend, besonders der weiblichen, die nicht länger sittsam, bescheiden und rein sein möchte wie das Veilchen im Poesiealbum.

Tags darauf sitzt Walter Gropius wieder über einem Brief an Lily Hildebrandt: »Ich hatte heute Morgen große Sehnsucht nach Dir, war so zärtlichkeitsdurstig wie seit Langem nicht. Möchte Dich ganz mit dem Schwert der Liebe durchbohren, bis es ganz eintaucht, umsaugt ist von Deinem süßen Fleisch, das mich lieb hat, und so wollen wir Stunden verharren, nicht wissend, wo das Ich aufhört und das Du beginnt.« Alma ist in diesen Zeilen schon sehr weit weg. Seit Gropius sich innerlich fast ganz von ihr gelöst hat, fühlt er sich der neuen Aufgabe noch mehr verbunden als zuvor, und mit Lily Hildebrandt hat er endlich eine Partnerin auf Augenhöhe gefunden, die sich für die Vorgänge am Bauhaus wirklich interessiert. Freilich sehnt er sich nach dieser Frau, doch gleichermaßen hat er den Eindruck, dass es ihm gut tut, eine Weile solo zu bleiben und sich nicht schon wieder mit Haut und Haar in eine neue Beziehung zu stürzen. Das Bauhaus ist seine wichtigste Aufgabe, der er sich uneingeschränkt widmen muss. Weihnachten 1919 muss Walter Gropius in seiner neuen Weimarer Wohnung dennoch nicht mutterseelenallein verbringen wie befürchtet: »Heiligabend bin ich unter meinen Schülern«, lässt er seinen Freund, den Architekturkritiker Adolf Behne wissen.

Gropius überlegt unterm Tannenbaum, wie er die Scheidung von Alma beschleunigen kann. Er wird zu drastischen Mitteln greifen müssen. In ihm nimmt ein verwegener Plan Gestalt an: In einer theaterreifen Inszenierung, die jeden Richter überzeugen muss, will er sich in einem Hotelzimmer in flagranti mit einer Prostituierten erwischen lassen. Handfester Ehebruch, der Alma die Unterschrift unter die Scheidungspapiere erleichtern wird, da sie auf diese Weise mit weißer Weste dasteht und nicht selbst als die Schuldige. Seufzend denkt er an die Tochter Manon.

Im kommenden Jahr wird es endlich so weit sein, im Oktober 1920 wird die Ehe von Alma und Walter Gropius rechtskräftig geschieden.

* * *

Der Erfolg ihrer politischen Arbeit und ihr pragmatischer Verstand werden dieses Jahr noch von einem weiteren sozialen Durchbruch gekrönt. Marie Juchacz hat in der Nationalversammlung beharrlich dafür geworben, eine tragende, landesweit operierende Organisation gegen das Elend in der Arbeiterschaft ins Leben zu rufen, gegen jenes Elend, das Käthe Kollwitz so drastisch und ergreifend in Szene zu setzen weiß. Die Selbsthilfe aus den Reihen der Bedürftigen bekommt endlich einen Namen: Am 13. Dezember 1919 gründet Marie Juchacz die Arbeiterwohlfahrt, kurz AWO, in einem Kreuzberger Haus in der Nähe des Belle-Alliance-Platzes, also in einer Gegend Berlins, in der viele Proletarier zu Hause sind. Stets ihr zur Seite und maßgeblich am Aufbau der Organisation beteiligt ist Marie Juchacz' Schwester Elisabeth Kirschmann-Röhl. Unter den Gründungsmitgliedern sind weitere engagierte Frauen, so die Sozialistinnen Elfriede Ryneck, Lore Agnes, Louise Schröder und Hedwig Wachenheim. Vorrangige Aufgabe der AWO besteht zunächst darin, die akute Not der Kriegsgeschädigten zu lindern. An verschiedenen Orten in der Republik werden Suppenküchen, Nähstuben und Beratungsstellen eingerichtet, die sofort großen Zuspruch finden. Erholungsheime für Mütter und Kinder sollen folgen, an klimatisch begünstigten Orten an der Ostsee und im Mittelgebirge.

Im Laufe des kommenden Jahrzehnts wird Marie Juchacz' Arbeiterwohlfahrt durch eigene Schulen und Erziehungsheime sowie Ortsvereine mit freiwilligen Helfern weiter wachsen und Ende der 1920er-Jahre bereits über 20 Millionen Menschen mit tätiger Hilfe versorgen können.

* * *

Raoul Hausmann schreibt an diesem 13. Dezember an seine Frau Elfriede: »Ich habe bis jetzt nur gefunden, dass Frauen von Frauen nichts verstehen. [...] Alles Theorie, keine Praxis. Der Mann hat sich ins Bewusstsein der Frau so eingepresst, dass jedes Mal die Frau über ihn die andre Frau vergisst.«

Hannah Höch vergisst nichts und niemanden. Die Ehe von Raoul Hausmann und Elfriede Schaeffer ist immer noch nicht geschieden. Hannah Höch fragt sich, ob die Scheidung von jener Frau, die Hausmann auch finanziell unter die Arme greift, überhaupt jemals stattfinden wird. Und vor allem ist da das gemeinsame Kind von Raoul und Elfriede. Wenn Hannah die inzwischen zwölfjährige Vera sieht, überkommt sie immer noch ein düsteres Schuldgefühl wegen der beiden Abtreibungen, die sie hat vornehmen lassen. Eigentlich hat sie sich stets Kinder gewünscht. Gerade, am 1. November, hat sie ihren dreißigsten Geburtstag gefeiert, die Zeit eilt mit Riesenschritten voran, immer noch ist nichts entschieden. Sie könnte sich einfach aus der komplizierten Dreier-Konstellation verabschieden, dem Spuk ein Ende machen, doch sie liebt diesen eigenwilligen Mann und die turbulenten Künstlerkreise, in die er sie hineingezogen hat, aufrichtig. Immer, wenn sie zu Besuch im beschaulichen thüringischen Heimatstädtchen weilt, über dem in majestätischer Ruhe das barocke Schloss Friedenstein thront, kommt sie ein wenig zur Ruhe, und doch zieht es sie stets wieder zurück ins Berliner Dada-Tohuwabohu, zu Raoul, zu ihrer Kunst, zu Papier und Schere.

Hannah Höch sichtet mal wieder Zeitungen. Sie liest darin, dass die achtzehnjährige Industriellentochter Clärenore Stinnes soeben den Führerschein gemacht und die als Elektroingenieurin ausgebildete Engländerin Caroline Haslett eine Gesellschaft weiblicher Ingenieure gegründet hat. Emmy Noether hat eine Männerdomäne gestürmt und ist seit Neuestem habilitierte Mathematikerin, die erst dreißigjährige Paula Hertwig hat an der Friedrich-Wilhelms-Universität die Professorenwürde in Zoologie erlangt. Es geht voran! In der Dezemberausgabe des im Ullstein-Verlag erscheinenden Frauenmagazins *Die Dame* ist ein interessanter Artikel der Autorinnen Marie von Bunsen, Johanna Thal und Elsa Herzog erschienen: »Wir Frauen haben heute unsere Individualität, die dem Geiste der selbstständigen Frau entspricht und auf ihr

Äußeres übergegangen ist. Die Mode mit ihren vielfachen Formen unterstützt dieses Streben nach Eigenart; jede Frau kann sich im Rahmen der Mode individuell kleiden.« Ganz so elegant klappt das mit der eigenwilligen Mode Ende Dezember 1919 jedoch nicht, denn Berlin bibbert bei Temperaturen von bis zu 14 Grad minus, und die Frauen geben sich angesichts des klirrenden Frosts völlig uneitel, Hauptsache, sie finden im Schrank ein wärmendes Kleidungsstück, einen Wollmantel oder gar einen Pelz, der während der Kriegsjahre nicht versetzt wurde für einen Laib Brot oder einen halben Sack Kartoffeln. »Wir alle waren wie in ein Korsett eingeschnürt und wurden nun in die Freiheit entlassen«, sagt Hannah Höch zu sich selbst, aber Väterchen Frost scheint diese Freiheiten wieder zunichte zu machen, jedenfalls bis zum kommenden Frühling.

In der Büsingstraße lässt es sich mit heißem Tee und im dicken Wollpullover einigermaßen aushalten, trotz anhaltender Kohleknappheit und obwohl die Dachwohnung nicht eben gut isoliert ist. Hannah Höch schneidet einen Mann und eine Frau aus der Zeitung aus, schnipp, schnapp, trennt sie ihnen die Köpfe ab und verpflanzt sie auf fremde Körper. Die neu erschaffenen Kreaturen sehen aus wie Gestalten aus dem Spiegelkabinett: gestaucht, zerstückelt, verkrüppelt geradezu, zwei Zombies. Den Mann lässt sie unter einem riesigen Damenhut verschwinden, die Frau staucht sie in einen Badeanzug, garniert die beiden Homunculi mit Fleischwölfen und Küchenmaschinen aus einem Werbeprospekt. Wie die neue Collage mit den wunderlichen Gestalten heißen soll? Na, das liegt doch auf der Hand: *Bürgerliches Brautpaar von 1919*.

* * *

Tatsächlich hat der Astrophysiker Arthur Eddington die vorhergesagte Ablenkung des Lichts am Tag der Sonnenfinsternis im vergangenen Mai genau messen können. Die bahnbrechende Beobachtung sorgt dafür, dass am 14. Dezember ein nachdenklicher Albert Einstein vom Titelblatt der *Berliner Illustrirten Zeitung* blickt, die ihn wegen seiner prophetischen Voraussage dieser Erkenntnis als »neue Größe der Weltgeschichte« feiert. Aus dem genialen Physiker mit dem Schnauzbart wird schlagartig eine Art internationaler Popstar, der allerorten zu Vorträgen eingeladen wird. In der Dezemberausgabe der Zeitschrift *Der Dada* muss Raoul Hausmann natürlich auch seinen Senf dazugeben: »Die Wissenschaft ist albern, wahrscheinlich dreht sich heute noch die Sonne um die Erde.«

Käthe Kollwitz freut sich über den Erfolg Albert Einsteins, an den Vermutungen des gescheiten Physikers hätte man sowieso nicht zweifeln müssen, doch ist dieser 14. Dezember ein schwerer Jahrestag für die Künstlerin. Schon als sie am bitterkalten Wintermorgen aufsteht, sind ihr die Beine schwer, und wenn sie aus dem Fenster hinausschaut, sieht sie glitzernde Weihnachtsdekoration in den Schaufenstern der Geschäfte am Wörther Platz, aber festliche Stimmung will sich auch in diesem Jahr nicht recht einstellen. »Montag war in der Kunstgewerbeschule die Gedächtnisfeier für die gefallenen Schüler. Karl, ich und Hans saßen zusammen.« Es spricht der Architekt Bruno Paul, Käthe Kollwitz' Kollege in der Preußischen Akademie der Künste, der soeben die programmatische Schrift *Erziehung der Künstler an staatlichen Schulen* herausgegeben hat.

Einige Tage später besucht Käthe Kollwitz eine Vortragsveranstaltung im Berliner Sozialwissenschaftlichen Verein. Dort »erzählte ein Russe aus Russland. Das Beste, was er berichtete, war, dass zur Hebung der Produktivität freiwillig jetzt von Tausenden von kommunistischen Arbeitern an den Sonnabendnachmittagen gearbeitet wird. Und zwar zu Musik. Wie riesig nett ist das. Unglaublich nett. Wäre hier so etwas möglich?« Käthe Kollwitz kann freilich noch nicht ahnen, dass die sowjetischen Arbeiter schon bald unter einer großer Hungersnot leiden werden, und dass der von ihr so geschätzte Architekt Bruno Taut enttäuscht von einer Sowjetunion-Expedition zurückkehren wird, weil in dem jungen Staat überall Mangelwirtschaft herrscht und ihm in der ungeheizten Baubaracke die Finger über dem Zeichenpapier einfrieren. Nein, Musik macht nicht satt. Sie wärmt das Herz, doch nicht die klammen Glieder.

* * *

Sylvia Beach bekommt hohen Besuch: Valéry Larbaud kommt zur Tür herein, er hat einen Quadratschädel, ist aber elegant gekleidet wie ein Dandy und nimmt jedes Mal Bücher mit. In Frankreich ist er ein gefeierter Autor, preisgekrönt der Roman *Fermina Marquéz*, und sein *A. O. Barnabooth – Tagebuch eines Milliardärs* schöpft unverhohlen aus dem Leben seines Autors, dem glücklichen Erben eines stattlichen Vermögens: Larbauds Vater hatte die Saint-Yorre-Quelle bei Vichy entdeckt, aus der nun ganz Frankreich trinkt. Nun will Larbaud die ›Taufe‹ von *Shakespeare and Company* inszenieren und bringt als selbst ernannter Pate eine Flasche Portwein und die in Frankreich traditionellen Dragées mit, weiß und zuckersüß umhüllte Mandeln, die Neugeborenen in die Wiege gelegt werden.

Besonders gerührt ist Sylvia über ein weiteres Geschenk, Larbauds altes Spielzeug, ein Häuschen aus Porzellan, so könnte Shakespeares Haus ausgesehen haben. Sie stellen es ins Schaufenster neben die Bücher, umringt von Zinnsoldaten, die der Schriftsteller auch noch aus der Tasche zaubert.

Sylvia Beach wirft einen Blick in ihre Geschäftsbücher und ist zufrieden. Ihre Einkünfte bestehen zwar ausschließlich aus Mitgliederbeiträgen, doch damit kommt sie über die Runden. Wie ein Lauffeuer spricht sich herum, dass *Shakespeare and Company* Treffpunkt ist für Intellektuelle, Leser, eine Begegnungsstätte im Namen der Völkerverständigung – gerade nach vier Jahren Krieg tut eine solche Institution bitter not. Bis in Sylvias Heimat spricht sich die Adresse herum, die flugs zur Anlaufstelle für Reisende aus den Vereinigten Staaten wird; jede Menge Amerikaner schneien herein und fühlen sich zwischen den Bücherregalen wie zu Hause. US-Bürgern ist der Laden bald heimliche Botschaft ihres Landes in Frankreich. Der Postbote kommt täglich, bringt Briefe für die Amerikaner in Paris, die ›c/o *Shakespeare and Company*‹ als Adresse angegeben haben. Ein Kunde bemerkt augenzwinkernd, viele seiner Landsleute seien auch auf der Flucht vor der Prohibition, dem strikten Alkoholverbot, das im Januar in den USA in Kraft treten soll. Und wo, Mademoiselle, könnte man besser Champagner trinken als in Paris!

Sylvia Beach hat nun nur noch einen Wunsch, den, dass ihr Traum wahr werde: Sie will den verehrten James Joyce unbedingt bald persönlich kennenlernen. Im Sommer 1920 wird es endlich zur ersehnten Begegnung kommen.

***

Was beschäftigt Else Lasker-Schüler an diesen letzten Tagen des Jahres? Vor ihr liegt eine alte Wochenendbeilage des *Berliner Tageblatts* vom 20. Juli mit einem Foto, das sie mit trotzigem Schmollmund und kohlschwarzen Augen zeigt. Der Artikelschreiber erhofft sich schon jetzt ein weiteres neues Theaterstück aus ihrer Feder, das an den Erfolg der *Wupper* anknüpfen kann. Sehr schmeichelnd für die Dramatikerin, doch der Mann hat gut reden, so rasch und rauschhaft wie schon einmal lässt sich kein zweites Stück aus dem Ärmel schütteln. Wenn sie ihre Kasse kurzfristig wieder aufbessern will, muss sie poetische Vorträge halten, so wie unlängst in Gera, Leipzig und Dresden. Die Bauhäusler haben angefragt, ob sie im kommenden Jahr eine Dichterlesung in Weimar abhalten möchte. Sie denkt nach, soll sie aus dem *Malik* lesen oder doch lieber einige ihrer Gedichte? Nach einiger Überlegung tendiert sie zu ihren *Hebräischen Balladen*, die liegen der Dichterin am meisten am Herzen. Else Lasker-Schüler schwirrt schon wieder der Kopf vor lauter andrängenden Versen. Sie schaut versonnen durchs Fenster in den sternklaren Winterhimmel, der sich an diesem Abend über der Stadt spannt, und verbindet die funkelnden Sterne durch unsichtbare Wortgirlanden; erinnert sich mit Wehmut daran, dass früher in ihrem Elberfelder Elternhaus immer ein Weihnachtsbaum aufgestellt wurde. Und wird 1932 beschreiben, was ihr jetzt schon durch den Kopf geht: »Die Liebe will immer Weihnachten feiern, will anzünden und angezündet werden, sich beleben, beschenken und behangen werden mit Sternen … Wie doch vier Augen groß und weit werden und zwei Stimmen, die nicht mehr klingen konnten, plötzlich – läuten! Störe Liebende nicht, über sie leuchtet der Stern der Weihnacht – denn die Liebe ist ein Kind.«

Solche Zeilen sind für Raoul Hausmann, der vor seinen Dada-Aktivitäten durchaus mit expressionistischem Pathos geliebäugelt hatte, nichts weiter als »Weltgedusel«. In der aktuellen Zeitschrift *Der Dada* macht er sich Luft: »Ihre Seiltänzerei rund um den Expressionismus! Die absolute Unfähigkeit, etwas zu sagen, ein Ding zu fassen, mit ihm zu spielen – dies ist der Expressionismus, ein geistiger Prießnitzumschlag für verdorbene Eingeweide, eine von vornherein verdorbene Glibberspeise, vor der man feierliches Bauchgrimmen bekam.«

Am 21. Dezember 1919 findet in Stuttgart eine Weihnachtsfeier in der Waldorfschule statt, Rudolf Steiner höchstpersönlich ist angereist, um eine Ansprache zu halten, hoffentlich fasst er sich diesmal ein wenig kürzer als zur Schuleinweihung vor einem Vierteljahr, denkt sich bang so mancher Anwesende im Saal, als der Anthroposoph weihevoll anhebt: »Das Weihnachtswort: ›Offenbarung des Gottesgeistes aus den himmlischen Höhen, und Friede den Menschen auf Erden, die eines guten Willens sind‹, es träufle hinein auch in alle Arbeit der Waldorfschule! Es durchwalte ihre energische Arbeitskraft sittliche Liebe, und alle Arbeit befeuernder und alle Arbeit tragender Friede! Das, meine lieben Anwesenden, sei mein heutiger Weihnachtsgruß!«

Dieser Tag ist auch der Vorabend von Caroline von Heydebrands Geburtstag; die Kinder tuscheln die ganze Zeit über verschwörerisch miteinander, wahrscheinlich machen sie ein großes Geheimnis um ein Geschenk, das sie der verehrten Lehrerin gebastelt haben, ein Klebebild aus getrockneten Pflanzen und Gräsern oder ein gemeinsam verfasstes Mysterienspiel, und können es kaum erwarten, sie am nächsten Tag damit zu überraschen.

Clara Grunwald schreibt derweil an einem Tisch ihres Montessori-Kindergartens in Berlin leidenschaftlich an einer Petition, gerichtet ans Ministerium für Wissenschaft, Kunst und Volksbildung, die in Kürze in der *Neuen Erziehung*, dem Blatt vom ›Bund entschiedener Schulreformer‹ erscheinen soll. Sie fordert darin die Einrichtung regulärer Montessori-Versuchsklassen und Montessori-Tagheime in Groß-Berlin. Dass Frauen als Lehrerinnen und in sozialen Berufen akzeptiert werden, darf nicht darüber hinwegtäuschen, dass es weiterhin äußerst schwierig ist, als Pädagogin auch neue Ideen durchzusetzen oder Direktorin zu sein. Das ärgert Grunwald sehr, und sie muss sich angestrengt um einen sachlichen Ton in ihrem Schreiben bemühen.

Bis zum Jahr 1926 wird Clara Grunwald sich noch gedulden müssen, dann endlich wird in Berlin-Wilmersdorf die erste öffentliche Montessori-Klasse etabliert.

***

Coco Chanels Herz hängt noch immer schwer an Boy Capel, ihrem treulosen Geliebten, und sie hadert mit ihrer kurzfristig getroffenen Entscheidung, ihm endlich die kalte Schulter zu zeigen. Allein, der Gedanke an einen endgültigen Bruch mit dem Geliebten ist ihr unerträglich, sie sitzt über Skizzen für eine neue Kollektion, verhandelt weiter mit dem Parfümeur Ernest Beaux in Grasse, es geht um die Verträge mit den Blumenbauern, aber sie ist unkonzentriert, und so will ihr nichts gelingen. Sie zerreißt das Konzeptpapier mit den Zeichnungen wieder, vertröstet den Parfümeur auf ein andermal; sie muss sich zuallererst über ihre private Zukunft klar werden. Sollte sie vielleicht doch weiterhin die heimliche Geliebte spielen? Besser als nichts.

Boy Capel kommt kurz vor Weihnachten wieder zu Besuch nach Frankreich, Coco Chanel empfängt ihn in ihrer Villa in Garches im feinen Südwesten von Paris. Bei Champagner und Meeresfrüchten sprechen sie über Cocos geschäftliche Zukunft, das ambitionierte Parfüm-Projekt, das langsam Gestalt annimmt, und über die bevorstehenden Weihnachtstage. Boy bleibt erstaunlich einsilbig, und Coco Chanel seufzt, als er ihr mit Bedauern ankündigt, für die Feiertage schon wieder weiterfahren zu müssen, nach Cannes, zur Familie seiner Schwester Bertha. Ob auch die Angetraute ihn an der Côte d'Azur erwartet, danach fragt Coco lieber erst gar nicht. Nachdem Capel sich verabschiedet hat, sieht Coco seinem Rolls Royce lange nach, bis die Rücklichter des Wagens um die Straßenecke verschwinden. In Sachen gemeinsame Zukunft ist sie so schlau wie zuvor. Kaum ist Boy fort, sehnt sie sich nach ihm.

Mitten in der Nacht klingelt es an der Tür der Villa. Der Butler öffnet, im Dunkeln steht Léon, ein gemeinsamer Bekannter von Coco Chanel und Boy Capel. Die Männer sprechen mit ernsten, gedämpften Stimmen. »Ich will Madame nicht wecken«, flüstert der Butler, »sie schläft oben.«

Nein, Madame schläft nicht mehr, sie hat das Läuten gehört und ahnt nichts Gutes, steht schon im Morgenmantel auf der Treppe. Was ist geschehen? Der Überbringer der schlimmen Nachricht fürchtet sich vor Coco Chanels Reaktion, vor ihren Tränen, ihrem Schweigen, oder gar einem hysterischen Gefühlsausbruch.

Schreckliches hat sich zugetragen: Boy Capel ist nach

seiner Abreise aus Garches, am 22. Dezember 1919, mit seinem Rolls Royce auf der engen, kurvigen Küstenstraße zwischen St. Raphael und Cannes tödlich verunglückt. Coco Chanel bricht weder in Tränen aus noch entfährt ihr ein Schrei; sie bleibt ruhig und gefasst, wie in Trance zieht sie sich rasch an und packt einen Koffer. Wenig später sitzt sie neben Léon im Auto in Richtung Côte d'Azur. Sie will den Geliebten noch einmal sehen. Es wird kein schöner Anblick, das Auto ist bei dem Unfall vollkommen ausgebrannt.

Am 24. Dezember meldet die Londoner *Times* den tragischen Tod des bekannten britischen Tycoons. Das Weihnachtsfest 1919 wird für Coco Chanel und Capels Angehörige zur Trauerfeier: Mit militärischen Ehren wird der Verunglückte in der Kirche von Fréjus verabschiedet.

Coco Chanel lässt ihre komplette Wohnung pechschwarz streichen; gegenüber Misia Sert spricht sie von ihrer schwarzen Seele, verwendet nun meist schwarze Stoffe für ihre Kollektionen. Misia sorgt sich um den seelischen Zustand der Freundin: »Für Coco war der Verlust so sehr schmerzhaft, dass sie in eine tiefe Depression verfiel. Ich gab mir redlich Mühe, sie irgendwie abzulenken.« Am Ende des Jahres resümiert Coco Chanel: »1919, das Jahr, in dem ich berühmt wurde und alles verlor.« Boy Capel, dem sie so viel zu verdanken hat, war die Liebe ihres Lebens. »Er war der einzige Mann, den ich geliebt habe. Er ist tot. Ich habe ihn nie vergessen. Er war die große Chance meines Lebens. In ihm hatte ich jemanden getroffen, der mich nicht entmutigte. Er war eine sehr starke, eigenständige Persönlichkeit, feurig von Natur und ganz in sich gefestigt. Er hat etwas aus mir gemacht, hat das, was einmalig war, in mir entwickelt, herausgebildet, alles Übrige war nicht so wichtig. […] Für mich war er Vater, Bruder, meine ganze Familie. […] Er hatte vorausgesehen, dass der Erste Weltkrieg nur das Vorspiel war für einen anderen, viel tragischeren, viel grauenvolleren Konflikt. In mir hinterließ er eine Leere, die auch die Jahre nicht aufzufüllen vermochten. Ich hatte immer den Eindruck, er beschütze mich noch aus dem Jenseits …«

Wieder stürzt sich die Trauernde in Arbeit. Ein Duft gegen die Trauer. Die Sinne betäuben. Arthur ›Boy‹ Capel ein Denkmal setzen mit dem neuen Parfüm aus der Mairose, es soll eine Hommage am die Liebe ihres Lebens werden. Coco Chanel findet die Antwort auf die Frage, wie der Flakon gestaltet werden soll, in Boys Nachlass. In seinem Reisenecessaire befindet sich zwischen Rasiermessern und Nagelscheren ein schlichtes, eckiges Glasfläschchen, dem noch der herbe Duft von Boys Rasierwasser anhaftet. Das Fläschchen ist einfach und elegant, so wie Cocos neues Parfüm wirken soll. Es wird zum Prototyp für den zukünftigen Flakon von *Chanel No. 5*. Cocos Trauer, verwandelt in einen Duft, der als parfümgewordene Liebe zur Legende wird.

»Katastrophen bringen zum Vorschein, was jemand wirklich ist. 1919 wachte ich auf und war berühmt.« Ein böses Erwachen? Jedenfalls nicht für die Unternehmerin, denn zwischen 1919 und 1929 steigerte sich der Absatz französischer Parfüms in den USA um sage und schreibe 700 %. Coco Chanel hielt diese Jahre im Nachhinein für »die glanzvollsten, die originellsten, die Paris je erlebt hat. London, New York, sie alle blickten nur auf uns, von Berlin ganz zu schweigen, das gepeinigt war von Geldentwertung, Hungersnot und Expressionismus.«

* * *

Marie Curie schlägt ihr Tagebuch auf und erinnert sich wehmütig an den 2. Weihnachtsfeiertag 1875 in der polnischen Heimat, an dem sie als Neunjährige die Schneeflocken vor dem Fenster betrachtete und mit fester Hand auf die Seiten ihrer Kladde schrieb: »An den Grenzflächen zwischen den Eiskristallen und der Luft wird das Licht zurückgeworfen. ›Reflektiert und gestreut‹, sagt der Vater. Der Schnee erscheint daher weiß. Wie beim Salz. Ich will eine Wissenschaftlerin werden!«

Vor ihr auf dem Schreibtisch liegt das noch druckfrische Buch der Autorin Mme Pierre Curie, *La Radiologie et la Guerre*, das ihr der Verlag vor ein paar Tagen zugeschickt hat. »Die erste Pflicht jedes Einzelnen war es damals, dem Land nach Kräften durch diese schwere Krise zu helfen«, liest sie ihre eigenen Zeilen. »Die Universität machte keine Vorgaben, wie dies zu geschehen habe. Es blieb jedem einzelnen überlassen, die Initiative zu ergreifen und zu handeln. [...] Die sich überschlagenden Ereignisse im August 1914 zeigten deutlich, dass die Organisation des Gesundheitssystems gravierende Schwächen hatte. [...] Meine Aufmerksamkeit richtete sich auf dieses Thema und schon bald hatte ich ein Handlungsfeld gefunden, das bis Kriegsende und darüber hinaus den größten Teil meiner Zeit in Anspruch nehmen sollte.«

* * *

Anita Augspurg und Lida Gustava Heymann halten sich während der Feiertage wieder in ihrer Villa Burg Sonnenstern im oberbayerischen Icking auf. Sie melken

Kühe, sammeln Eier im Hühnerstall, wünschen den immer noch misstrauischen Nachbarn frohe Weihnachten und verteilen Lebkuchen ans Personal. Sie haben mittlerweile den Verlag für ihre Zeitschrift *Die Frau im Staat* gewechselt und sich für das Unternehmen einer Frau entschieden, für die Münchnerin Anna Donner: »Verleger bereiteten uns viel Ärger, nicht endenwollende Schwierigkeiten, Einzelheiten darüber haben für die Nachwelt kein Interesse, deshalb sei nur kurz festgestellt: dass unsere Erfahrungen uns lehrten, dass Bauern und Verleger viel Ähnlichkeit miteinander haben; beide sind von einer nicht zu überbietenden Schlauheit und kennen nur eigene Interessen. Endlich nach fünfmaligem Wechsel fanden wir einen von einer Frau geführten Verlag. Die Frau war bestimmt weniger betriebsam und geschäftstüchtig als ihre männlichen Kollegen, aber zweifellos ehrlicher und von anständigerer Gesinnung, das war für uns maßgebend.«

Schon weit vor dem Jahreswechsel zu Mitternacht sind überall auf Berlins Straßen Knallfrösche und das laute Krachen sogenannter Scherzbomben zu hören, ein Lärm, der viele Menschen schmerzlich an die Ereignisse im vergangenen Januar erinnert. Ganz Deutschland erhofft sich für 1920, das zugleich der Auftakt für ein glücklicheres Jahrzehnt sein könnte, eine Beruhigung der politischen Lage. Für Frauen war das scheidende Jahr 1919 immerhin schon ein Meilenstein, endlich parlamentarische Mitbestimmung; außerdem ist die erste Völkerbundversammlung für den Januar angesetzt, das nährt die Hoffnung auf dauerhaften Frieden. Überall entstehen neue Perspektiven für die Pädagogik, neue Schulen werden entworfen von Architekten, die eine neue

Baukunst fördern wie Bruno Taut und Walter Gropius, doch die Mühlen mahlen langsam, immer noch warten viele Menschen auf die Rückkehr der Kriegsgefangenen oder auf bessere Lebensbedingungen, gestreikt wird noch immer, Nahrungsmittel sind weiterhin rationiert, und die Reaktion lauert nur darauf, sich wieder in Position zu bringen.

Hedwig Pringsheim gedenkt ihrer Mutter Hedwig Dohm und bringt zu Silvester 1919 ihre nachdenkliche Jahresbilanz zu Papier: »Dies traurige u. fürchterliche, durch Mimchens Tod mir schmerzlichste Jar [sic] schließt noch chaotischer, hoffnungs- und aussichtsloser als das vorige. Die inneren wie äußeren Verhältnisse gleich entsetzlich. Ein vernichtetes Volk, das in Untergangsstimmung rasend dahintaumelt, tanzt, das Geld hemmungslos mit vollen Händen herauswirft, ›da nun doch schon alles eins ist‹ – wir sind von Gott und Welt verlassen. Und leben weiter unsern Alltag, als ob nichts wäre!!«

Die *Rote Fahne* vom 31. Dezember erinnert an Karl Liebknecht und Rosa Luxemburg als Bannerträger des Kommunismus in Deutschland. »Die der Not und dem Elend, dem Sehnen und Hoffen der aufwachenden Massen Worte gaben, wurden gemeuchelt, als sie sich vor diese blutenden, zerschossenen und gehetzten Massen stellten, um sie mit ihrer Brust zu decken. […] Bald wird sich der Tag jähren, wo wir sie verloren haben, und doch ist der Kommunismus stärker als je.«

Clara Zetkin fällt beim Aufräumen ein Brief in die Hände, mit Tränen in den Augen liest sie die vertraute, flüssige Schrift auf dem Papier. Rosa Luxemburg hatte ihr im November 1918 mitgeteilt: Ich »schreibe etwas vielleicht über Frauen, das ist so wichtig jetzt, und niemand von uns hier versteht etwas davon.«

Kurt Tucholsky sitzt mit gespitztem Bleistift und qualmender Pfeife an seinem Schreibtisch im Berliner Zeitungsviertel und brütet bis zum Redaktionsschluss über Versen, die das ausklingende Jahr 1919 zusammenfassen und mit denen die Leser des *Berliner Tageblatts* am 1. Januar begrüßt werden sollen:

»Bilanz: Das Ding ist diesmal nichts geworden,
Prozente: Null. Der Stand des Lebens: flau.
Rechts: Reaktion – links: Bolschewistenhorden.
Bleibt, in der Mitte schließlich –: nur die Frau.«

Quellen

Allgemein

Beachy, Robert: Das andere Berlin. Die Erfindung der Homosexualität. Eine deutsche Geschichte. 1867–1933. Siedler, München, 2015.

Berger, Joachim: Berlin freiheitlich & rebellisch. Stadt-Lese-Wander-Buch. Goebel Verlag, Berlin, o. J.

Beyme, Klaus v.: Das Zeitalter der Avantgarden: Kunst und Gesellschaft 1905–1955. C.H. Beck, München, 2005.

Kessler, Harry Graf: Tagebücher 1918 bis 1937. Hg. v. Wolfgang Pfeiffer-Belli. Insel, Frankfurt/M., 1996.

Meder, Stephan: Frauenrecht und Rechtsgeschichte. Die Rechtskämpfe der deutschen Frauenbewegung. Böhlau, Wien u. a., 2006.

Soden, Kristine v. u. Maruta Schmidt: Neue Frauen. Die zwanziger Jahre. BilderLeseBuch. Elefanten Press, Berlin, 1988. Du Mont Verlag, Köln, 1964.

Störgröße „F“. Frauenstudium und Wissenschaftlerinnenkarrieren an der Friedrich-Wilhelms-Universität zu Berlin – 1892 bis 1945. trafo, Berlin, 2010.

Tucholsky, Kurt: www.gutenberg.spiegel.de

Anita Augspurg und Lida Gustava Heymann

Augspurg, Anita: »Die politische Erziehung der Frau«. In: Die Frauenbewegung, Nr. 3, 1902, S. 18.

Berneike, Christiane: ›Nichts ist unmöglich‹ – Anita Augspurg –

eine biografische Recherche. 1994.
In: www.frauenmediaturm.de.
Dünnebier, Anna u. Ursula Scheu: Die Rebellion ist eine Frau. Hugendubel, Kreuzlingen, 2002.
Henke, Christiane: Anita Augspurg. Rowohlt, Reinbek, 2000.
Heymann, Lida Gustava: Erlebtes – Erschautes. Deutsche Frauen kämpfen für Freiheit, Recht und Frieden 1850–1940. Hg. v. Margit Twellmann. Helmer Verlag, Frankfurt/M., 1992.
Heymann, Lida Gustava: »Hedwig Dohm«. – In: Die Frau im Staat. Eine Monatsschrift, Nr. 5/6, 1900, S. 1.

Sylvia Beach

Beach, Sylvia: Shakespeare and Company. Ein Buchladen in Paris. Suhrkamp, Berlin, 1982.
Fitch, Noel R.: Sylvia Beach. Eine Biographie im literarischen Paris. 1920–1940. Suhrkamp, Frankfurt/M., 1989.
Monnier, Adrienne: Dernières Gazettes et Écrits divers. Mercure de France, Paris, 1961.
Walsh, Keri (Hg.): The letters of Sylvia Beach. Columbia University Press, New York, 2010.

Coco Chanel

Chanel, Coco u. Paul Morand: Die Kunst, Chanel zu sein. Coco Chanel erzählt ihr Leben. Schirmer/Graf, München, 2009.
Garelick, Rhonda K.: Mademoiselle. Chanel and the pulse of history. Random House, New York, 2014.
Charles-Roux, Edmonde: Coco Chanel. Ein Leben. Zsolnay, Wien, 2009.
Mazzeo, Tilar J.: Chanel No. 5: Die Geschichte des berühmtesten Parfums der Welt. Hoffmann & Campe, Hamburg, 2012.
Montalembert, Catherine de: Für immer Coco. Facetten einer Ikone. Knesebeck, München, 2012.

Roth, Joseph: Aus Europa – Reportagen 1919–1939. Jazzybee Verlag, Altenmünster, 2016.

Marie Curie

Goldsmith, Barbara: Marie Curie. Die erste Frau der Wissenschaft. Piper, München, 2010.

Ksoll, Peter u. Fritz Vögtle: Marie Curie. Rowohlt, Reinbek, 1988.

Seidel, Christina: »Und für mich ist es das ganze Leben, das auf dem Spiel steht …«. Marie Curie – ihr Leben in Tagebüchern und Briefen. Mitteldeutscher Verlag, Halle/Saale, 2010.

Hedwig Dohm

Herbst, Cristina (Hg.): Hedwig Pringsheim. Tagebücher. 1917–1922. Band 6. Wallstein, Göttingen, 2017.

Rohner, Isabel: Spuren ins Jetzt – Hedwig Dohm, eine Biografie. Ulrike Helmer Verlag, Sulzbach im Taunus, 2010.

Gertrud Grunow

Grunow, Gertrud: Der Gleichgewichtskreis. Ein Bauhausdokument. Hg. v. Achim Preiß. VDG, Weimar, 2001.

Clara Grunwald

Berger, Manfred: Clara Grunwald, Wegbereiterin der Montessori-Pädagogik. Brandes & Apel Verlag, Frankfurt/M., 2000 und in: www.Bautz.de/BBKL.

Stiller, Diana: Clara Grunwald und Maria Montessori – ihr Leben und Wirken für die Montessori-Pädagogik. Spuren der Montessori-Pädagogik in Berlin von der Weimarer Republik bis in die Gegenwart. Diplomica Verlag, Hamburg, 2005.

Hansen-Schaberg, Inge: Clara Grunwald. Ein Leben für die Montessori-Pädagogik, Katalog zur Ausstellung in der Bibliothek für Bildungsgeschichtliche Forschung des Deutschen Instituts für Internationale Pädagogische Forschung in Zusammenarbeit mit FrauenTreff Brunnhilde e.V., Berlin, 2002.

Caroline von Heydebrandt

Jünemann, Margrit: »Der Winter weicht ...«. Caroline von Heydebrand – Pionierin der Waldorfpädagogik. Verlag Freies Geistesleben, Stuttgart, 2003.

www.biographien.kulturimpuls.org: Artikel über Caroline von Heydebrand von Christiane Haid.

www.fvn-rs.net (Freie Verwaltung des Nachlasses Rudolf Steiners)

Hannah Höch

Bergius, Hanne: Das Lachen Dadas. Anabas, Gießen, 1993.

Berlinische Galerie: Der deutsche Spießer ärgert sich. Raoul Hausmann 1886–1971. Hatje, Ostfildern, 1994.

Die Dame. Illustrierte Mode-Zeitschrift, Ullstein, Berlin, Dez. 1919.

Höch, Hannah: Schnitt mit dem Küchenmesser. Fischer, Frankfurt/M., 1993.

Richter, Hans: Dada – Kunst und Antikunst. Texte und Perspektiven. Du Mont, Köln, 1964.

Schweitzer, Cara: »Schrankenlose Freiheit für Hannah Höch«. Das Leben einer Künstlerin 1889–1978. Osburg Verlag, Berlin, 2011.

Thater-Schulz, Cornelia: Hannah Höch. Eine Lebenscollage. Argon, Berlin, 1989.

Weissweiler, Eva: Notre Dame de Dada. Luise Straus-Ernst – das dramatische Leben der ersten Frau von Max Ernst. Kiepenheuer & Witsch, Köln, 2016.

Züchner, Eva (Hg.): Scharfrichter der bürgerlichen Seele. Raoul

Hausmann in Berlin 1900–1933. Unveröffentlichte Briefe, Texte, Dokumente. Hatje, Ostfildern, 1998.
www.lib.uiowa.edu: digitalisierte Dada-Zeitschriften

Marie Juchacz

Lemke, Lotte: Marie Juchacz. Gründerin der Arbeiterwohlfahrt. 1879–1956. Auer, Donauwörth, 1979.
Struck, Lydia: »Mir geht so vieles durch den Kopf und durchs Herz«. Marie Juchacz. Briefe und Gedanken zum Neuanfang der AWO. Hg. v. AWO Bundesverband. Berlin, 2014. (Schriftenreihe zur Geschichte der Arbeiterwohlfahrt)

Käthe Kollwitz

Käthe Kollwitz und ihre Freunde: Katalog zur Sonderausstellung anlässlich des 150. Geburtstages von Käthe Kollwitz. Hg. v. Käthe-Kollwitz-Museum, Berlin, 2017.
Kollwitz, Käthe: Die Tagebücher 1908–1943. Hg. v. Jutta Bohnke-Kollwitz. Siedler, Berlin, 1989.

Else Lasker-Schüler

Bauschinger, Sigrid: Else Lasker-Schüler. Eine Biographie. Wallstein, Göttingen, 2004.
Decker, Kerstin: Mein Herz – Niemandem. Das Leben der Else Lasker-Schüler. List, Berlin, 2010.
Dick, Ricarda: Else Lasker-Schüler – Franz Marc. Eine Freundschaft in Briefen und Bildern. Mit sämtlichen privaten und literarischen Briefen. Prestel, München, 2012.
Klüsener, Erika: Else Lasker-Schüler. Rowohlt, Reinbek, 1980.
Lasker-Schüler, Else: Briefe an Karl Kraus. Hg. v. Astrid Gehlhoff-Claes. Kiepenheuer & Witsch, Köln u. Berlin, 1959.

Suzanne Lenglen
Clerici, Gianni: Divina: Suzanne Lenglen, la più Grande Tennista del XX. Secolo. Fandango Libri, Rom, 2010.
Lenglen, Suzanne: Spiel um Liebe. Der Roman einer Tennismeisterin. Ullstein, Berlin, 1928.

Rosa Luxemburg
Archiv der sozialen Demokratie, Friedrich Ebert Stiftung, NL Levi, Box 142, Mappe 285.
Jacob, Mathilde: ›Von Rosa Luxemburg und ihren Freunden in Krieg und Revolution 1914–1919.‹ Hg. v. Sibylle Quack u. Rüdiger Zimmermann. In: »Internationale Wissenschaftliche Korrespondenz zur Geschichte der deutschen Arbeiterbewegung«, Berlin (West), Heft 4, 1988.
Laschitza, Anneliese: Rosa Luxemburg. Im Lebensrausch, trotz alledem. Eine Biographie. Aufbau Verlag, Berlin, 1996.
Luxemburg, Rosa: Gesammelte Briefe Bd. 5 u. Bd. 6. Dietz, Berlin, 1984 u. 1993.

Alma Mahler-Gropius
Bauhaus-Archiv, Nachlass Gropius.
Droste, Magdalena/Bauhaus Archiv: Bauhaus 1919–1933. Taschen, Köln, 1998.
Isaacs, Reginald R.: Walter Gropius. Der Mensch und sein Werk. 2 Bände. Gebr. Mann Verlag, Berlin, 1983 und 1984.
Jungk, Peter Stephan: Franz Werfel. Eine Lebensgeschichte. Frankfurt/M., Fischer, 2001.
Mahler, Alma: Mein Leben. Frankfurt/M., Fischer, 1989.
Schreiber, Justina: Puppen – Projektionsfäche für Gefühle. Memento, 05.09.2013, Bayerischer Rundfunk, 2. November 2012.
www.alma-mahler.at

Gunta Stölzl

Aloni, Yael u. Monika Stadler (Hg.): Gunta Stölzl. Bauhausmeister. Hatje Cantz Verlag, Ostfildern, 2009.

Günter, Melanie: Die Textilwerkstatt am Bauhaus. Von den Anfängen in Weimar 1919 bis zur Schließung des Bauhauses in Berlin 1933. VDM Verl. Dr. Müller, Saarbrücken, 2009.

Müller, Ulrike: Bauhaus-Frauen. Meisterinnen in Kunst, Handwerk und Design. Insel, Berlin, 2014.

Radewaldt, Ingrid u. Monika Stadler (Hg.): Gunta Stölzl – Meisterin am Bauhaus Dessau. Textilien, Textilentwürfe und freie Arbeiten. Stiftung Bauhaus Dessau. Hatje Cantz, Ostfildern-Ruit, 1997.

Schlemmer, Oskar: Briefe und Tagebücher, hg. v. Tut Schlemmer, Langen Müller, München 1958.

www.guntastolzl.org: Gunta Stölzl Foundation. Umfangreiche Sammlung zu Leben und Werk, erstellt von Stölzls Töchtern und ihrem Enkel.

Mary Wigman

Stabel, Rolf: Tanz, Palucca! Die Verkörperung einer Leidenschaft. Die Biografie. Henschel, Berlin, 2000.

Unda Hörner
Ohne Frauen geht es nicht
Kurt Tucholsky und die Liebe
blue notes 66, 144 Seiten
Halbleinen, Fadenheftung
ISBN 978-3-86915-137-3

Zwölf kenntnisreiche Porträts der wichtigsten Frauen im Leben Kurt Tucholskys – darunter Diven und Diseusen wie Trude Hesterberg und Claire Waldoff, die Schriftstellerinnen Vicki Baum, Irmgard Keun und Gabriele Tergit sowie Gefährtinnen, Geliebte und gute Geister wie Else Weil, Mary Gerold und Lisa Matthias. Tucholskys wechselhafte Beziehungen zu diesen außergewöhnlichen Frauen sind ein Spiegel ihrer Zeit.

»Mit feinem Stil hat Unda Hörner diese Zeit eingefangen.«
Wiesbadener Kurier

Unda Hörner
Kafka und Felice
Roman, 336 Seiten
HC mit Schutzumschlag
ISBN 978-3-86915-152-6

Beruhend auf Kafkas Briefen an Felice Bauer erzählt Unda Hörner die wechselhafte Liebesgeschichte des ungewöhnlichen Paares: Eine fesselnde Zeitreise in das zeitgenössische Berlin kurz vor Ausbruch des Ersten Weltkriegs bis an die Schwelle der 1920er-Jahre und ein faszinierender Blick, gleichsam über Kafkas Schulter, auf eine bizarre Liebe, die leuchtende Spuren in der Weltliteratur hinterlassen hat.

»Ein facettenreiches und tiefgründiges Bild.«

kafka-prag.de

Zum Weiterlesen

Unda Hörner
Hoch oben in der guten Luft
Die literarische Bohème in Davos
blue notes 26, 128 Seiten
Halbleinen, Fadenheftung
ISBN 978-3-938740-03-3

Schriftsteller und Künstler aus aller Welt ließen sich immer wieder vom morbiden Charme des Luftkurortes inspirieren. Ein faszinierendes Kapitel europäischer Kulturgeschichte in vier biografischen Episoden zu Katia und Thomas Mann, Klabund, Gala Dalí und Paul Éluard sowie Mopsa Sternheim und René Crevel.

»Es wurde getanzt, gelacht, gesungen, gehustet und auf den Korridoren geküsst.« *Klabund*

– www.ebersbach-simon.de –

Zum Weiterlesen

Unda Hörner
Auf nach Hiddensee!
Die Bohème macht Urlaub
blue notes 17, 128 Seiten
Halbleinen, Fadenheftung
ISBN 978-3-934703-60-5

Keine andere deutsche Insel war ein so starker Magnet für Freiheitssuchende und -liebende wie Hiddensee. Der Großstadt entflohen, versammelte sich hier die Bohème, um ihre Ideale in die Tat umzusetzen, darunter Albert Einstein, Asta Nielsen, Joachim Ringelnatz, Mascha Kaléko und die Crème der Berliner Cinéasten. Der unbestrittene ›König der Insel‹ aber war Gerhart Hauptmann: Er beherbergte unter anderem Thomas Mann und Familie. Nach 1933 war es schlagartig vorbei mit dem Idyll an der Ostsee – doch gleich nach 1945 erwachte die Insel als Künstlerdomizil zu neuem Leben.

»Ein kleines Schmankerl für unterwegs, die Zitate prominenter Bewohner und Gäste machen neugierig.«

Der Tagesspiegel

– www.ebersbach-simon.de –

Gabriele Katz
Liebe mich!
Erich Maria Remarque
und die Frauen
blue notes 72, 144 Seiten, Abb.
Halbleinen, Fadenheftung
ISBN 978-3-86915-158-8

Er war gut aussehend und elegant, wohlhabend und charismatisch: Erich Maria Remarque, der große Antikriegsautor des 20. Jahrhunderts und Meister melancholischer Liebesgeschichten einer »verlorenen Generation«. Gabriele Katz stellt die wichtigsten Frauen im Leben des Autors vor, darunter Jutta Zambona, Marlene Dietrich, die russische Prinzessin Natalie Paley und seine zweite Ehefrau Paulette Goddard, und zeigt, wie eng Remarques Leben und Werk miteinander verwoben sind.

»Katz schreibt in einer sehr dichten Sprache. Sehr klug, sehr gelehrt. Und sie macht damit Lust, Remarques Romane vor diesem Hintergrund wieder zu lesen.«

Heilbronner Stimme

Birgit Haustedt
Die wilden Jahre in Berlin
Eine Klatsch- und Kulturgeschichte der Frauen
blue notes 50, 144 Seiten
Halbleinen, Fadenheftung
ISBN 978-3-86915-067-3

Ein faszinierendes Porträt der Frauen, die Berlin sein unvergleichliches Gesicht gaben: Anita Berber, Marlene Dietrich, Helen Hessel, Else Lasker-Schüler, Claire Waldoff u.a.m. Selbstbewusst und lebenshungrig, mit Bubikopf und Zigarette stürmten sie die letzten Männerdomänen und verfolgten unbeirrbar ihre künstlerischen Ziele. Abseits der gängigen Pfade schrieben sie ihr eigenes Stück Kulturgeschichte

»Eine rasante Bilanz weiblicher Kunst und Kultur im Berlin der 20er-Jahre.« *Brigitte*

2. Auflage 2019

Covermotiv: Tamara de Lempicka, Selbstporträt © Authorized by Tamara Art Heritage/VG Bild-Kunst, Bonn 2019
Umschlaggestaltung: Lisa Neuhalfen, moretypes, Berlin
Satz: Birgit Cirksena · Satzfein, Berlin
Druck und Bindung: GGP Media GmbH, Pößneck
ISBN 978-3-86915-169-4
www.ebersbach-simon.de